高等职业教育"十三五"规划教材
公共课类精品教材

大学生创新创业教程

主　编：李华凤　斯日古楞　魏守长

副主编：阿日古娜　扎拉格木吉

　　　　阿荷娜　山　丹

编　委：林国茂　井　清

电子工业出版社·

Publishing House of Electronics Industry

北京·BEIJING

内 容 简 介

本书系统地介绍了大学生创业过程中需要的实战技能，全书共 10 章，具体包括寻找创业方向、组建创业团队、编制创业计划、准备创业路演、筹备创业公司、规划创业模式、培养创业需要的创新思维等方方面面的知识。全书避免空洞理论教学，全部采取案例分析点评设计。每一章节都安排了实战性很强的思考题，让读者能够及时地检查自己的学习效果，把握学习进度。

本书既可以作为高等院校及高职高专"双创"课程的教材，也可以作为有志创业人员的参考资料。

图书在版编目（CIP）数据

大学生创新创业教程 / 李华凤，斯日古楞，魏守长主编. —北京：电子工业出版社，2018.5
ISBN 978-7-121-33344-6

Ⅰ. ①大… Ⅱ. ①李… ②斯… ③魏… Ⅲ. ①大学生－职业选择－高等学校－教材 Ⅳ. ①G647.38

中国版本图书馆 CIP 数据核字（2017）第 320369 号

策划编辑： 祁玉芹
责任编辑： 鄂卫华
印　　刷： 中国电影出版社印刷厂
装　　订： 中国电影出版社印刷厂
出版发行： 电子工业出版社
　　　　　 北京市海淀区万寿路 173 信箱　邮编　100036
开　　本： 787×1092　1/16　印张：13.25　字数：322 千字
版　　次： 2018 年 5 月第 1 版
印　　次： 2020 年 8 月第 3 次印刷
定　　价： 39.80 元

前言 | Preface

现阶段，大学生就业难已经成为一种普遍的社会现象，而鼓励大学生进行创新创业，"以创新创业促就业"则逐渐成为缓解就业压力、提高大学生核心竞争力的有效途径。因此，开展大学生创新创业教育，培养学生的创新素质和创业能力，是高校人才培养面临的重要课题。

随着我国社会主义市场经济体制的发展，创新创业对经济发展的巨大作用越来越受到重视，同时，社会经济的发展对人才的素质提出了更高的要求。从我国目前经济发展和教育改革与发展的现状来看，迫切需要对学生开展创新创业教育，这是时代提出的要求，也是社会发展的必然趋势。目前各高校越来越重视开展创业教育，大力扶持那些掌握创新知识的大学生进行创业，成为国家基础研究和高科技领域原始创新的主力军，为建设创新型国家提供支持和保障。

本书是在贯彻落实《国家中长期教育改革和发展规划纲要（2010—2020 年）》的前提下，结合教育部《关于深化教育改革培养适应 21 世纪需要的高质量人才的意见》，根据普通高等职业院校教育人才培养目标及要求，编写完成。

本书在编排上注重理论与实践相结合，突出实践环节，分别设置了知识导航、学习目标、案例导入、能力训练、拓展阅读等特色模块，意在提高学生的学习兴趣，并起到充分拓展教学的功能，促进学生全面发展，从而更好地适应今后的学习、工作和生活。

本书由内蒙古民族幼儿师范高等专科学校李华凤、斯日古楞和鹰潭职业技术学院魏守长担任主编；内蒙古民族幼儿师范高等专科学校阿日古娜、扎拉格木吉、阿荷娜、山丹担任副主编；漳州市平和技工学校林国茂，马鞍山师范高等专科学校井清参与编写。

在编写过程中，编者参阅了大量的资料，在此向各位参与者表示感谢，由于编者水平有限，书中难免存在疏漏之处，希望广大读者批评指正。

为了使本书更好地服务于授课教师的教学，我们为本书配了教学课件。请使用本书作为教材授课的教师，如果需要本书的教学课件，可到华信教育资源网 www.hxedu.com.cn 下载。如有问题，可与我们联系，联系电话：（010）69730296/13331005816。

编　者

2018 年 5 月

目录 | Contents

第九章　新创企业经营管理 148

第十章　企业的创新与成长 177

第一章

创新创业概述

知识导航

1985 年，被誉为"现代管理之父"的彼得·德鲁克（Peter F.Drucker）发展了创新理论。他提出，任何使现有资源的财富创造潜力发生改变的行为，都可以称之为创新。德鲁克主张，创新不仅仅是创造，而且并非一定是技术上的；一项创新的考验并不在于它的新奇性、它的科学内涵，或它的小聪明，而在于推出市场后的成功程度，也就是能否为大众创造出新的价值。在学术界，尚没有就"创业"的定义达成完全一致的观点，但近年来以下两个要点基本得到了公认：其一，创业是一个过程，而不是一个事件；其二，机会追求是创业的核心要素。在我国创新创业的新形势下，可以说创新是创新创业的特质，创业是创新创业的目标。

学习目标

1. 了解创新的含义与意义。
2. 了解创新意识、创新思维、创新型人才的相关知识与内容。
3. 了解大学生创业的动机。
4. 了解创业对于创业者的意义。
5. 了解新形势下创新创业的相关知识。

案例导入

据北京大学市场与媒介研究中心和赶集网研究院联合发布的调查显示：在"互联网+"时代，创业门槛大大降低，自主创业已经成为"90 后"大学毕业生们重要的职业选择。

但是对于创业者，除了一窝蜂地涌入到互联网和移动互联网领域之后，选择一个具有竞争力的产品外，选择一个具有市场前景的行业，也是必不可少的。

刚创业不久的小王就选择了代理千能炁能水。"随着人们生活水平的提高，以及健康意识的增强，水行业必将会迎来一个大爆发。但是目前市场上的饮用水往往都陷入了同质化的竞争。"小王说。

小王表示：饮用水的竞争，不应该仅仅是价格的竞争，更需要产品质量的提升。只有真正能够给人们健康带来实际好处的产品，才能在未来的市场竞争中脱颖而出。

据了解，不同于市场上普通的饮用水，千能炁能水相比普通的饮用水、矿物质水、纯净水等，水的分子团更小，水分子活力更强。不论是水分子活性，还是对人体健康的改善状况，都远超市场上的同类产品。

据介绍，经过炁能转化器转化的原水，仅仅是通过能量共振改变了水分子团的结构，让原水的大分子团变成了炁能水的小分子团，其中并未添加任何元素，故而千能炁能水不会对人体有副作用。

其实，炁能作为一种能量物质，早已在中医学典籍中有所记载。如在气功、吐纳、导引术、坐禅中，都会提及这种炁的能量流。这种能量流在人体动作与意识的相互配合下，从而对人体达到治疗及改善健康的作用。

千能炁能水，顾名思义是含有炁能量的水。人们长期饮用千能炁能水，不仅可以通过喝水来补充"能量"，还可以借助水分子在人体的运化，达到改善身体健康的目的。

关于千能炁能水对健康的改善效果，千能炁能水的负责人表示："坚持饮用千能炁能水一个月之后，千能炁能水对人体健康的改善状况就会显现出来。即便各种慢性病，长期饮用千能炁能水，也可以得到改善。"

关于千能炁能水的水分子活性，即便不直接饮用也可以感受到。"如果身体擦破或者瘙痒，喷一喷千能炁能水很快就会改善；如果衣柜或者车内有异味，喷一喷千能炁能水，异味也会减少。千能炁能水的效果可以让用户实实在在地感知到。"

思考：结合案例，谈谈你对大学生创新创业的理解。

第一节　如何认识创新

一、创新的概念

创新，顾名思义，创造新的事物。我国最早的一部百科词典《广雅》中说："创，始也"；新，与旧相对。创新一词出现很早，如《魏书》有"革弊创新"，《周书》中有"创新改旧"。和创新含义近同的词汇有维新、鼎新等，如"咸與惟新""革故鼎新""除旧布新""苟日新、日日新，又日新"。在西方，英语中 Innovation（创新）这个词起源于拉丁语，有三层含义：一是更新，就是对原有的东西予以替换；二是创造新的东西，就是创造出原来没有的东西；三是改变，就是对原有的东西进行发展和改造。

创新，是人类特有的认识能力和实践能力，是人类主观能动性的高级表现形式。从哲学上来说，创新是人类为了满足自身需要的创造性实践行为，是对旧有的一切所进行的替代和覆盖；从社会学来说，创新是人们为了发展需要，运用已知的信息和条件，突破常规，发现或产生某种新颖、独特的有价值的新事物、新思想的活动；从经济学来说，创新是人类在特定环境中，以现有的知识和物质改进或创造新的事物并能获得一定有益效果的行为。

创新是企业家首次向经济中引入的新事物。这种事物以前没有从商业的意义上被引入经济之中。1912 年，美籍奥地利经济学家约瑟夫·A·熊彼特在他的德文著作《经济发展理论》中，首次提出了创新的概念。熊彼特认为，"创新"就是把生产要素和生产条件的新组合引入生产体系，即"建立一种新的生产函数"，其目的是获取潜在的利润。熊彼特的理论一开始并没有引起足够的重视。直到 1934 年，他的作品用英文出版后，才引起了学界的广泛关注。

20 世纪 90 年代，我国把"创新"一词引入了科技界，形成了"知识创新""科技创新"等各种提法，进而发展到社会生活的各个领域，使创新的说法几乎无处不在。

曾任清华大学科学与社会研究所教授的李正风认为，"创新"一词在我国存在着两种理解，一是从经济学角度来理解创新；二是根据日常含义来理解创新。目前，人们经常谈及的创新，简单来说就是"创造和发现新东西"。这里使用的实际上是"创新"的日常概念。从这个广义的概念上看，人类社会的每一次进步都离不开创新。

> **名人名言** 对于一个艺术家来说，如果能够打破常规，完全自由进行创作，其成绩往往会是惊人的。
>
> ——卓别林

那么，我们通常所说的"科技创新""自主创新"究竟属于哪个范畴呢？从事创新概念研究的学者普遍认为，对此很难进行严格的界定。在汉语言中，经济学范畴的"创新"（innovation）一词，没有严格对应的词汇，现在使用的"创新"很容易和另一个词"discovery"混淆，特别是在基础科学领域。这种概念的泛化或者说是多元化，有它有利的一面也有不利的一面。从有利的方面说，学者刘立博士认为，这种多元化有利于社会各阶层、各群体，在社会生活中处于不同角色的人，参与创新行为，也有利于对他们的行为进行非经济学的评估。而不利的一面在于，丧失了统一的标准，使很多行为都能被称为"创新"，而"创新"本身，也容易成为一个简单的"口号"。

由于创新的系统性，以及创新系统的复杂性，也使人们越来越注意从社会、政治和科技、文化的角度来理解企业、企业之外的其他机构在创新系统中的行为和作用，这是非常必要的。但如果把企业之外的不同机构或者不同社会角色在创新系统中的作用孤立起来，特别是撇开与企业创新活动的联系，就往往容易把"创新"这个概念单纯理解为"创造新东西"。由此可见，创新涵盖政治、经济、社会、军事、文化、科技、艺术等众多领域的创新。因此，创新可以分为商业创新、文化创新、科技创新、艺术创新等等，突出体现在学科专业领域的知识创新、行业产业领域的技术创新和职业事业领域的制度创新。

创新行为在历史上长期是一种企业家的个人行为，从 20 世纪中叶，特别是六七十年代后，人们越来越认识到创新是一个多主体、多机构参与的系统行为，因此，20世纪80年代，人们提出了国家创新系统的概念和理论。冷战结束后，国家之间的竞争转向以经济竞争为主，知识经济的兴起使经济的发展越来越依赖知识和技术的进步。在这种形势下，国家创新系统建设成为各国普遍关注的重要问题。

美国管理学大师彼得·德鲁克第一次在20世纪50年代把创新引进管理领域，有了管理创新。他认为创新就是赋予资源以新的创造财富能力的行为。时代是思想之母，实践没有止境，创新也没有止境。现在"创新"两个字扩展到了社会的方方面面，如我们讲的理论创新、制度创新、经营创新、技术创新、教育创新、分配创新等。党的十九大报告指出，世界无时无刻不在发生变化，中国也每时每刻都在发生变化。我们必须跟上时代，不断认识规律，不断推进理论创新、实践创新、制度创新、文化创新和其他各方面创新。要坚定不移地实施创新驱动发展战略，倡导创新文化，激发全民族创新创造活力，不断增强我国经济创新力和竞争力，加快建设创新型国家。

知识点滴

何为创新？《伊索寓言》里的一个小故事给了我们一个形象的解释：

一个暴风雨的日子，有一个穷人到富人家讨饭。

"滚开！"仆人说，"不要来打搅我们。"

穷人说："只要让我进去，在你们的火炉上烤干衣服就行了。"仆人以为这不需要花费什么，就让他进去了。

这个可怜人请厨娘给他一个小锅，以便他"煮点石头汤喝。"

"石头汤？"厨娘说，"我想看看你怎样能用石头做成汤。"于是她就答应了。穷人于是到路上拣了块石头洗净后放在锅里煮。

"可是，你总得放点盐吧。"厨娘说，她给他一些盐，后来又给了豌豆、薄荷、香菜。最后，又把能够收拾到的碎肉末都放在汤里。

当然，您也许能猜到，这个可怜人后来把石头捞出来扔回路上，美美地喝了一锅肉汤。如果这穷人对仆人说："行行好吧！请给我一锅肉汤。"会得到什么结果呢？结果是十分明显的，这就是创新思维的力量！因此，伊索在故事结尾处总结道："坚持下去，方法正确，你就能成功。"

二、创新的价值及意义

（一）创新的价值

如何理解"创新"？更进一步地讲，如何从经济角度理解"创新"？社会科学的一个重要作用是让我们更加深刻地理解社会发展演进的方式，理解新的事物对于社会发展作用影响的"机制"。

我们在这里强调的是"机制"。现代经济增长理论，从索洛到罗默、卢卡斯等的经典研究都表明，"技术进步是经济增长之源"。但是，从后面的分析看出，这里用"创新"代替"技术进步"更为恰当。为什么是"创新",而不是"技术进步"？进一步地,为什么"创新"不等于"技术进步"？这些问题可以归结为一个问题:"创新"包括的范围是什么？这是最令人感兴趣的。

> **名人名言**
> 凡是创新的时代总会有人死在半路上,但是这些失败或者遇到困难的公司并不代表它没有价值,它的价值就是告诉大家其实这个领域是可以一试的。
> ——李学凌

首先,技术先进就一定能促进增长吗？从人类发展历史来看,的确是这样,根据诱致性创新理论,由于资源的稀缺性和人口增长的压力,人类由游牧社会转向农业社会,最近几个世纪又转入工业社会,这都伴随着技术进步。但是,传统的技术进步的概念仅仅包括了农业的"绿色革命""工业革命"等相关的发展,这些的确是看得见、摸得着的。如果根据传统观念,技术先进的国家一定是最强大的,那么历史就给了我们另一个教训,西罗马帝国被北方野蛮部落毁灭、大宋王朝被北方蒙古毁灭等都是对此观点最好的反驳。此外,前苏联在冷战中的崩塌,也是离我们并不遥远的最好例证。因此,技术先进并不能保证国家的强大和经济持续地增长。

"创新"的目的是什么？获得垄断租金(或叫超额利润)。我们习惯于分析完全竞争,假设市场完全竞争、无数的生产商、产品的同质性等,为什么不是垄断竞争？因为我们通常认为垄断租金无法长期维持。事实的确是这样,结果就是长期利润为零,因为市场是完全竞争的。但是我们也注意到,有什么理由说明在利润为零的情况下,市场上仍然有无数生产同质产品的生产商。因为如果我们维持市场上总是存在超额利润,那么就一定会吸引生产商,当某个行业吸引越来越多的生产商时,竞争越来越激烈,那么该行业的超额利润变为零,这也意味着某个行业不可能存在无数的生产商。这就结束了吗？没有,首先要解决的问题是,如何维持超额利润？当然是垄断,避免竞争。如何避免竞争？比如你是一个小电脑企业,你会想着怎么和联想这样的大企业竞争吗？当然不会。你会生产一些联想公司不生产的产品,甚至你会生产一些联想需要而又不值得大量投资生产的产品部件,这样你在避免与联想竞争的同时也获得对该部件的垄断,获得了垄断利润。从这个例子中可以看出,如果你能够获得垄断租金,事实上就意味着你的行动本身就是"创新",虽然你并没有进行生产技术上的改进。

政治经济学家的瑟夫·熊彼特认为"创新"不仅包括技术发明,也包括引进新的生产方式、新的管理方式,开拓新的市场等。"创新"也是有周期的。一个"创新"导致"超额利润",其他企业就会模仿,加剧竞争,最终利润变为零。企业要生存就需要不断地"创新",创造出垄断利润,继续前面的循环过程。只要不断存在"创新",经济就能不断发展。事实上,比"技术进步"概念更为广泛的"创新"概念已经保证了经济的持续发展。当然,前提是,我们的社会体制环境有利于"创新"。

更进一步,"创新"强调"异质性",也就是差异企业之间的竞争会获得正利润。事实上,企业的"创新"表现了差异性,避免了产品同质性的竞争,形成对市场的一定程度垄断。这是很符合现实的。

更有意思的是，我们还可以将"创新"扩展到教育领域。为什么长期存在非自愿"失业"？即使是在经济繁荣、企业对劳动力需求旺盛之时。原因当然是企业的岗位需求很大程度上是异质性，而社会上存在的都是同质性的工人，难以适应这些工作岗位。这也对我们的教育给予了启示。如果仅仅是标准化地培养而不是因材施教凸显个性发展，教育的结果就是培养了一批无论是行为方式，还是思想观念都是整齐划一的劳动者，徒增失业而已。没有"创新"的未来，更没有社会发展的未来。

总之，我们需要更为广泛地理解"创新"，而不是局限看得见摸得着的"技术"。其实"创新"人人可以做到，只要有心。

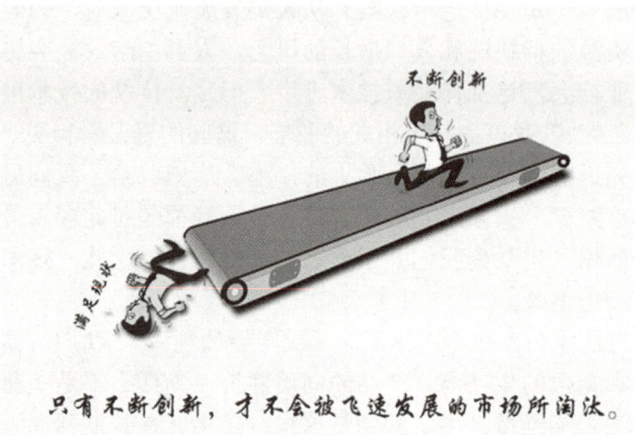

只有不断创新，才不会被飞速发展的市场所淘汰。

（二）创新的意义

创新是一个民族进步的灵魂，是一个国家兴旺发达的不竭动力。21世纪的中国发展史将留下知识创新工程的浓重印记。知识创新工程的实践改变着中国科技发展的格局。在当今这样一个知识经济时代，国民经济发展的源泉和生命在于创新。创新就是发现新思维、新理论、新方法、新技术或新产品。创新是持续发展的基石。缺乏创新能力将失去知识经济带来的机遇。知识创新和技术创新能力是决定国家之间、企业之间、人才之间竞争的重要因素。创新能力的高低是衡量人才素质的一个重要指标。关系到民族、企业和个人的前途和命运。

> **名人名言**
>
> 非经自己努力所得的创新，就不是真正的创新。
>
> ——松下幸之助

1. 创新在人类发展历史中起着不可估量的作用

纵观人类发展历程，实际就是科技创新不断进行的过程。当代科学技术突飞猛进，新的发明、新的技术、新的材料、新的工艺层出不穷。社会在科技的带动下飞速发展，而创新又使这个速度不断加速。毫无疑问，科技创新已经成为当代的主旋律。创新已经成为国家的需要、社会的需求和时代的主题。

2.　创新为人们发明创造新机械、新产品提供了有效的理论和方法

创新能充分发挥设计者的创造力，利用人类已有的相关科学技术成果进行创新构思，设计出具有新颖性、创造性及实用性的机械产品。创新能改进生产或生活中现有机械或产品的技术性能、可靠性、经济性、适用性等。创新能使科技者创造设计出新机械、新产品以满足新的生产或生活的需要。开展创新研究不仅有重要的理论学术价值，而且更具有较大的经济效益和社会效益。

三、创新意识

（一）创新意识的含义

创新意识是指人们在社会实际活动中，主动开展创新活动的观念和意识，表现为对创新的重视、追求和开展创新活动的兴趣和欲望。它是人类意识活动中的一种积极的、富有成果性的表现形式，是人们进行创新活动的出发点和内在动力，是唤醒、激励和发挥人所蕴含的潜在本质力量的重要精神动力，与创新能力一起贯穿于人的创新活动的整个过程。

（二）创新意识的内容

1.　强烈的创新动机

创新动机是创新意识的动力源，是形成和推动创新行为的内驱力，是引起和维持主体进行创新活动的内部心理过程，也是创新才能得以施展的能源。人的每项创新活动、每个创新意识都离不开一定创新动机的支配。创新动机明确并且强烈的人，其创新活动的希望就越大；创新动机肤浅的人，其创新活动成功的希望就小。

2.　浓厚的创新兴趣

创新兴趣是指人们从事创新活动所投入的积极情绪和态度定向。它是创新动机的进一步发展。创新动机来源于对创新的浓厚兴趣。产生创新动机不一定有创新兴趣，而一旦形成创新兴趣必然伴随着创新动机。创新兴趣是人们从事创新实践活动强有力的动力之一，是投身创新实践的不竭源动力。

3.　健康的创新情感

创新过程不仅仅是纯粹的智力活动过程，它还需要引发、推进乃至完成创造性活动的创新情感。首先，是稳定的创新情感。现代创新者只有在稳定的创新情感支配下，才能提高自身创新敏感性，及时捕捉有用信息，对与创新有关的事物充满浓厚的兴趣。

其次，是积极的创新情感。现代创新者积极的创新情感，可以极大地激发自身的创新意识和创新敏锐性，充分调动自己投身于创新活动的积极性。

再次，是深厚的创新情感。创新热情是一种稳定深厚的创新情感，具有持续性。它是一种能促进现代创新者形成强烈的创新意识，并展开创新活动的心理推动力量。

4.　坚定的创新意志

创新意志是在创造中克服各种困难，冲破阻碍的心理因素，具有鲜明的目的性和坚定的顽强性。首要的是创新意志的目的性，其次才是创新意志的顽强性。现代创新者只有对自己的行动目的有明确的认识，才能按既定的目标去行动。创新意志的顽强性指人们在创新的过程中能精力充沛，坚持不懈地克服一切困难和障碍，取得创新成果。科学创造是一种艰苦的劳动，是要探索前人没有走完的路，要产生前人没有产生过的成果。在创造过程中成功与失败并存，只有意志顽强的创造者才能在挫折与失败中不断进取，从而把失败引向成功。

（三）增强大学生创新意识的重要性

1. 创新意识是当今信息时代国家创新体系持续发展的要求

在科技信息高速发展的社会里，高科技产业成为社会的主导产业，科技人才是经济发展的关键资源。对富有创新意识和创新能力的高素质科技人才的培养，是当今知识经济背景下科技进步的要求和科技人才培养的主要目标。

"国家创新体系是与知识创新和技术创新相关的机构和组织构成的网络体系，其主要成分是企业科研机构和高等院校等。"国家创新体系是一个目标明确、组织比较完备的网络系统。这一体系的建设不是一朝一夕的事情，而是一个长期积累发展的过程，需要一代代人艰辛的努力，也需要持续不断的创新型人才，只有这样才能提升国家的科技竞争力，提高国家的综合实力。

创新型人才就是具有强烈的创新精神和创新意识，具有敏捷的创新思维和很强的创新能力，从而能获得创造性成果，成为有所建树的人才。国家自主创新的关键在人才。创新型人才是国家创新体系赖以维系的根源，创新型人才是建设国家创新体系的主导力量和可持续发展的能源。国家创新体系的每个构成要素都需要创新型人才发挥科技中坚力量。因而培养具有创新意识的创新型人才是国家创新体系持续发展和永葆生机的需要。

> **名人名言**
> 人类的创新之举是极其困难的，因此便把已有的形式视为神圣的遗产。
> ——蒙森

2　创新意识是高校教育发展的需要

高校的人才质量标准是培养具有创新精神和实践能力的高级专门人才，高校良好的社会声誉要靠自己培养出来的优秀人才和取得的丰硕科研成果来赢得。高校人才质量的优劣将直接取决于学生的创新素质高低，创新素质的高低直接影响其在未来的市场中的竞争力，那些培养出很多高素质竞争人才的高校在社会的声誉与日俱增，学校的生源也就必然会增加，这样必然促进学校的发展。因此培养具有创新意识的创新人才是直接关系到高校生存与发展的关键。

创新意识和创新能力是一种认识、人格、社会层面的综合体，涉及人的生理、心理、智力、人格等诸多方面，是人的综合素质和全面发展的外在表现。一方面，培养大学生创新意识是高校素质教育的重要内容。人才素质的高低在很大程度上取决于其创新意识和创新能力的高低。创新意识和创新能力是大学生素质中所必备的成分，因而大学生创新意识和创新能力的培养是高校实施素质教育的核心所在。另一方面，培养大学生创新意识是高校思想政治教育的创新。思想政治教育的内容是随着社会和现实需要的发展而发展的，以创新意识和创新能力为核心的创新观是现代思想政治教育内容的时代扩充，因而培养大学生的创新意识是推进高校思想政治教育创新的重要任务和内在要求。

3.　创新意识是高校大学生全面发展的需要

马克思认为人的全面发展表现为人的能力的全面发展，人的需要的多方面发展，人的社会关系的丰富和发展，以及人的个性的发展。从这一理论来看，培养创新意识是实现高校大学生全面发展的必要准备和保障，是高校大学生实现自身全面发展的需要。

在知识经济时代，知识的陈旧周期不断缩短，知识的增长率加快，知识转化的速度迅猛增加，高校大学生想要在这种情况下成才就需要掌握涉及面广、潜移性强、容纳度大、概括程度高的"核心"知识，需要高校大学生有忧患意识，主动发挥自身的创新意识和创新能力。要想在就业饱和的状态下占有一席之地，就必须有创新的意识和能力。这需要大学生树立创新意识、竞争意识，利用所学的知识，敏锐地观察就业趋向，并把自己武装成与众不同的创新人才，从而提升自身的竞争力。

📚 知识点滴

一天早上，一位牧师为了转移哭闹不止的儿子的注意力，将一幅色彩缤纷的世界地图撕成许多细小的碎片，丢在地上。许诺说："小约翰，你如果能拼起这些碎片，我就给你二块钱。"

牧师以为这件事会使约翰花费上午的大部分时间，但没有十分钟，小约翰便拼好了。

牧师："孩子，你怎么拼得这么快？"

小约翰很轻松地答道："在地图的另一面是一个人的照片，我把这个人的照片拼在一起，然后把它翻过来。我想，如果这个'人'是正确的，那么这个'世界'也就是正确的。"

牧师微笑着给了儿子二块钱。

四、创新思维

"创新思维"是相对于传统思想而言的，没有受到现成思路的约束，寻求对问题全新的独特的解决方法的思维过程，创新思维的过程是开发大脑的一种发散思维的过程。

（一）怎样培养大学生的创新思维能力

创新思维能力的培养，既是实现中华民族伟大复兴的战略选择，又是青少年自我成才的内在需要。

1. 培养创新思维的原则

创新思维的培养不是随便的、盲目的，在培养大学生创新思维的实践过程中需要遵循一定的原则。概括起来有以下四条基本原则：

（1）遵循实践性原则。要坚持马克思主义的教育观和人才观，坚持创新是一种创造性的实践，坚持以实践作为衡量大学生创新能力的唯一标准。

（2）个性化原则。从某种意义上说，个性化就是创造性的代名词。没有个性就没有创造。每个人都是一个特殊的不同于其他人的现实存在，应注重培养其自主的意识、独立的人格和批判精神。

（3）协作性原则。大学生创新能力不只是跟他们的智力因素有关，非智力因素也在很大程度上影响他们的创造性发挥。而现代科学的发展已经让任何一个人都无法在一生中涉足科学的每一方面。因此，只有科学信息共享，相互协作，才能有效地发挥个人潜能，促进文明的进步。

（4）系统性原则。培养大学生创新思维能力，不只是某个方面的问题，而是一个系统性的体系，包括大学生创新意识的培养、大学生创新思维的培养、大学生创新能力的培养及大学生创新人格的培养。

案例精选

齐威王与大将田忌经常赛马，比赛时二人各自拿出上、中、下三个等级的马分别对阵。齐王的马每个等级都比田忌的强，所以田忌屡屡败阵。后来军事家孙膑给田忌出了个主意，让他以下等马对战齐王的上等马，再以上等马对齐王的中等马，以中等马对战齐王的下等马。结果，田忌以一负二胜的战绩战胜了齐威王。

现在，人们把这一原理应用到了有些体育比赛之中，如乒乓球团体赛等，取得了较好的成果。目前在企业中大力开展的资产重组，实际上也是一种组合创造与创新。在这一原理的引发下，可产生许许多多重组的方法。

2. 培养创新思维的方法

只有在实践中遵循了大学生创新思维的基本原则，才有可能使大学生在校期间的创新思维能力取得一个质的飞跃，并为以后的工作、生活打下坚实的基础。具体分析，大学生创新思维的培养应当注意以下几点：

（1）突破思维模式的旧框框，克服隐性自我评价。由于大学生在中小学期间长期受应试教育的影响，以及高校专业设置过细、知识面窄、技能方面训练不够、不注重思维方法训练等诸多因素，使许多大学生缺乏创新精神，创新能力不强。而隐性自我评价则是指人们在潜意识里用理性标准和逻辑规范去判断他们所遇到的事物的一种思维习惯。隐性自我评价就如一个隐形杀手，随时准备扼杀每一个创新的念头。所以，大学生要真正培养创新思维能力，必须要突破思维模式的旧框框，善于用联系的观点、全面的观点、系统的观点、开放的观点、发展的观点、矛盾的观点看问题。

同时，大学生必须在主观上对创新有正确的认识，对自己充满信心，不要轻易对自己的新观点作出负面的评价。在一个新的想法产生时，应当任其滋长、发展、壮大，而不要过早干涉。或许，你思维的一小步会使人类的文明向前迈进一大步。

案例精选

高斯是德国伟大的数学家。小时候他就是一个爱动脑筋的聪明孩子。

上小学时，一次一位老师想治一治班上的淘气学生，出了一道数学题，让学生计算从 $1+2+3+\cdots$ 一直加到 100 的结果。心想这道题足够让这帮学生算半天的，他也能得到半天悠闲。谁知，出乎他的意料，刚刚过了一会儿，小高斯就举起手来，说他算完了。老师一看答案，5050，完全正确。老师惊诧不已。问小高斯是怎么算出来的。

高斯说，他不是从开始加到末尾，而是先把 1 和 100 相加，得到 101，再把 2 和 99 相加，也得 101，最后 50 和 51 相加，也得 101，这样推算一共有 50 个 101，结果当然就是 5050 了。聪明的高斯得到了老师的表扬。

（2）陶冶学生的情操，加强大学生创新心理素质的培养。陶冶大学生的情操，这是在当前全民素质教育背景下对大学生成才的一个要求。当然，我们强调大学生创新思维能力的培养显然不是以每个人都成为发明者、创造者为目的，而主要是激发每个大学生具有那种不断进取的开拓精神，使之成为一个现代人所必须具备的基本素养。在创造的过程中体验创新的喜悦与乐趣，使之升华为人的基本素质。这是我们培养大学生创新能力的主旋律。同时，我们要加强大学生创新心理素质的培养，养成一种创新的态度和自觉。具体来说，就是要树立新的教育观念，培养大学生的创新意识，采用创造性的教学方法培养学生创新思维和创新能力。

（3）深化课堂教学改革，激发学生的创新意识，强化学生的探索精神。大学教学过程中的一切条件、环境和手段，都与大学生创新思维的培养和发展直接相关。而课堂教学是大学教育的主阵地。传统的课堂教学重视的是老师的教，以老师为中心，而忽视了学生在课堂中的主体作用。从而使学生只能被动地接受知识，从而淡化了知识的再发展。深化课堂教学改革，要确立以学生为中心的教学体制。老师在教学过程中对学生进行积极的引导，从而可以激发学生的创新意识，进一步强化学生的探索精神。

（4）创新思维与校园文化相结合，为大学生创新思维的培养提供一个良好的外部环境，培养大学生的创新人格。营造良好的校园环境和校园文化氛围对于大学生创新思维能力的培养是大有裨益的。江泽民同志指出："每一所学校，都要爱护和培养学生的好奇心、求知欲，帮助学生自己学习、独立思考，保护学生的探索精神、创新精神，营造崇尚真挚追求真理的氛围，为学生的禀赋和潜能充分开发创造一种宽松的环境。"营造一个宽松自由的校园文化氛围，从而能够引导大学生广泛开展课外科技活动，培养学生积极探究科学奥秘的精神，激励学生的创新激情，锻炼学生独立创新能力，并且建立创新激励机制，鼓励学生的创造活动，不断培养学生的创新心理素质进一步完善大学生的创新人格。

总之，时代呼唤创新精神，民族需要勇于创新、善于创新的新人。而高等院校则负有培养创新人才的重任。我们只有彻底转变观念，注重教与学的方法，营造有利于创新人才成长的环境，才能培养出良好的具有竞争力的创新型人才。

名人名言

如果你要成功，你应该朝新的道路前进，不要跟随被踩烂了的成功之路。

——约翰·洛克菲勒

3. 培养大学生创新思维的作用

21世纪，国家间竞争的实质是以科技发展为主导的综合国力的竞争，社会竞争更重要的也是思维能力和创新能力的竞争。培养大学生的创新思维，具有重大的现实意义和长远利益。

（1）有利于个人才智的发挥和实现自己的人生价值。创新思维的开发可以激发人的潜能，而大学生创新思维的开发，则意味着未来中国将拥有更多高素质的建设者。当代大学生也将拥有一个发挥自己才华的平台，同时我们的建设者可以自如地应对未来社会的竞争，在激烈的人才竞争中进一步使自己的人生价值、社会价值得到更好的实现。

（2）有利于中华文明的传承和进一步发展。中华文明是人类文明史上唯一源远流长且从未中断的文明。当代大学生作为我们文明的重要的继承者，具有创新思维意识和创新心理素质，则必将使我们的文明得到更高质量的发展，从而使中华文明能够有能力、有条件在不远的将来引领人类文明的发展，实现中华文明的伟大复兴！

（3）有利于我国政治经济社会文化和自然生态的健康稳定快速发展。改革开放以来，我国的政治经济社会文化和自然生态得到了突飞猛进的发展。随着我国经济社会的不断发展，政治经济文化改革也在不停地进行着。大学生作为社会主义事业未来的合格建设者和可靠接班人，开发和培养其创新思维是非常有意义的。大学生创新思维的培养可以使我们更好地把握政治经济社会文化和自然生态发展变化的规律，从而使我们的社会主义市场经济建设的方向更加明确，使政治社会文化体制改革和生态文明建设更加有效，使政府的决策更具有科学性。纵观世界政治经济社会文化的发展，可以看到每一分钟都充满着竞争与挑战。所以，大学生创新思维的开发与培养，是我国政治经济社会文化和自然生态健康稳定快速发展的重要保障。

案例精选

　　爱迪生是伟大的发明家，他拥有很强的创造能力，他这么强大的创造能力来自哪里呢？一方面来自于他的勤奋，另一方面是来自于他的勤于思考。其实还有一方面是很重要的，那就是直觉，这种直觉不是很容易产生的，它是在不断的创造中形成的。一个人如果没有从事很多的创造活动，那么也很难在创造中产生直觉。所以我们不要认为直觉是可以凭空产生的。

　　在海战中常用的鱼雷，最初是由亚得里亚海沿岸的一个工程公司的英国经理罗伯特·怀特黑德于1866年发明的。在1914—1918年期间，处于发展中期的德国传统鱼雷，共击沉总吨位达1200万吨的协约国商船，险些为德国赢得海战的胜利。当时美国的鱼雷速度不够快，德国军舰发现后只需改变航向就能避开，因而命中率极低，但研制人员想不出改进的方法。

　　他们去找爱迪生，爱迪生既未做任何调查也未经任何计算，立即提出一种意想不到的办法。他让研究人员做一块鱼雷那么大的肥皂，由军舰在海中拖行若干天，由于水的阻力作用，使肥皂变成了流线形，再按肥皂的形状建造鱼雷，果然收到奇效。爱迪生所用的思维方法就是直觉思维。

五、培养创新型人才

（一）什么是创新型人才

　　所谓创新型人才，就是具有创新精神和创造能力的人才，通常表现出灵活、开放、好奇的个性，具有精力充沛、坚持不懈、注意力集中、想象力丰富以及富于冒险精神等特征。

　　创新型人才一般具体有以下几个特征：

1. 有很强的好奇心和求知欲望；
2. 有很强的自我学习与探索的能力；
3. 在某一领域或某一方面拥有广博而扎实的知识，有较高的专业水平；
4. 具有良好的道德修养，能够与他人合作或共处；
5. 有健康的体魄和良好的心理素质，能承担艰苦的工作。

> **名人名言**
>
> 想出新办法的人在他的办法没有成功以前，人家总说他是异想天开。
>
> ——马克·吐温

（二）如何培养创新型人才

　　我国当代著名的科学家钱学森曾在病榻上向温家宝同志进言："现在中国没有完全发展起来，一个重要原因是没有一所大学能够按照培养科学技术发明创新人才的模式去办学，没有自己独特的创新的东西，老是冒不出杰出人才。这是个很大的问题。"培养大量的一线创新人才，是当代中国高等教育最重要也是最艰巨的历史使命。

作为一所大学，传授知识是基本的任务。然而，还有四个方面比传授知识更重要：一是指导学生学习的方法比传授知识更重要。今天的教是为了明天不需要教；二是激发学生学习的兴趣比强制学生学习更重要。要重在提高学生学习的内动力，因为"兴趣是最好的老师"；三是培养学生的科学精神比传播科学更重要。要努力培养学生严谨、求实、探索、创新的学术品格；四是引导学生学会应用知识比单纯传授知识更重要。学习的目的是更好地应用知识。

> **名人名言**
> 若无某种大胆放肆的猜想，一般是不可能有知识的进展的。
> ——爱因斯坦

因此，为了培养创新型人才，在学校教学方法上应注重以下几方面的改革：

一是要实行以问题为主线的教学。注重在教学中引导学生思考问题、提出问题、研究问题和解决问题。在一个班集体、一个学习小组或一个宿舍集体内，形成研究问题、讨论问题的风气，这是引发思考、启迪智慧、激发灵感的重要的渠道，是创新型学习重要的形式，是最重要的学风。

二是注重培养兴趣。"兴趣是最好的老师"，学习中有了兴趣，可以有效地提高学习的内动力，就能做到忙而不累、乐而忘忧，便能够产生灵感、提高效率。现在我国高等教育中普遍存在的问题是学生学习的内动力不足，学习的兴趣和求知的欲望不足。因此，如何培养学生学习兴趣、提高学生学习的内动力，成为高等教育需要研究和解决的一个重要的问题。

三是引导学生善于综合。善于把学到的多门课程以至多个门类的知识综合在一起，去解决一个实际问题。科学是内在的统一体，它被分解为单独的部门，不是取决于事物的本质，而是取决于人类认识能力的局限性。当代科学技术不断分化与综合，而以综合化、整体化为主。

四是指导学生注重转化，就是由输入与吸纳知识到转化为能力与素质。知识不等于能力和素质。知识必须转化成能力与素质才能体现出其价值。知识存在着过时和忘记的问题，而能力和素质则更稳定、更长久。美国物理学家劳厄说过一句名言："重要的不是获得知识，而是发展思维能力。教育无非是一切已学过的东西都忘掉的时候所剩下的东西。"剩下什么呢？主要是由学到的知识而转化过来的能力和素质。

五是鼓励学生勇于突破，有意识地突破前人、突破书本、突破自己的老师。如果一个老师把学生教得超过了自己，那是这个老师很了不起的成就。科学的发展、社会的进步，既是以继承前人为基础，又是以怀疑否定前人为突破。

案例精选

英特尔公司并不像我们想象的那样技术领先，它很少进行基础研究，很少拥有速度最快或价格最便宜的处理器。但是，它的处理器的销售额却能够超过其最大竞争对手四倍，多年来一直如此。原因就在于，与任何其他处理器企业相比，英特尔得到更多企业中更多人员的技术支持。它主要通过关注企业外部的学术研究活动和对其他新建企业进行风险投资（即设立"创投基金"）保持自己的技术地位。英特尔在许多大学成立"Lablet"研究，从而获得原创技术，并每年花费1亿多美元用于资助大学的学术研究，寻求"可能有用"的创意。英特尔也积极尝试合作创新，如曾经宣布成立"英特尔平台应用创新同盟"，与众多软硬件企业进行合作。英特尔积极鼓励员工进行创新，只有那些善于动脑筋、总结经验和具有创新精神的员工才能立足和晋升。内部技术创新活动要围绕着外部可获得性技术资源进行，而不是与之竞争或是忽略不计。英特尔努力成为一名最新技术的"快速跟随者"，只要有利于自己的产品，就采取"外部技术内部化"的"拿来主义"策略。

在知识经济时代，企业仅仅依靠内部的资源进行高成本的创新活动，已经难以适应快速发展的市场需求及日益激烈的企业竞争。在这种背景下，"开放式创新"正在逐渐成为企业创新的主导模式。而开放式创新的概念又是从对高技术行业的案例研究中提炼出来的。英特尔公司的做法正是其最好的例证。

第二节　为什么要创业

一、创业动机

创业动机是指引起和维持个体从事创业活动，并使活动朝向某些目标的内部动力。它是鼓励和引导个体为实现创业成功而行动的内在力量。

大学生创业是做好创业准备的大学生与适宜的创业环境相结合的产物，但为什么会有大学生在本应认真学习的时候走上了创业的道路？他们的动机有一定的特殊性，归纳起来主要有以下四种类型：

（一）生存需要型创业

首先，由于经济的原因，许多家庭越来越难以负担昂贵的学费。即使有国家的助学贷款、奖学金制度也不能完全解决问题。在沉重的经济负担压力之下，为了顺利完成学业，这部分学生中的一部分人只好利用课余时间打工来维持正常的学习和生活。在打工的过程中，有一部分具有创业素质的人会发现商机并且去把握它，开始走上了创业的道路。

其次，当前我国高校学生中城镇生源的学生95%均是独生子女，培养他们的独立性已经成为当务之急。目前已经有一部分学生开始独立承担自己的学习、生活费用，在他们中也产生了一定数量的创业先行者。这部分创业者通常都以学习为主要目的，从事一些投入时间、精力较少的行业，对经济回报要求较低。

（二）积累需要型创业

按照美国著名管理学家克雷顿·奥尔德弗（Alderfer）的 ERG 理论，人的需求分为生存（Existence）、相互关系（Relatedness）和成长发展（Growth）。这三种需求并不一定按照严格的由低向高的顺序发展，可以越级。当代大学生随着年龄的增长，对于相互关系和成长的需要会逐渐强烈。一部分大学生为了增加自己的实践经验，丰富自己的社会阅历，或者为了自己以后的发展或实现自己的某个目标做好经济上的准备。在条件成熟的情况下也会利用课余时间走上创业的道路。这个类型的创业者往往以锻炼为目的，承受失败的能力较强。同时由于压力较小，失败和半途而废的比例也比较高。

（三）自我实现需要型创业

心理学研究表明：大学时期是很多人创造力最为活跃的时期，这个年龄段的青年正处于创造能力的觉醒时期，对创新充满了渴望和憧憬。他们思维活跃、创新意识强烈，同时所受的束缚较少，按照 ERG 理论对成长的需要也更为强烈。另外，由于大学生所处的环境，他们往往更容易接触一些新的发明和学术上的新成果，或者他们中的一部分人本身拥有自主知识产权的科研成果。为了能早日实现自己成功的目标，他们中的一部分人改变了自己的成功观念，并开始了自己的创业生涯。

（四）就业需要型创业

当前，我国的就业形势相当严峻，一方面表现为就业岗位需求不足，另一方面表现为大学毕业生的工资待遇降低。在这种情况之下，为了找到一份自己满意的工作，有一部分大学生开始了创业。

案例精选

奋斗 9 年终成千万富翁

他，曾经是一个贫困的大学生；他，上大学不久就靠当家教赚取学费；他，从大学一年级就开始创业；他，曾经因为办"黑班"被撵得东躲西藏；他，如今已经成为拥有千万元资产的企业家。

胡忠伟，1976 年生于沈阳市苏家屯区一个普通的农民家庭，1994 年考入沈阳大学。1995 年，家境贫困的胡忠伟在当家教打工的时候，发现了儿童英语培训的巨大商机。

他利用业余时间创业，用3000元办起了仅有20名学员的"小学馆儿童英语班"。如今，小小的英语培训班，已经发展成为拥有固定资产上千万元、员工400余人的教育集团——冠亚教育机构。在许多人眼里，胡忠伟的创业简直就是一个奇迹。不名一文的大学生，大学一年级下海创业，9年拼搏成为千万富翁。胡忠伟的创业经历是如此的神奇，以至于有人惊呼他简直就是"沈阳的比尔·盖茨"。

胡忠伟总结了自己几个方面的创业"秘籍"。

转变心态

当别人为就业而烦心时，胡忠伟脑子里想的却是自己创业：解决心态问题，是创业的第一步。有创业意识的人，要跳出传统的择业观念和思维模式。传统的择业观使人们总是把"宝"押在别人身上。自己所做的一切努力，是想得到别人的认可，进而受到别人的重用，并借此得到希望得到的利益。而创业的人要有意识地改变这样的心态，相信自己，认可自己，为自己所用！

危机意识

人无远虑，必有近忧。当别人为今天的舒适安逸而满足时，胡忠伟却看到了未来生活的危机。不少大学生都错误地认为找工作是毕业以后才需要想的事情。其实从跨入大学的第一天起，就应该给自己施加压力，强化危机感，有意识地做好创业的准备，如知识储备、社会经验储备。

当有的大学生抱怨社会的种种问题时，胡忠伟想的却是适应这个社会，让社会为我所用，耐心等待社会的改变。社会不是为个人而造的，要去适应它。与其抱怨社会环境不好，不如换个心态，每一次危机就是一种转机，每一次变化就意味着机会。对社会的变化始终保持兴奋，才是创业的良好心态。大学生不要把精力放在愤世嫉俗上。

坚定信念

当企业面临绝境时，胡忠伟没有垮掉，而是顽强地挺了过去。创业之路不可能一帆风顺，面对困难要有平常心。

求新求变

当别的竞争者也争抢着跳下海游泳时，发现胡忠伟已经乘上大船远去了。市场竞争是针锋相对的，与其在针锋相对中拼个你死我活，不如求新求变。从这种竞争中跳出来，不但自己轻松，而且效果更好。一个人的成功是需要能够走一步看两步的，要不断开阔眼界求发展。

胡忠伟说："我不是一个事业的苦行僧，只是要做一个完整的人，开创人生，享受人生！"

（资料来源：中华励志网）

二、确立人生目标

人生的目标就像人生路上的灯塔，时刻照亮着一个人前进的道路，使每个人在人生道路上不至于迷失方向、偷懒不前、碌碌无为、荒度人生。可见一个人确立好人生目标是非常重要而现实的。如何确立人生目标呢？主要从以下几方面做起：

一是明确什么是人生目标；

二是如何把人生目标生活化；

三是如何实现人生目标；

四是如何珍惜生命的每一分钟；

五是努力做一个理想与现实相交融的幸福快乐的人；

六是如何画好人生这幅属于自己的最为美妙的画卷。

在人的一生中，有许多事情要做，求学、立业、恋爱、结婚等。其中最重要的两件事就是学做人、学做事。在大学阶段确立的目标会对今后的发展产生不可估量的影响，它与人的基本素质的完善有着密切的联系。高尔基说："一个人追求的目标越高，他的才能就发展得越快。"如果说高中里的目标比较单一、简明，包含较多的个人幻想成分的话，那么大学里的目标就应该更深刻、长远，包含更复杂的社会因素，应该更好地把个人愿望和社会需要统一在其中。也就是要认识到：我适合干什么，社会需要什么，我能干什么。

大学阶段新目标的确立，实际上是人生目标的确立。英国著名的哲学家怀特海这样说过："在中学阶段，学生伏案学习；在大学里，他需要站起来，四面观望。"只要站起来，向社会、向历史、向未来、向生活的各个方面放眼展望，才能把握住恰当的目标，促进自己全面发展。

三、把握时代脉搏

（一）大学生创业是国家兴旺发达的动力源泉

当今时代，创新决定着一个国家和民族的综合实力和竞争力。创新是一个民族进步的灵魂，是国家兴旺发达的不竭动力。青年一代，尤其是大学生，是中国最具活力的群体，如果失去了创造的冲动和欲望，而仅仅安于现状和守成，那么中华民族最终将难以自立于世界民族之林。中国已经进入了新时代，青年有担当，国家才有前途，民族才有希望。接受了系统科学素养和人文精神熏陶的大学生，无疑是国家最宝贵的人力资源和科技资源。思维活跃、灵感丰富、敢于标新立异、具有创新精神的大学生，不仅是新思想、新观念、新技术、新工艺的发源地，更应是许多高新技术产业和新兴行业的带头人。

大学生创业必将更加有效地推动科技创新，推动新发明、新产品的出现。有力促进市场体系的完善和市场竞争主体结构的合理化。它对企业创新能力和企业核心竞争力的提高，乃至我国国际竞争力的提升都有着非常重要的作用。

> **名人名言**
>
> 任何时候做任何事，订最好的计划，尽最大的努力，做最坏的准备。
>
> ——李想

（二）大学生创业是新形势下解决就业难题的有效途径

国际劳工组织认为，在未来 30 亿个劳动力中，将有 25%到 30%的劳动力不能完全就业，需要通过创业和自我谋职来达到就业的目的。人生的道路有千万条，面对高校毕业生严峻的就业形势，大学生正面临着人生道路的重要选择。是怨天尤人，还是奋发图强；是消极等待，还是积极进取，不同的选择会使每个人的人生具有不同的意义，创造出不同的价值。只有那些对生活充满热爱，对前途充满信心的人，才能成为"第一个吃螃蟹的勇士"。从而在当今激烈的市场竞争当中，凭着自己的知识和智慧，创出一条属于自己的人生道路。

（三）大学生创业是市场经济条件下实现个人价值的积极选择

市场经济崇尚个人价值的实现，提倡和鼓励竞争。我国社会主义市场经济的发展和完善也正为大学生创业提供了相对宽松的环境。思想活跃、敢想敢干、精力充沛、没旧框框束缚的大学生，通过自主创业将会尽快实现自我的人生价值。

创业者在社会中普遍得到鼓励和人们的尊重，各种媒体大量报道创业新闻，在全社会营造了支持和鼓励创业的氛围，许多白手起家的成功故事激励着其他人群学习和仿效。事实证明，创业能够提升人生意义、提高生活质量，创业成功所带来的满足感、幸福感是普通职业难于企及的。

📥 知识点滴

国务院：鼓励大学生创新创业，可折算学分

2015 年 5 月 4 日，国务院办公厅发布《关于深化高等学校创新创业教育改革的实施意见》。要求进行教学及考试改革，扩大小班化教学，培养学生的批判性和创造性思维。探索非标准答案考试，破除"高分低能"积弊。此外，我国还将探索发表论文、获得专利和自主创业等情况折算为学分。

按照总体目标，我国 2015 年起全面深化高校创新创业教育改革。2017 年取得重要进展，普及创新创业教育。到 2020 年建立健全高校创新创业教育体系，使投身创业实践的学生显著增加。

《意见》要求改革教学方法和考核方式。开展启发式、讨论式、参与式教学，扩大小班化教学覆盖面，推动教师把国际前沿学术发展、最新研究成果和实践经验融入课堂教学，注重培养学生的批判性和创造性思维，激发创新创业灵感。改革考试考核内容和方式，注重考查学生运用知识分析、解决问题的能力，探索非标准答案考试，破除"高分低能"积弊。

此外，要求各地区、各高校科技创新资源原则上向全体在校学生开放，开放情况纳入各类研究基地、重点实验室、科技园评估标准。

《意见》要求，各高校要设置合理的创新创业学分，建立创新创业学分积累与转换制度，探索将学生开展创新实验、发表论文、获得专利和自主创业等情况折算为学

分，将学生参与课题研究、项目实验等活动认定为课堂学习。为有创业意愿、有创业潜质的学生制定创新创业能力培养计划，建立创新创业档案和成绩单，客观记录并量化评价学生开展创新创业活动情况。优先支持参与创新创业的学生转入相关专业学习。

此外，《意见》也再次提到实施弹性学制，放宽学生修业年限，允许调整学业进程、保留学籍休学创新创业，并设立创新创业奖学金。

（资料来源：京华时报）

四、创业对创业者的意义

创业是一个伟大的历程，是一个精彩的大舞台。创业起步可高可低，创业的发展空间无限。通过创业，能有效实现人生价值，把握人生航向。

（一）创业可以主宰自己，充分发挥自己的才干

许多上班族之所以感到厌倦，积极性不高，重要原因之一是给别人"打工"，个人的创意、想法往往得不到肯定，才能无法充分发挥，愿望得不到实现，工作缺乏成就感，行事有诸多约束。而创业则完全可以摆脱原有的种种羁绊，摆脱在行为上受制于人的局面，充分施展自己的才华，发挥最大潜能，使人生价值得到更好的体现。

（二）创业可以帮助个人积累财富，一定程度上满足个人对物质的追求欲望

工薪阶层的收入有高有低，但都是有限的，没有太多提升的空间。而摆脱这些烦恼的一个有效途径就是开创一份完全属于自己的事业。它提供的利润是没有极限的，可任你想象。根据统计资料，在美国福布斯富人榜前 400 名富人中，有 75% 是第一代的创业者。而在中国富豪榜中，以创业起家的也不在少数。

（三）创业能够使个人有机会和实力回馈社会，具有极高的成就感

创业者创造的企业一方面为社会提供了产品或服务，一方面为个人、社会创造了财富。

企业融入社会再生产的大循环之中，从多个环节为国家和社会做出了贡献，这种贡献使得创业者个人能够从中收获巨大的成就感。

（四）创业使个人能够从事喜欢的事业并从中获得乐趣

创业者选择的创业项目通常都会从个人感兴趣的领域着手，将其与自己的知识技能、专业特长等结合起来。做自己喜欢做的事本身就是一种享受。

（五）创业使个人从挑战和风险中得到别样的享受

创业充满挑战和风险，同时也充满克服种种挑战的无穷乐趣。在创业过程中，可以感受到无穷的变化、挑战和机遇，这是一个令人兴奋的过程。创业者可以通过征服创业过程中的重重困难来丰富自己的人生体脸。

总之，创业是实现人生理想和价值、获得自身全面发展的有效途径。

第三节　新形势下的创新创业——"大众创业、万众创新"

2014年9月，李克强总理在夏季达沃斯论坛上首次公开发出"大众创业、万众创新"的号召。当时他提出，要在960多万平方公里土地上掀起"大众创业"、"草根创业"的新浪潮，形成"万众创新""人人创新"的新态势。此后，李克强总理在首届世界互联网大会、国务院常务会议和各种场合中频频阐释这一关键词。每到一地考察，他几乎都要与当地年轻的"创客"会面。他希望激发民族的创业精神和创新基因。

2015年3月2日，国务院办公厅以国办发〔2015〕9号印发《关于发展众创空间推进大众创新创业的指导意见》，大力推进大众创新创业。该《意见》提出：到2020年，形成一批有效满足大众创新创业需求、具有较强专业化服务能力的众创空间等新型创业服务平台；培育一批天使投资人和创业投资机构，投融资渠道更加畅通；孵化培育一大批创新型小微企业，并从中成长出能够引领未来经济发展的骨干企业，形成新的产业业态和经济增长点；创业群体高度活跃，以创业促进就业，提供更多高质量就业岗位；创新创业政策体系更加健全，服务体系更加完善，全社会创新创业文化氛围更加浓厚。

一、"大众创业，万众创新"的背景

从国际上看，一方面，国际经济情况不容乐观，世界经济发展放缓，国际经济形势不稳定，国际市场需求减弱，传统产品的国际竞争压力进一步增大。因此，我们必须增加国内市场需求来促进经济稳定发展，于是，通过"大众创业，万众创新"来激发国内市场需求就成为了必然的选择。另一方面，国际市场需求要求增高，对产品本身的质量、技术含量和使用效能要求增加，对创新技术和创新产品的需求增加。因此，这也必然要求我们通过"大众创业，万众创新"来创造出新的技术、新的产品和新的服务，从而稳定和增加我国产品在国际市场的需求及份额。

从国内来看，一方面，经济下行压力还在加大，国内市场需求有待进一步开发，经济

发展环境"硬约束"进一步加强。那么,我们就必须走集约发展、高科技含量发展、高附加值发展的道路。因此,我们必然要通过"大众创业,万众创新"来推动经济的转型发展。另一方面,全面深化改革要全面深入推进,就必然要通过增强经济内生动力来支撑和促动体制和机制改革。因此,我们必然要通过"大众创业,万众创新"来增强全面深化改革的动力和活力,切实实施供给侧结构性改革。

二、"大众创业,万众创新"的内涵

"大众创业,万众创新"的目的是推动经济良性良好发展。李克强总理说:"打造大众创业、万众创新和增加公共产品、公共服务'双引擎',推动发展调速不减势、量增质更优,实现中国经济提质增效升级。"一方面,只有通过万众创新,才能创造出更多的新技术、新产品和新市场,进而提高经济发展的质量和效益;另一方面,只有通过大众创业,才能增加更多的市场主体,才能增加市场的动力、活力和竞争力,从而成为经济发展的内在源动力引擎。

"大众创业"与"万众创新"是相互支撑和相互促动的关系。一方面,只有"大众"勇敢地创业才能激发、带动和促动"万众"关注创新、思考创新和实践创新。也只有"大众"创业的市场主体才能创造更多的创新欲求、创新投入和创新探索;另一方面,只有在"万众"创新的基础上的才可能有"大众"愿意创业、能够创业、创得成业。从某种意义上讲,只有包含"创新"的创业才算真正的"创业",或者说这种创业才有潜力和希望。

三、"大众创业,万众创新"的重点

首先,重点要打通科技成果转化通道。科学技术要转化成生产力,关键是如何促进"万众"的创新用于"大众"的创业。这就要求我们减少对创新转化的限制,加强创新转化的对接,增强创新转化的活力。因此,我们就必须打通科技成果转化渠道,鼓励各式各样的创新,直接用于创业,合作参与创业,转让促进创业等。进一步来看,促进科技成果转化关键在于激励人们主动创造新成果和愿意转化新技术。因此,我们要加快科技成果使用处置和收益管理改革,扩大股权和分红激励政策实施范围,完善科技成果转化、职务发明制度，使创新人才分享成果收益，从而促进科技人员愿意创新、愿意创业、愿意转化。正如李克强总理所说："着力打通科技成果转化通道，扩大中关村国家自主创新示范区试点政策实施范围，推进科技资源开放共享，科技人员创新活力不断释放。"

其次，重点要引导新兴科技产业发展。新兴产业是先进生产力的代表，是高科技创新的前沿，是高附加值创业的重点。因此，我们要重点支持、扶持新兴科技产业的发展，引领万众向高科技方向创新，带动大众向高科技新兴产业上创业会聚，从而促进我国经济深层次上转型升级。正如李克强总理所说："要实施高端装备、信息网络、集成电路、新能源、新材料、生物医药、航空发动机、燃气轮机等重大项目，把一批新兴产业培育成主导产业。"

再次，重点要推进各项产业"互联网化"发展。信息化是当今时代的突出特点，互联网已经成为人们生产和生活的重要组成部分，这就必然要求我们各项产业要适应"互联网化"的时代要求，更要求我们各项产业要主动地、广泛地、深度地与互联网结合，在"互联网化"发展中创造更多更大的经济和社会价值。正如李克强总理所说："制定'互联网+'行动计划，推动移动互联网、云计算、大数据、物联网等与现代制造业结合。"

四、"大众创业、万众创新"的理论和现实意义

党的十八大明确提出实施创新驱动发展战略，将其作为关系国民经济全局紧迫而重大的战略任务。党的十八届五中全会将创新作为五大发展理念之首，进一步指出，坚持创新发展，必须把创新摆在国家发展全局的核心位置，不断推进理论创新、制度创新、科技创新、文化创新等各方面创新，让创新贯穿党和国家一切工作，让创新在全社会蔚然成风。李克强总理在 2015 年政府工作报告中提出，推动大众创业、万众创新，培育和催生经济社会发展新动力。2015 年 6 月，国务院颁布了《关于大力推进大众创业万众创新若干措施的意见》，明确指出，推进大众创业、万众创新，是培育和催生经济社会发展新动力的必然选择，是扩大就业、实现富民之道的根本举措，是激发全社会创新潜能和创业活力的有效途径。党的十九大报告进一步明确提出，鼓励更多社会主体投身创新创业，加强国家创新体系建设，加快建设创新型国家；同时指出，要鼓励创业带动就业，促进高校毕业生等青年群体多渠道就业创业。这是认真总结国内外发展实践经验和理论认识的结果，符合当今世界发展实际和创新潮流，具有重要的理论意义和现实意义。

（一）大众创业、万众创新揭示了创新创业理论的科学内涵和本质要求

经济学家熊彼特认为，创新是企业家对生产要素的重新组合。后来，创新的概念和理论不断发展。美国管理学家德鲁克认为，创新是赋予资源以新的创造财富能力的行为，创新主要有两种：技术创新和社会创新。著名经济学家诺思认为，世界经济的发展是一个制度创新与技术创新不断互相促进的过程。相对于创新理论，创业研究起步较晚，目前尚未形成统一的分析框架。学界一般认为，创业是指一个人发现和捕捉机会并由此创造出新产品或服务的过程，主要标志和特征是创建新企业或新的组织。创业不仅仅局限于创办新企业的活动，在现有企业中也存在创业行为。创业者既可以指新创企业的创办人，也包括现有企业中的具有创新精神的企业家。

在经济学界，创新和创业是两个既有紧密联系又有区别的概念。二者在某种程度上具有互补和替代关系，创新是创业的基础和灵魂，而创业在本质上是一种创新活动。但创业和创新也是有所区别的。从现有的经济理论和研究看，创新更加强调其与经济增长的关系。比较著名的是经济学家索罗对经济增长中技术进步贡献的定量测算。而创业的内涵更丰富，不仅有创新的内容，还涉及就业、社会发展和公平正义等范畴。

影响创新创业的因素有很多，包括国民素质、基础研究水平、科研基础设施条件、体制政策环境等方面，但核心是人的因素，关键是创新型企业的发展壮大。从某种程度上讲，推动创新发展，就是坚持以人为本推进创新。因此要提高国民的教育水平，充分调动和激发人的创业创新基因；就是坚持以企业为主体推进创新，要大力推动创业企业发展，强化企业作为创新发动机的作用。

大众创业、万众创新的提出，把创业、创新与人、企业这几个关键要素紧密结合在一起，不仅突出要打造经济增长的引擎，而且突出要打造就业和社会发展的引擎，不仅突出精英创业，而且突出"草根"创业、实用性创新。体现了创业、创新、人和企业"四位一体"的创新发展总要求，揭示了创新创业理论的科学内涵和本质要求，为创新创业理论和实践研究开辟了崭新的新天地。

（二）大众创业、万众创新反映了人类创新发展历史和经济发展的一般规律

创新创业究竟应由哪些人来干？如何选择创业者？政府应该干什么？这些是我们在推进创新创业发展中常常碰到的问题。现在，有的人认为，创业是少数"天才式"人物的事情，必须具备这样那样的素质和条件。事实上，这是一种误区。

人类社会发展史实际上就是一部大众创业、万众创新的历史。比如，蒸汽机革命中许多重大技术都是由技工发明的。我国改革开放以来的实践也充分说明了这一点。比如，上世纪80年代初以家庭联产承包制为核心的农村体制改革后，极大激发了农民的创业热情，一大批乡镇企业异军突起，成就了今天以万向集团为代表的一批创业企业。此后，随着经济体制和科技体制改革，又有一大批科研人员和国有企业职工"下海创业"，使一大批民营企业异军突起，成就了今天以华为、联想、海尔等为代表的一批创业企业。这其中有许多都是"草根创业"，是大众创业、万众创新。而且，现在来看，许多成功的企业往往都是"草根"完成的。

因此，推进创新创业必须要改变"选运动员"的方式，应在全社会高扬创新旗帜和企

业家精神，营造公平竞争的市场环境，让广大人民群众参与创新创业的大潮，使大量优秀人才在创新创业的伟大实践中脱颖而出。

（三）大众创业、万众创新是坚持创新发展、实施创新驱动发展战略的关键实现途径

创新是引领发展的第一动力，是建设现代化经济体系的战略支撑。党的十九大报告高度总结和肯定了十八大以来大力实施创新驱动发展战略取得了显著成效，天宫、蛟龙、天眼、悟空、墨子、大飞机等重大科技成果相继问世，创新型国家建设成果丰硕。十九大报告还指出，要瞄准世界科技前沿，强化基础研究，实现前瞻性基础研究、引领性原创成果重大突破，要深化科技体制改革，建立技术创新体系，加强对中小企业创新的支持，加强国家创新体系建设。李克强总理在出席国家科技战略座谈会时指出，实施创新驱动发展战略，要坚持把科技创新摆在国家发展全局的核心位置，既发挥好科技创新的引领作用和科技人员的骨干中坚作用，又最大限度地激发群众的无穷智慧和力量，形成大众创业、万众创新的新局面。要依托"互联网+"平台，集众智搞创新，厚植科技进步的社会土壤，打通科技成果转化通道，实现创新链与产业链有效对接，塑造我国发展的竞争新优势。要把科技与人民群众的创造力在更大范围、更深程度、更高层次上融合起来。既要"顶天"——努力突破核心关键技术，勇攀世界科技高峰；又要"立地"——通过大众创业、万众创新将科技成果转化为现实生产力。这就要求我们必须着力提高教育质量，推进科技体制改革，强化创新发展的人才和科技基石。要深入推进大众创业、万众创新，在全社会大力弘扬创新创业精神，使创业企业不断涌现和发展壮大，包括新创办企业和现有企业的创业创新。不断为企业这部创新发动机注入新生力量和活力，会聚形成经济发展的新动力。

一方面，要大力推动初创企业不断涌现和规模化发展。大量研究表明，初创企业是创新的源泉。历史上许多重大技术和发明的商业化最初都是由这些企业完成的。同时，初创企业也是就业增加的引擎。据美国一个最新的分析报告指出，近年来在美国新增的20%就业中创业企业占三个百分点。正是那些创业者不断创造出新的产品和服务，深刻改变了我们的生产和生活方式，创造了大量就业机会。当前，也正是那些在清洁能源、生物医药、先进制造、信息技术等领域的创业者，推动着新能源、生物、新一代信息技术等新兴产业发展，从而解决了全球面临的资源环境健康等重大挑战。

另一方面，要大力推进现有企业，特别是大企业的创业创新。对创业理论和实践的研究表明，尽管许多创业者都是白手起家，但创业也可以在现有企业内部进行。现有企业，特别是大企业更需要弘扬创业精神才能赢得更多的利润和企业长久的发展。大企业由于具备人才、技术、品牌、市场等优势，是创新发展的"野战军"，在推进大众创业、万众创新中具有举足轻重的地位。不仅表现为大企业可以通过收购中小企业使创新产品快速实现商业化，还表现为大企业本身可以培育、孵化出许多小企业。从我国看，目前许多大企业也正在积极推进创业创新，在大众创业、万众创新中发挥着重要作用。例如，腾讯、金发科技、达安基因等大型企业围绕全产业链需求，有针对性地创办孵化器，孵化培育了大量科技型创业企业并形成集聚效应。海尔提出要把企业员工由原来的雇佣者和执行者，变成创业者和合伙人，大力推进企业内部"自创业"，实现企业由出产品到出"创客"的转变。

（四）大众创业、万众创新是深化供给创新的重大结构性改革

党的十九大报告明确提出，要激发和保护企业家精神，弘扬劳模精神和工匠精神，建设知识型、技能型、创新型劳动者大军。鼓励更多社会主体投身创新创业，坚持去产能、去库存、去杠杆、降成本、补短板，切实推进供给侧结构性改革。深化供给侧结构性改革，是当前我国经济发展的重大任务。综合来看，供给侧结构性改革，主要是指对要素投入侧和生产侧的重大改革、关键性改革。核心是要通过推进金融、土地等要素改革和生产端的改革，提升企业效益和竞争力，焕发企业家精神，创造出能够激发消费者需求的优质产品和服务，满足新需求，开拓新市场，推动新技术、新产业、新业态蓬勃发展，加快实现发展动力的转换。最重要的是通过政府体制改革，让更多社会资本参与投资，充分激发微观经济主体活力。

大众创业、万众创新，可以大幅增加有效供给，增强微观经济活力，加速新兴产业发展，又可以扩大就业、增加居民收入，还有利于促进社会纵向流动和公平正义，是经济发展的引擎。在当前形势下，要紧紧围绕打造大众创业、万众创新这一中国经济增长的新引擎、新动力，大力推进政府监管、投融资、科技体制等关键环节和生物医药与健康、新能源、节能环保、通用航空、文化旅游等重点领域的改革。比如，要围绕培育小微企业和促进大企业创新，大力推进投融资和资本市场的改革，着力解决企业融资难、融资贵的问题。要大力推进能源电力、物流等体制机制改革，着力降低创业创新成本。要"放水养鱼"，推动财税体制结构性改革，降低小微企业的税负水平。在生产侧方面，要放开服务业市场准入，扩大开放，使更多新企业公平进入，增强服务业发展动力作用。要深入推进传统产业创业创新，鼓励广大企业职工积极利用互联网+、大数据等新技术，推进工艺创新和设备更新改造，广泛开展技术革新，加快传统制造业向中高端迈进。要适应当前新技术、新产品、新业态迅猛发展趋势，完善政府管理体制，加强人才、技术、金融等要素支撑，着力营造有利于新兴企业不断涌现和发展壮大，有利于新技术、新产品、新业态快速商业化的良好生态。

国家搭建了"大众创业、万众创新"平台，已经吸引了一大批并正在吸引带动着更多社会力量共同参与社会主义现代化建设，也必将为我国青年一代创新创业提供更大的平台。"不积跬步无以致千里，不积细流无以成江海"。当前，全球新一轮科技革命和产业变革蓄势待发。我国经济进入速度变化、结构转型和动力转换的关键时期。面对新的形势，我们必须深入推进大众创业、万众创新，有利于杰出科学家、发明家、技术专家和企业家不断涌现。着力营造大众创业、万众创新蔚然成风的社会环境和文化氛围，让每一个充满梦想并愿意为之努力的人获得成功，实现经济平稳持续增长、国家强盛、人民富裕和社会公平正义。

知识点滴

解读"大众创业、万众创新"：李总理期待激发青年创新创业基因

李克强总理在政府工作报告中说：打造大众创业、万众创新和增加公共产品、公

共服务"双引擎"。与往年相比，2015 年的政府报告里出现一个热词关键词：大众创业、万众创新。

本届政府提出了经济发展"双引擎"，一个是增加公共产品和服务供给，另一个就是"大众创业、万众创新"，这是 2015 年全年至今乃至更长时期内的政策指向，也是政府努力的方向。

李克强总理希望激发民族的创业精神和创新基因。政府工作报告起草组成员、国务院研究室司长向东接受媒体采访时透露，"总理主持报告起草时特别要求，'大众创业、万众创新'必须要写进去。"

万众创新——促进社会流动和公平正义

过去两年里，大众创业、万众创新是本届政府施政中出现频率最高的词语之一。早在 2014 年 9 月夏季达沃斯论坛上，李克强公开场合发出"大众创业、万众创新"的号召。他提出，要在 960 万平方公里土地上掀起"大众创业"、"草根创业"的新浪潮，形成"万众创新"、"人人创新"的新态势。此后，他在首届世界互联网大会、国务院常务会议和各种场合中频频阐释这一关键词。

万众创新已成为新常态经济的必然选择。"中国的创新项目 95% 都不是创新的，都是拷贝的，真正的有含量的创新可能不到 1%。"全国政协委员、新东方集团董事长俞敏洪接受记者采访时指出，只有改革需要创新，创新才可以扭转"中国山寨"的尴尬。"我以前从不用国产手机，但现在我用华为，以前中国手机被人诟病山寨，但现在里面不乏创新。"

在政协小组讨论政府工作报告中，全国政协委员、中国银行监事梅兴保发言时多次呼吁"全民创新"。他认为，"在经济新常态下，发展动力要通过改革创新推动。不仅要靠产品创新、制度创新、管理创新，还要使我国创新大军从企业少部分研发人员扩散到每一个社会公民。"

著名经济学家李稻葵认为，在经济新常态下，李克强总理提出"大众创业、万众创新"是十分有必要的。作为全国政协委员，李稻葵也提出自己的想法和建议。他认为，从现有的制度设计而言，大众创业、万众创新的条件还有待提升。一方面，虽然中国经济环境比五六年前已经好多了，有大量的资金、大量的企业、PE、天使基金，在寻找创业合作伙伴，但公共服务并没有向创业青年倾斜，整个社会还没有一个创业培训服务机制，因此社会还没形成一个对创业支持和辅导的氛围。另一方面，除了公共服务的外部环境支持外，政府还需要提供一些硬件设施公共产品，比如孵化科技园、大学生创业园以及大学生创业免半年租金等各种扶植政策，这些方面政府还需加大力度。

大众创业——实现精神追求和自身价值

李稻葵还分析指出，新常态经济下，传统产业压力很大，与此同时必须看到，还有很多行业，尤其是互联网上的新兴业态，蓬勃发展，供不应求。因此，互联网行业需要年轻人去创新，去创业。他呼吁，年轻人创业必须要面向互联网选择新的业态，新的企业，新的商业模式。

采访中，俞敏洪也表示，年轻人赶上了移动互联网的潮流，需要创新，需要突破，在改革的空间中也充满着青年人的发展机会，鼓励青年人大胆投身创业，同时他反对大学生休学创业。俞敏洪认为，年轻人非常容易在感性煽动下失去理性，建议国家政策施行中的理性路径设计需要进一步成熟完善。

全国政协委员、著名主持人朱军委员两会召开前参与了一次大学生创业就业的调查。他指出："人们常说创业风险大，大学生创业的成功率不高，因此不鼓励大学生创业。我认为这是一个悖论。"

朱军认为，"大学生是最具创造力的群体，也处在最有创造力的年龄段。他建议应该是对大学生创业进行引导，让他们了解自己的能力、意识以及对各方面的承受能力。而我们现在的学校教育，在创业培训方面几乎是一片空白，我们要填补这个空白，建立激励机制。"

"现在是一个创业的最好的环境、最好的时机、最好的时代。"全国政协委员、香江集团总裁翟美卿接受采访时表示。他建议，"如果青年有机会，应该多出来创业，闯一闯、试一试。这样的话，也对中国经济的发展是一个促进的作用，也是实现个人梦、中国梦的最好的体现。"

翟美卿委员还告诫青年："创业，外面的环境有了，更重要的是要看你自己。要认识到自己的兴趣和长处，带着兴趣和长处去创业，同时在创业过程中不断提高"。

（资料来源：中国青年网）

能力训练

一、简答题

1. 如何理解创新？
2. 何为创新意识？
3. 增强大学生创新意识的重要性体现在哪些方面？
4. 培养创新思维的原则有哪些？
5. 培养创新思维的方法有哪些？
6. 如何培养创新型人才？
7. 创业动机有哪几种类型？
8. 大学生如何确定自己的人生目标？
9. 为什么说大学生创业是国家兴旺发达的动力源泉？
10. 为什么说大学生创业是市场经济条件下实现个人价值的积极选择？
11. 创业对于创业者的意义有哪些？
12. "大众创业"与"万众创新"的关系是什么？
13. "大众创业、万众创新"的理论和现实意义有哪些？

二、案例分析题

南京大学的一项研究成果表明，在纳米催化剂的帮助下，到 2030 年左右，太阳能可以完全代替石油。南京大学特聘教授邹教授在实验室里演示了他的装置。他指出，由于有了纳米催化剂，在它的帮助下太阳能不仅可以转化成化学能——氢，还可以转化成电能。按照世界上公认的标准，太阳能转化成化学能的转化率达到 5% 就可以投入实际运用。邹教授领导的研究小组计划在 2030 年左右将转化率提高到 15% 以上。该技术已在我国和日本申请了专利。

问题：（1）南京大学的研究成果中什么是关键？
　　　（2）为什么现在太阳能还不能完全替代常规能源？

拓展阅读

让"双创"成为发展新动能

大众创业、万众创新（"双创"）是国家基于转型发展需要和国内创新潜力提出的重大战略，旨在优化创新创业环境，激发蕴藏在人民群众之中的无穷智慧和创造力，让那些有能力、想创业创新的人有施展才华的机会，实现靠创业自立，凭创新出彩。国家为推进双创已出台了很多政策，在很大程度上改善了创新创业环境，人们选择就业或创业的余地增加了，在不少领域出现了很多创业创新亮点，新的经济增长点也不断涌现，双创在支撑经济和社会发展中的作用日趋凸显。

大众创业、万众创新并不是谋求让所有人放下本职工作都去创业，但却又与多数人相关，毕竟创新创业不是少数人的专利；创新创业既要政府支持，又必须让市场在其中发挥基础性作用，如何更好地发挥二者作用，创造一个更良性的创新创业环境，这是搞好双创工作的核心。为防止双创工作被片面化理解，防止昙花一现，防止行为扭曲，需要进一步明晰双创的内涵和战略意义，厘清工作思路，完善政策体系，加快构建双创生态系统。

一、推动双创是符合我国国情的重大战略

双创是基于我国经济进入新常态的发展需求，致力于打造经济发展的新动能。进入新阶段后，我们已彻底不能再延续传统的发展方式，必须从根本上依靠创新驱动，调整经济结构，提高经济发展质量。双创是探索建设创新型国家的一条新路径，通过双创产生更多"铺天盖地"的创新，与"顶天立地"的科技突破相辅相成，构成有系统、多层次的国家创新体系。更重要的是，双创将创新与创业相关联，用创业牵引创新，用市场需求拉动创新，实现产学研自然贯通，让市场在创新中起决定性作用。在双创中会产生很多新业态、新产业、新模式，并使传统的服务业领域被大大拓展，新的经济增长点不断涌现，这样积少汇多，积小汇聚，双创就会逐渐成为调整经济结构

的重要依托。

双创是基于我国人力资源丰富、国内市场大、工业体系完备等特有优势和巨大潜力，致力于激发全社会的创新潜能和创业活力。20 世纪 80 年代的土地承包制改革，激发了亿万老百姓的劳动积极性，现在我国有 13 亿多人口、9 亿多劳动力，如果把这其中蕴藏的无穷智慧和创造力再次激发出来，人民面貌将会发生重大改变。中国的市场潜力巨大，即使一个细分的边缘市场都可以支撑成千上万个企业发展。我们还有多年形成的完备工业体系，有了创意、设想、创新技术，实现产品化、规模化非常容易，也更加快捷。再加上全球化带来的便利，创业的机会、成功的概率都会大大提升，这反过来更能提升人们对创新创业的信心和期望。

双创是基于人们对机会公平、权利公平的内在追求，致力于探索劳动致富、共同富裕、社会公平的新路径。人们靠双创有了更好的出路，过上更好的生活，无收入者变成有收入者，低收入者更多变成中等收入者，收入分配结构得到改善。大学生不一定毕业就进机关、进大公司，有本领、有能力的毕业就可创业，或者有过一段工作经历后再创业，人生通道变多了，就业矛盾也会得以缓解。双创一旦蔚然成风，社会风气也会因此改观，人们不再去膜拜权势，而是追求靠本事建业、立业，社会也会更加公平、公正。

双创是基于全面深化改革的内在要求，致力于寻找更多的改革突破口。从历史经验看，最宜取得成功的改革是与百姓利益最相关、能让人们尽早受益的改革。双创关乎每一个人，人们在创新创业中最关心的事，就是改革要率先突破的领域。如要给创业者释放更多的机会，这需要加快推进要素市场改革，尤其是垄断行业、金融改革；要降低创新创业门槛，这需要推进政府改革，简政放权，降低创业成本；要调动创新创业积极性，这需要完善社会信用机制、创新激励机制、社会保障机制，让人们放心去创新，安心去创业，减少后顾之忧。

二、双创带来了新变化

创新创业环境得到改善。政府通过实施简政放权、放管结合、优化服务等改革，出台减少小微企业税费、化解融资难等政策，推动"互联网+"、"中国制造 2025"等行动，一些长期束缚创新创业的障碍得以消除消减，创业门槛得以降低。在一些市场化程度较高的城市，由于持续改善本地的行政、市场、融资、司法、公共服务等综合环境，创新资源不断向这些地方集聚，甚至在深圳这些城市还吸引了大量来自美国硅谷等地的外国创客、极客等来创业。这进一步说明，改善环境是推进双创的重中之重。

创业热情高涨。创业主体更加多元化，创业"新四军"的带动效应明显。首先是留学自主创业大幅增加，2008 年，留学人员回国自主创业人数约 5 万人，2014 年达到了36.48 万人，自主创业人员占归国人员比重超过了 15%；其次是科技工作者带动的科技型创业备受瞩目，有一技之长、带着成果转化、看准市场需求去创业的科技工作者相比其他创业者更具优势，更有成功把握，创业的财富溢出效应也更明显；其三是大学生选择创业的比例明显提升，2013 年为 2.8%，2015 年达到 6.3%；其四是农民工自主创业人数增加，回乡创业、在打工地创业，成为新阶段农民工致富的重要途径。

创业创新路径多元化。过去在技术和社会条件不具备的情况下，创业比较困难，创新也更多是在大企业内开展的技术活动。在互联网普及和技术变革时代，只要看到了市场需求，或者有技术突破的能力，就很容易诞生一批新生企业和新兴产业。这两年在"互联网+"或者"+互联网"大潮中，电子商务、互联网医疗、交通互联等新业态出现了井喷式发展，形成了创新创业的丛林。过去的一些工业大企业也从封闭式创新转向开源创新、平台创新，过去的内部研发人员利用大企业平台，既自己创业，又为大企业提供源源不断的新创意、新技术，实现了共赢。众包、众扶、众创、众筹等创新方式也迅速发展，一些新兴的创新载体如淘宝村、电商平台、众创空间、新型孵化器、转化基地等也大量涌现，据初步统计，全国淘宝村已超过200多个，电商园区510个，各种类型的孵化器超过1700家，有8万家企业在孵。在北京的中关村还出现了很多"创新系"，如联想系、新浪系、金山系等，主要是由大企业和一些从大企业出来创业的员工开办的众多新生企业组成的，之所以称系，是因为新生企业从事的业务多是大企业不想做或者看不到、做不了的事，它们相互之间彼此多多少少有关联，它们之间少了同业竞争，多的是合作、兼容、互补、共生，其中很多还是原企业资助或参股的，这些创新系构成了一种新的创新生态。

就业结构发生大变化。在经济下行压力较大，一些传统产业要去产能去库存从而减少就业岗位的情况下，新增就业更多地要依靠中小微企业，依靠发展服务业。通过商事制度改革，2014年我国新增各类市场主体达到1200万户，2015年平均每天有1万户企业诞生，31个大城市失业率保持在5.1%左右，经济增速放缓但就业平稳，主要归因于新生市场主体创造了大量就业机会。从产业对就业的贡献看，一些重资本型产业如钢铁、化工等，投资量大，但工厂自动化、智能化程度越来越高，吸纳的劳动力非常有限，一个千亿元投资的钢厂其就业人数不超过2000人，平均5000万元创造不到一个就业岗位。如果说创造经济增长的主要目的是为了保就业，双创虽然短期内不能成为支持增长的支柱性力量，但对就业的贡献确实更大，假设一下，如果1000亿元投向双创，其就业人数会是一个钢厂的几千倍、上万倍。

社会投资更加活跃。多元、海量的市场主体必然会拉动和放大投资，投向创新、创业的资本也越来越多。如2015年上半年主要以小微企业和早期创业者为投资目标的天使投资额达到约48亿元，同比增加了200%，初创期投资项目占比超过60%。截至2016年2月5日，在新三板上市的公司有5687家，总市值约2.57万亿元。众筹融资供需规模都很大，2015年上半年众筹行业成交额逾50亿元，超过2014年的两倍，行业全年交易规模有望达到150亿元至200亿元，其中绝大部分是股权众筹。

三、尊重规律，科学作为

双创有丰富的内涵，也有其自身规律性。须端正认识，尊重规律，既要主动作为，又要防止乱作为，关键是处理好政府与市场的关系，明晰二者边界。在调动和保护各方积极性的同时，也须及时纠正实践中一些违背规律的做法。

正确理解大众创业、万众创新的内涵。大众创业、万众创新并不是让所有人不计条件、不计失败地去创业、去搞创新，就像当年的大炼钢铁一样，全民炼钢，一哄而上，造出的却多是废品、次品。大众与万众本质上强调的是人民创造力，创业与创新一定是因人而异，因时而异，因地而异。从创新实践看，有过工作或创业经历的人、有一技之长的科技人员创业风险相对较小，而大学生热情更高，但由于经验不足失败风险偏高，因此在校或刚毕业的大学生是双创的重要参与者，但不是主体。

正确认识大众创业、万众创新与小众成功的关系。相比于常规经济活动，创新是高风险的，特别是创业，失败率更高，发达国家的创业成功率也只在5%左右。当然衡量创业成功的标准不一样，有些小企业在发展初期很快被卖掉，从统计上看这是不成功的，但从创业者来看，可能就是一次资产变现，甚至是成功转型。为什么这么低的成功率、这么高的风险性还有人愿意去创呢，主要归因于激励引导和风险分担。一旦创业创新成功，其个人和社会收益是巨大的，这会产生非常强的正向激励，而且经常是你方唱罢我登场，大家都可能有机会。因此支持政策的重点要放在对激励机制的创造和保护上。失败的创新也是有益的，至少是减少了全社会的试错成本，因此国家和社会有责任来为之分担风险、分担失败，做到让他们没有太多的后顾之忧。从这个意义上讲，我们必须加快完善社会保障体系，同时政府也要承担必要的投资与金融风险。只要这样，我们才会看到有越来越多的创业创新者不断成长起来，用不着人为地扭曲创新规律来制造假的成功率。高收益性、低成功率恰恰是创新的魅力所在。

防止用工业化和运动式思维来推进双创工作。创新创业是主体多元、分散决策，政府在其中很难像过去推动大工业那样，可以定方向、定项目，甚至由政府直接操作。这就需要我们用创新的思维、方式、手段来推动双创，不能再老调重弹。一些地方用跑马圈地的方式建了很多双创园区，用招商引资的方式引进来一些创客或平台，看上去很热闹，但由于没有形成完备的创业创新生态，缺乏有内在关联的经济关系，如果不及早提升或转型，这种方式建立起来的双创基地、园区难以持续下去。更要注意在双创中走形式主义和搞运动，甚至有些地方把菜市场简单改造后一夜之间就挂上了创客空间的牌子，典型的劳民伤财，毁了双创的名声。更有一些地方急着树典型，出业绩，把一些没有实质性创新的项目包装成成功案例，天天拉着去介绍经验，这样下来，即使是好企业，也容易死在传播经验的路上。

加快完善支持双创的政策体系。创新创业需要支持，但不能溺爱，既要做到支持有力和确保已有政策落地，更要防止一些地方大把拿钱粗放撒钱的做法。目前双创的政策短板主要体现在金融、人才、政府办事三个方面。银行应在双创上有更大作为，但早期并不是主力，要充分发挥资本市场、金融产品创新、社会资本在支持创新创业融资中的重要作用，让资本链无缝对接创新链和产业链，让创新创业者在不同发展阶段都能得到相应的金融支持。要进一步解放科学家和科技人员，支持更多的科技型人才走上创新创业道路，使之成为双创的引领性力量。政府改革仍任重道远，什么时候创新创业者更容易与政府打交道了，他不违法，不找你，你就不再去找他了，这可能是创新创业者最期盼的情景。

努力构建创新生态系统。创新创业需要一个栖息地，有适宜的土壤、空气和阳光，有些东西可能看不到，但是必需的，市场化、竞争、信息、经济关系就是这个栖息地生态系统中最重要的组成部分。创新创业与市场化程度是相向而行的，更相信和依靠市场、经济成分和市场主体更加多元、社会环境更具包容的地方，双创才会有生长的土壤。双创不是盆景，往往是竞争中野蛮成长起来，是创业的丛林，竞争就是"丛林法则"，双创不依托公平竞争的环境，就等于树木失去了空气。信息交流对创新创业者是非常渴望的软环境，这就是为什么大城市更能吸引创新者的一个重要原因，在那里大家可以有更多交流与碰撞。在一个地方有几家成长好的大型企业和好一些的大学及科研机构，这对双创非常重要，这有利于形成紧密的产业关联和低交易成本的经济关系，大家各自分工，大学有技术外溢，大企业进行产业化和创新集成，创新创业者与前二者或紧密或松散，共同构成了一个充满活力的创新生态体系。

（资料来源：经济日报）

第二章

创业前的心理准备

知识导航

一些成功的案例告诉我们，创业者与一般求职者的心理素质是有区别的。有志于创业的人，除了要注意克服择业时普遍存在的心理问题，还要做好以下方面的心理准备：强烈的创业激情（对感兴趣、不感兴趣，甚至厌憎的事务都能保持热情和专注的能力），异于常人的坚持与努力（百折不挠与坚持不懈的意志力），自信、积极、乐观的良好心态（对外部负面评价与指责等责难有较强的心理承受能力）。而如今很多的年轻人对于创业都有着渴望，都希望自己可以成功，但是真正去做的时候，就很容易眼高手低。所以当前的市场，你想要成功，你付出的就要更多一些。年轻人创业需要付出更多的努力，这也是你想要获得成功必须经过的。

学习目标

1. 熟悉创业激情、创业心态。
2. 能够培养自身坚持不懈的意志品质。
3. 学会用积极的心态面对问题。

案例导入

香港亿万富翁余彭年曾经启动了"彭年光明行动"，计划用 3～5 年的时间，捐赠 5 亿元人民币，为中国贫困地区的白内障患者免费实施白内障复明手术。

余彭年先生出生在湖南，26 岁时来到香港打工，在一家公司做了一名勤杂工。一到星期六和星期天，别的勤杂工都跑出去逛街、游玩，而余彭年考虑到周六、周日也时常有人加班，于是照常坚持打扫卫生，给加班的工作人员一个干净、舒适的环境。半年后，他的这一举动被公司老板了解到，立即把他调至公司办公室工作，后来又不断提升，做了公司的总经理。几年后，余彭年向公司老板提出要自己开公司做生意，老板不仅答应了他，而且还参股了他的公司。余彭年的公司不断发展壮大，很快他就成了一名亿万富翁。

机会是什么？余彭年先生的人生故事已经给我们找到了答案：机会就是比别人多出一份力，比别人做得更勤，比别人做得更好，比别人做得更出色。

第一节　培养并保持创业激情

人们常说，一个人要做一件好事不难，难的是做一辈子好事。在创业路上，如何保持长盛不衰的创业激情，对感兴趣、不感兴趣，甚至厌憎的事务都能保持热情和专注的能力呢？

一、分解目标逐步实现

激情，就是我们在前进过程中长盛不衰的源动力。要长久保持这份激情，首先要做的是明确自己的目标，明确我们在这个行业中到底要寻找什么，在通往这个目标的过程中要去做什么。只有心中明白了这一点，才不会在"长征"中迷失方向。

相信每一个人心中都有理想。也许有的人会说，这个目标对目前的我们来说确实还很"远大"，显得有些可望而不可及。其实，这并没有关系，我们可以尝试学会"分解目标"。日本曾经有一位非常出名的马拉松运动员，名字叫山本田一。他在分享自己获得成功的经验时提到了一个非常值得我们借鉴的方法：把几十公里的比赛线路分成很多小段，这样我们所需要面对的就不再是遥不可及的终点，而是几百米之外一个抬头就能看见的大桥或者办公楼。把目标分成阶段，并一点一点去实现它，会让我们所面临的压力会轻松很多，增强实现目标的信心。

除此之外，我们还要将所从事的事业当作一种信仰。古人云：乐之者不如好之者。当我们发自内心地喜欢这份事业，甚至达到一种狂热的时候，去面对困难、克服困难的意愿要强烈许多。当然我们也要对创业的难度有理性的认识，在踏上坎坷曲折的道路之前，有一个心理准备，并不是一件坏事。

一个善于成功的人，必定善于激励自己。在创业中要获得成功，更需要练就较强的自我激励和自我调整能力。比如，可以尝试经常想到自己的目标，为自己描绘一下未来事业的蓝图，并为自己营造一个上进、易于自我激励的氛围。

当然，我们还要经常为自己充充电。如果说工作是一种能量的释放，是"放电"的话，如果只放不充，那迟早会用完。保持良好的学习习惯，提升自己的专业能力，拓宽知识面，会为我们在前进道路上补充更多的能量。阅读一本励志书籍、旅游放松一下，都可以为我们更好地投入以后的工作带来帮助。

二、保持心中有一份希望、一份责任

也许大家都听说过这么一个故事，有一位刚刚走上工作岗位的护士，在工作不到一个星期时就提出了辞职，因为她受不了在医院中每天都看到有人去世，离开这个世界。这时候，一位比她年长的老护士带她走遍了医院的每一个角落，带她去看了每一位病人病痛痊愈出院时的欢乐，带她去看了每一位新生婴儿出生的喜悦。让这位年轻的护士看到了医院的另一面，充满希望的一面。于是，年轻的护士留下来了……其实，创业之路也是一样，也许每一天都有人遇到"伤痛"，也许每一天都有人离开，但是我们更应该保持心中的一份希望。因为每一天都有新的朋友成为我们的客户，每一天都有新的伙伴加入我们的神圣事业。

> **名人名言**
>
> 与命运争吵的人，永远无法了解自己。
>
> ——惠特曼

同样，我们还需要时刻谨记一份责任。团队中的每一位伙伴都在关心我们，时刻关注我们。一位客户都如此信任我们、期待我们，我们又怎么能因为遇到一些压力就止步不前呢？如果我们失去心中的激情，逐渐懈怠下去，那我们的伙伴、我们的客户该怎么办呢？我们需要承担起一份责任！

如果身为一位团队领导者，就更应该强化这一意识，不仅仅是自己要明白这一点，还要将这一份希望、这一份责任带给我们身边的每一位伙伴，让大家在前进的道路上走得更远、更坚强。

第二节　坚持与努力

一、坚持到底

坚持的一个关键点就是：在遭受到三番五次的挫折、打击，甚至磨难之后，还能否做到永不放弃。坚持往往并不是轰轰烈烈的壮举，相反，它蕴含在平凡、孤独与寂寞之中。

有位哲人曾说过："每一项错误都是学习的机会。只是不要一再地犯同样的错误，因为那是愚蠢的。即使可能犯更多的错误，不要害怕，因为那是让你自然学习的唯一方式。"

在挫折和失败面前至少有三种人：第一种人，遭受了失败的打击，从此一蹶不振，成为让失败一次性打垮的懦夫，此为无勇亦无智者；第二种人，遭受失败的打击，并不知反省和总结经验，仅凭一腔热血，勇往直前，这种人往往事倍功半，即便成功，亦常如昙花一现，此为有勇而无智者；第三种人，遭受失败的打击，能够极快地审时度势，调整自身，在时机与实力兼备的情况下再度出击，卷土重来。这一种人堪称智勇双全，成功常常莅临在他们头上。

面对挫折要调整好心态，"明天又是崭新的一天"，还会有再次成功的机会，从逆境中积累宝贵的经验本身也是一种成功。

　　每一个人都见过成功的彩虹，都尝过成功的喜悦，而成功的秘诀是什么呢？那就是坚持不懈、百折不挠的精神。

　　从毛毛虫蜕变成蝴蝶，是一个艰难的、痛苦的过程，但它并没有因此而放弃，而是凭着坚持不懈的精神，最终赢得了美丽；蚌壳里钻进了一粒细小的沙粒，使它不断地分秘汁液，这种过程是一种折磨，是一种煎熬，但它并没有向困难低头，而是凭着坚持不懈、百折不挠的精神，一层一层地包裹着这粒细小的沙，最终它孕育出了绚丽夺目的珍珠。

名人名言

我要微笑着面对整个世界，当我微笑的时候全世界都在对我笑。

——乔·吉拉德

　　事实证明，无论多么艰难的事情，只要你有着坚持不懈的精神，你就一定会战胜困难，收获成功的硕果。

　　海伦·凯勒是个家喻户晓的人物，她是一个在无声的黑暗世界里摸索的少女，但她并没有因此而自暴自弃，而是以她惊人的毅力和坚持不懈的精神，掌握了大量的知识，创造了生命的奇迹。

　　贝多芬，这位著名的音乐家创作了许许多多优秀的音乐作品。风华正茂的他，面对耳朵失聪这一致命的打击，并没有向命运低头，而是更加努力地创作音乐，凭着坚持不懈和百折不挠的精神，创作了举世闻名的《命运交响曲》。这是他心灵的呼唤，是他灵魂的发泄。

　　爱迪生，这位给人类世界带来光明的科学家，在他发明电灯的时候，屡次碰壁。面对2000多次的失败，他并没有放弃，仍然执着地追求着，废寝忘食地钻研着。终于，他凭着自己坚持不懈和百折不挠的精神，取得了成功。从此，人类的夜晚不再只有黑暗陪伴，而是变得更加美丽，更加明亮，更加繁华。

　　蒲松龄，曾先后参加了四次科举，却从未及第，但他并未因此颓废，而是要立志完成一部"孤愤之书"，于是他在镇纸上刻着这样一副对联："有志者，事竟成，破釜沉舟，百二秦关终属楚；苦心人，天不负，卧薪尝胆，三千越甲可吞吴。"他以此自警自勉，最终，凭着自己坚持不懈和百折不挠的精神，完成了一部宏伟著作——《聊斋志异》。

　　以上这些都告诉了我们这样一个道理：坚持就是胜利。

　　创业路上不可能是一条平坦的大道，而总是布满了荆棘。但是阳光总在风雨后，只要你有着坚持不懈和百折不挠的精神，就一定会越过那些山和海，看到成功的彩虹。

将来的你
一定会感激现在拼命的自己

二、比别人更努力

无论是工作还是生活，努力是必要的，也是值得的！

在创业道路上，或许经过一段时间的努力后，仍没有得到想要的结果，往往就开始动摇起来，怀疑自己的努力是不是值得，自己的努力是不是白费了。信念动摇了，那么危机也随着出现了。

抱怨生活的人实在是太多。如果你想得到 100 分，你至少必须做到 100 件事，也许前面 99 件事情都看不到任何成效，但你最需要做的就是比别人更努力，完成你的第 100 件事！成功者往往都是比别人更努力了一下。

俗话说："万丈高楼平地起"，可是，平地拔起的高楼是需要一个坚实的地基！一个人的成功也是如此，他不是靠幸运、不是靠机会，而是一点一点的成就积累而成的。李嘉诚在成为香港地产大王之前，是一个做塑料花的工人。但他并没有因为他是做塑料花，就瞧不起自己，他努力工作，把握机会并一次又一次出色地完成任务而脱颖而出，终于成就了自己的事业，最后，成功也就变成了他的习惯。

第三节　调整创业心态

一、树立良好的创业心态

良好的创业心态，是每个创业者理智步入成熟、走向成功的基础。成功得意而不忘形，遇挫临危而不慌乱，这些都是创业者保持良好心态的准则。心态是控制创业心灵平衡的砝码，调整心态是一项循序渐进的事，同样也是每个创业者每天的"功课"。

（一）创业起步：创业者的心理准备

1. 要有积极、乐观、自信的心态

创业过程中，要学会"在战略上藐视敌人，在战术上重视敌人"。创业也许很顺利，也许是一条艰难和充满风险的道路。但不管怎样，对于一个创业者来说，首先要自信，要相信自己的选择是正确的，相信自己能成功。自信是人生和事业成功的基础，如果你对自己的选择一点都没信心，不如干脆放弃。当然，自信不是盲目的自信，而是建立在理性分析基础上的自信。

乐观

你改变不了事实，但可以改变态度。

2. 要有吃苦的心理准备

这一条其实不用多说。创业不同于普通上班，朝九晚五，时间固定，每个星期还有两天假日可休息、可娱乐，可对自己进行心理

休养。自己创业，意味着没有休息日，意味着没有固定的休息时间，加班变成一种常态。也有可能你必须什么活都做，重的、轻的、精通的、不熟悉的，你都要能拿得起。创业的时候，没有领导的约束了，你必须克服你身上的惰性，学会自我约束。

> **名人名言**
>
> 这世界除了心理上的失败，实际上并不存在什么失败。
>
> ——亨·奥斯汀

3. 要有独立分析和决策的心理准备

读书时，自己不用操心，父母给你安排好了一切，你的道路很清晰。上班时，作为一个普通员工，或者你已经习惯了老板或上司给你分配工作任务。一句话，你可以有一定的依赖性。而当你选择了自己创业，你就无法享受这种依赖性。一切都要靠你自己，你必须对自己负责，父母和朋友只能起辅助作用，甚至根本无法依靠。这时你就必须培养独立的分析能力和决策能力。你必须自己给自己制定工作计划，学会时间和事务管理。你必须自己决定经营和发展方向，自己决定怎样调配资源。

4. 要有承受压力和挫折的心理准备

因为是自己的事业，你会面临很多压力：经营处于低潮怎么办？客户纠纷怎么处理？员工工作不称职怎么办？工商税务怎么对付？现金流中断怎么办？遇见突发事件怎么办……这一切都会让你产生压力感和挫折感，让你痛苦，让你辗转难眠。同时创业还面临一定的风险，你也有可能失败，甚至辛辛苦苦筹集的资金都打了水漂，让你第一次创业便遭受沉重的打击。

案例精选

郑女士和崔女士同样在市场上经营服装生意，她们初入市场的时候，正赶上服装生意最不景气的季节，进来的服装卖不出去，可每天还要交房租和市场管理费，眼看着天天赔钱。

这时，郑女士动摇了，她以认赔了 3000 元钱的价钱把服装精品屋兑了出去，并发誓从此不再做服装生意。而崔女士却不这样想。崔女士认真地分析了当时的情况，觉得赔钱是正常的，一是自己刚刚进入市场，没有经营经验，抓不住顾客的心理，当然应该交一点学费；二是当时正赶上服装淡季，每年的这个季节，服装生意人也都不赚钱，只不过是因为他们会经营，能够维持收支平衡罢了。而且，崔女士对自己很有信心，知道自己适合做服装生意。

果然，转过一个季节，崔女士的服装店开始赚钱。三年以后，她已成为当地有名的服装生意人，每年可有 5 万元的红利。而郑女士在三年内改行几次，都未成功，仍然一筹莫展。

事物都有其两面性，问题就在于当事者怎样去对待它们。上面提到的郑女士只看到赔钱的一面，而看不到将来会赚钱的发展前景，不能以积极的态度去分析事物；而崔女士的态度则是积极的，她更多地从将来的角度看待当前的不景气，所以，她能顶住压力，坚持到成功。

（二）创业成功必备的心态

1. 归零的心态

归零的心态就是空杯、谦虚的心态，就是重新开始。第一次成功相对比较容易，第二次却不容易了，原因是不能归零。第一次创业试水取得成功以后，要保持自信，但不自傲、自大、自满、自负，要仍然保持谦虚的品质，时刻保持清醒的头脑、理性的思维、谦虚的认知和细心地听取，如此方能成功。

2. 学习的心态

人生有两大幸事：读好书、交高人。成功学大师一致认为：学习是最便宜的投资，时间是最昂贵的投资。的确如此，学习是世界上最占便宜的事情，大凡成功的人都是虚心好学的人。我们只要花一二个小时就可以学到别人几乎甚至毕生的经验，避免了大量的摸索时间代价。因此，我们要树立自主学习、创新学习、终身学习的理念，不断地学习并成为习惯，为创业成功奠定坚实基础。

3. 感恩的心态

感恩，是对别人所给的帮助表示感激，是对他人帮助的回报，是对生活的热爱与希望，也是一种处世哲学，是生活中的大智慧。对生活时常怀有感恩之心，能使自己永远保持健康的心态、完美的人格和进取的信念。感恩是中华民族传统的美德，只有懂得感恩的人才是富足的人。我们一定要有感恩的心态，感恩一切，包括坎坷、困难，甚至是敌人。因为事物都不是孤立存在的，没有周围的一切就没有你的存在。人生也不可能一帆风顺，成功时需要感恩，失败或不幸时更应该感恩。英国作家萨克雷曾经说过："生活就是一面镜子，你笑，它也笑；你哭，它也哭。"你感恩生活，生活将赐予你灿烂的阳光；你不感恩，只知一味地怨天尤人，最终可能一无所有！我们在面临创业失败或暂未成功之时，我们要对生活满怀感恩，可以得到慰藉、赢得温暖，可以帮助我们看到差距，激发我们的创业斗志和勇气，获得跌倒了再爬起来继续前进的动力。

4. 积极的心态

所谓积极的心态是指鞭策自己、战胜困难和自己的心理素质。事物本身就是一个动态的进化趋向。积极的心态看到的是事物好的一面，而消极的心态则反之。积极的心态像太阳，照到哪里哪里亮。要放宽心态，学会黄连树下弹琵琶——苦中作乐，最终才能战胜困难；要保持宠辱不惊的平和创业心态，方可迎接不期而至的创业成功。

> **名人名言**
> 永远以积极乐观的心态去拓展自己和身外的世界。
> ——曾宪梓

5. 合作的心态

合作是一种境界，合作可以打天下。但合力不只是加法之和，而是团队的合力。在创业团队里，斗则两伤，合则两利；唯有相互配合、相互欣赏、相互团结、相互支持、相互信任、相互珍惜，方能合作共赢。

二、创业者必须抛弃的三种心态

美国成功学学者拿破仑·希尔关于心态的意义说过这样一段话："人与人之间只有很小的差异，但是这种很小的差异却造成了巨大的差异！很小的差异就是所具备的心态是积极的还是消极的，巨大的差异就是成功和失败。"一个人面对失败所持的心态往往决定他一生的命运。积极的心态有助于人们克服困难，使人看到希望，保持进取的旺盛斗志。消极心态使人沮丧、失望，对生活和人生充满了抱怨，自我封闭，限制和扼杀自己的潜能。

美国的塞利格曼教授曾对人类的消极心态作过深入的研究。他指出了三种特别模式的心态会造成人们的无力感，最终毁其一生。它们是：

（一）困难永远长存的畏难心态

即把短暂的困难看作永远挥之不去的怪物，这是在时间上把困难无限延长，从而使自己束缚于消极的心态不能自拔。

（二）危机无所不在的绝望心态

即因为某方面的失败，从而相信在其他方面也会失败。这是在空间方面把困难无限扩大，从而使自己笼罩在失败的阴影里看不到光明。

（三）归因问题在我的自卑心态

即认为自己能力不足，一味地打击自己，使自己无法振作。这里的"问题在我"，不是勇于承担责任的代名词，而是在能力方面一味地贬损自己，削弱自己的斗志。

你有过这样的情形吗？如果有，请尽快从消极心态的阴影里解脱出来。记住德国人爱说的一句话："即使世界明天毁灭，我也要在今天种下我的葡萄树。"

能力训练

一、简答题

1. 在创业路上，如何保持长盛不衰的创业激情？
2. 你如何看待从毛毛虫蜕变成蝴蝶的过程？
3. 创业前，创业者要有哪些心理准备？
4. 创业者必备的良好心态有哪些？

二、案例分析题

小张曾患有小儿麻痹症，技校毕业后，家人都担心她今后的路该如何走？经过深思熟虑，要强的小张决定自己当老板。她发现学校到现在还没有打字复印设备，而附近也只有一家打字复印社，于是就在学校门口开了一家打字复印社。

身患残疾的小张选择了自己创业这条路，将自己的劳动贡献给社会，既给许多人带来了方便，也给自己带来了富足和快乐。

案例思考：身患小儿麻痹的小张为何能够创业成功？

拓展阅读

犹太人罗斯柴尔德的创业故事

罗斯柴尔德家族的创始人梅耶·阿姆谢尔·罗斯柴尔德出生时家产是负数，但后来的"罗斯柴尔德家族"财产超过万亿美元。他是如何做到的呢？

梅耶·罗斯柴尔德 10 岁时，被父母强行送去宗教学校，而他还是逃学去捡垃圾，老师问，他说："我最喜欢钱币的响声！"老师判定他终生无望，父母也只好对他放弃。

他没有本钱，也没有任何办法弄到本钱，就捡垃圾。所以，有时，他会为保护一枚钱币流血流泪，但没人能抢走他一个钱子。他爱钱如命，为这一个钱子他敢拼命，敢用刀子扎进自己的大腿示威。

捡垃圾时，当他发现有人专意在垃圾里找旧钱币、旧勋章时，几秒之内，他有了收购旧钱币、旧勋章的决定。而这个决定，是同为捡垃圾族的其他人绝对想不到的，因为每个国家发行的货币、勋章千奇百怪，他想到：攀比此类收藏品，可以成为贵族们相互斗富、显示身份的重要手段。更重要的是：他们可以通过出售这些玩意儿接触贵族，借势铺路。

很快，他的收购店专业化了——货色品种齐全，分类清楚，并以犹太人特有的智慧，很快吃掉古董商中间商，直销达官贵人。每次接待贵客，他都会先去澡堂洗个澡，把胡须修剪得整整齐齐，再到租衣铺租上一套礼服，戴上借来的假发，全身光鲜地出场。几桩漂亮的买卖做下来后，他开始在法兰克福古董界打出了名号，并从行商变成了坐商。这时，昔日同在垃圾场上"寻宝"的人，都成了他的雇员。

很快，"古董商"罗斯柴尔德先生声名远播，而且成了法兰克福贵族和富人关于古董的口头禅。很快，他真正的目的达到了：结识了黑森王国的王储威廉。威廉王子是欧洲贵族里少有的生意人，天生对挣钱有一种狂热，与罗斯柴尔德钱味相投。罗斯柴尔德一套已经绝版的 15 世纪图林根银币，让二人成为互通密友。罗斯柴尔德由此成了王室供应商，威廉派出的宫廷事务大臣亲临法兰克福市政厅，在众目睽睽之下，把带有国徽的王室供应牌匾颁给了罗斯柴尔德。随着罗斯柴尔德将那块亮闪闪的王室供应商铜牌钉在自己仍显寒碜的店面门口，他的社会地位发生了翻天覆地的变化。

至此，罗斯柴尔德的万亿家财，乃至无穷无尽的连绵金山，就只是应时而来的事儿了。从那块牌匾到世界最负盛名的金融家庭，仅数年而已。

第三章

创业机会与创业环境分析

知识导航

　　创业机会和创业环境是任何创业者都不能忽视的因素。创业机会是指在市场经济条件下，社会的经济活动过程中形成和产生的一种有利于企业经营成功的因素，是一种带有偶然性并能被经营者认识和利用的契机。创业环境是指创业者周围的境况，是创业者在创立企业的过程中，围绕着创业企业生存和发展变化，对其产生影响或制约创业企业发展的一系列外部因素及其所组成的有机整体，是创业者及其企业产生、生存和发展的基础，是创业活动的基本条件。创业环境是指那些与创业活动相关联的因素的集合，包括宏观环境、中观环境和微观环境。通过本章的学习，让我们深刻认识创业机会的识别与选择、评估和把握，并深入了解我国目前的创新创业环境，做到真正把握住创业机会。

学习目标

1. 了解创业机会的概念、特征与来源。
2. 了解创业机会的识别与选择。
3. 了解创业机会的评估和把握。
4. 了解市场蓝海与蓝海战略。
5. 了解创业环境的相关知识。

案例导入

"中国机遇" 吸引大量华人华侨专业人士回国创业

　　由中国国务院侨务办公室组织的 "走进侨梦苑" 活动于 2016 年 3 月 14 日在福建展开，中国侨商投资企业协会科技创新委员会的 30 余位委员近日带着项目来到福建考察洽谈，随后他们还将赴广东考察。

　　"现在对我们这些创新型的华商回国创业是一个很好机会，国家的经济正在转型，创业的政策支持力度也比较大。"2013 年从日本回国创业的林海从事的是智能化模块建筑，他认为当前中国的发展环境吸引力相当大。

　　"大众创业、万众创新"的热潮正席卷中国。今年的政府工作报告显示，2015 年中国新登记注册企业增长 21.6%，平均每天新增 1.2 万户。政府工作报告中，"强化创新引领作用""持续推动大众创业、万众创新"被明确提出。

　　回国创业创新也在华人华侨群体中成为一个热点。越来越多的华人华侨专业人士将视线转回中国，参与到"大众创业、万众创新"的热潮中。

　　拥有曼彻斯特大学理工学院博士学位的徐德清说，许多华人华侨在海外积累了先进的技术和创新理念，回国与本土企业合作发展，发挥各自的强项，一定可以更好地为中国经济发展服务。

　　据了解，自 2006 年至今，已有数万名海外华商携带高新技术项目与中国企业开展项目对接。

　　去年 11 月，200 多位回国成功创新创业的华人华侨专业人士成立"中国侨商投资企业协会科技创新委员会"，他们均为发展势头良好的高新技术企业，涉及节能环保、新一代信息技术、生物医药、高端装备制造、新能源以及新材料等战略性新兴产业。

　　科技创新委员会副主席贡毅告诉记者，成立该委员会是希望为新侨群体构建一个平台，充分发挥这些专业人士的资金、技术、人脉、管理等资源，落实国家的"创新驱动"理念。

　　中国经济的良好前景则是吸引华人华侨回国创业的根本。2015 年，中国国内生产总值达到 67.7 万亿元，增长 6.9%，虽然增速放缓，但仍在世界主要经济体中位居前列。中国官方提出，"十三五"时期经济年均增长保持在 6.5%以上。

　　贡毅表示，中国的经济发展需要通过新的产业、商业模式和发展思路来推进，科技创新委员会的委员很多拥有博士学位、是"双创人才"，也有很多在过去一段时间回国创业并取得了一定的成就，正与这样的发展理念不谋而合。

　　《国际人才蓝皮书：海外华侨华人专业人士报告（2014）》中提到，中国引进的"千人计划"人才中，90%以上的人都是海外华侨华人专业人士，他们回国（来华）后，在科技创新、技术突破、学科建设、人才培养和高新技术产业发展等方面发挥了积极作用。

　　中国各级侨务机构为华侨华人专业人士回国创业提供了各类支持。国侨办在北京、福建、广东等地打造"侨梦苑"，作为侨商产业聚集区和华侨华人创新创业的集聚品牌。

　　今年年初，国侨办还启动了"万侨创新"行动。

　　厦门大学南洋研究院院长庄国土在接受记者采访时表示，中国经济正在转型，由规模转向创新，且中国正鼓励创新创业，学有所成的华人华侨刚好适合这个时机。他认为，在国外有一定实力、技术、资金的华人华侨回国创业的趋势会更强。

（资料来源：新华网）

第一节　创业机会概述

随着经济全球化的进程逐渐加快，企业面临着日益变化的外部环境，也面临着日趋严峻的竞争态势。在这种形势下，各种创新和创业活动已经成为企业生存与发展的必要条件，但创新和创业活动绝不是凭空进行的，需要具备一定的条件。除了对外部环境的适应性需求外，还需要拥有创业机会。

名人名言

机会是不守纪律的。

——雨果

一、创业机会的概念

创业机会有几种不同的定义方式。

（一）创业机会是可以为购买者或使用者创造或增加价值的产品或服务。它具有吸引力、持久性和适时性。

（二）创业机会允许有高于成本价出售的情况。

（三）创业机会是一种新的"目的-手段"关系。它能为经济活动引入新产品、新服务、新材料、新市场或新组织方式。

（四）创业机会主要是指具有较强吸引力的、较为持久的、有利于创业的商业机会，创业者据此可以为客户提供有价值的产品或服务，并同时使创业者自身获益。

综上所述，我们可以得出较为全面的概念：创业机会，是指在市场经济条件下，社会的经济活动过程中形成和产生的一种有利于企业经营成功的因素，是一种带有偶然性并能被经营者认识和利用的契机。它是有吸力的、较持久的和适时的一种商务活动空间，并最终表现在能够为消费者或客户创造价值或增加价值的产品或服务，同时能为创业者带来回报或实现创业目的。

二、创业机会的特征

有的创业者认为自己有很好的想法和点子，对创业充满信心。有想法、有点子固然重要，但并不是每个大胆的想法和新奇的点子都能转化为创业机会。许多创业者仅仅凭想法去创业而导致失败的例子屡见不鲜。因此，需要识别和把握创业机会。创业机会有以下三个特征：

（一）普遍性

凡是有市场、有经营的地方，客观上就存在着创业机会。创业机会普遍存在于各种经营活动过程之中。

（二）偶然性

对一个企业和个人来说，创业机会的发现和捕捉带有很大的不确定性，任何创业机会的产生都有"意外"因素。

（三）消逝性

创业机会存在于一定的时空范围之内，随着产生创业机会的客观条件的变化，创业机会就会相应地消逝和流失。

三、创业机会的五大来源

（一）问题的存在

> **名人名言**
> 我极少能看到机会，往往在我看到机会的时候，它已经不再是机会了。
> —— 美国作家马克·吐温

创业的根本目的是满足顾客需求，而顾客需求在没有满足前就是问题。寻找创业机会的一个重要途径是善于发现和体会自己与他人在需求方面的问题或生活中的难处。比如，上海有一位大学毕业生发现远在郊区的本校师生往返市区交通十分不便，于是就创办了一家客运公司，这是把问题转化为创业机会的成功案例。

（二）不断变化的环境

创业的机会大都产生于不断变化的市场环境，环境变化了，市场需求、市场结构必然发生变化。著名管理大师彼得·德鲁克将创业者定义为那些能"寻找变化，并积极反应，把它当作机会充分利用起来的人"。这种变化主要来自于产业结构的变动、消费结构升级、城市化加速、人口思想观念的变化、政府政策的变化、人口结构的变化、居民收入水平提高、全球化趋势等方面。比如，居民收入水平提高，私人轿车的拥有量将不断增加，这就会派生出汽车销售、修理、配件、清洁、装潢、二手车交易、陪驾等诸多创业机会。

（三）创造发明

创造发明提供了新产品、新服务，更好地满足了顾客需求，同时也带来了创业机会。比如，随着电脑的诞生，电脑维修、软件开发、电脑操作的培训、图文制作、信息服务、网上开店等创业机会随之而来。即使你不发明新的东西，你也能成为销售和推广新产品的人，从而给你带来商机。

（四）竞争

如果你能弥补竞争对手的缺陷和不足，这也将成为你的创业机会。看看你周围的公司，你能比他们更快、更可靠、更便宜地提供产品或服务吗？你能做得更好吗？若能，你也许就找到了机会。

（五）新知识、新技术的产生

如果你发现或学到了新知识、新技术，并能运用于社会经济生活实践解决实际问题或改良现实状况，或许你也找到了创业机会。例如，随着健康知识的普及和技术的进步，围绕"水"就带来了许多创业机会。例如，上海就有不少创业者加盟"都市清泉"而走上了创业之路。

四、发掘创业机会的几种方式

（一）经由分析特殊事件来发掘创业机会

例如，美国一家钢炉炼钢厂因为资金不足，不得不购置一座迷你型钢炉，而后竟然出现后者的获利率要高于前者的意外结果。再经分析，才发现美国钢品市场结构已发生变化。因此，这家钢厂就将今后的投资重点放在能快速反应市场需求的迷你型炼钢技术方面。

（二）经由分析矛盾现象来发掘创业机会

金融机构提供的服务与产品大多只针对专业投资大户，但占有市场七成资金的一般投资大众却未受到应有的重视。这种现象表明，提供一般大众投资服务的产品市场必将极具潜力。

（三）经由分析作业程序来发掘创业机会

在全球生产与运筹体系流程中，就可以发掘极多的信息服务与软件开发的创业机会。

（四）经由分析产业与市场结构变迁的趋势来发掘创业机会

在国营事业民营化与公共部门产业开放市场自由竞争的趋势中，我们可以在交通、电信、能源、服务、民生等产业中发掘极多的创业机会。在政府刚推出的知识经济方案、乡村振兴战略中，也可以寻得许多新的创业机会。

（五）经由分析人口统计资料的变化趋势来发掘创业机会

现今，单亲家庭快速增加、妇女就业、老年化社会的现象、教育程度的变化、青少年国际观的扩展，必然提供许多新的市场机会。

（六）经由价值观与认知的变化来发掘创业机会

人们对于饮食需求认知的改变，造就美食市场、健康食品市场等新兴行业。

（七）经由新知识的产生来发掘创业机会

人类基因图像获得完全解决，可以预期这必然给生物科技与医疗服务等领域带来极多的新产业创业机会。

尽管大量的创业机会可以经由系统的研究来发掘，不过，最好的点子还是来自创业者的长期观察与生活体验。

第二节　创业机会的识别与选择

一、创业机会的识别

创业机会识别是创业领域的关键问题之一。从创业过程角度来说，它是创业的起点。创业过程就是围绕着机会进行识别、开发、利用的过程。识别正确的创业机会是创业者应当具备的重要技能。创业机会以不同形式出现。虽然以前的研究，焦点多集中在产品的市场机会上，但是在生产要素市场上也存在机会，如新的原材料的发现等。许多好的商业机会并不是突然出现的，而是对"一个有准备的头脑"的一种"回报"。在机会识别阶段，创业者需要弄清楚机会在哪里和怎样去寻找。

（一）现有的市场机会

对创业者来说，在现有的市场中发现创业机会是很自然和较经济的选择。一方面，它与我们的生活息息相关，能真实地感觉到市场机会的存在。另一方面，由于总有尚未全部满足的需求，在现有市场中创业，能减少机会的搜寻成本，降低创业风险，有利于成功创业。现有的创业机会存在于不完全竞争下的市场空隙、规模经济下的市场空间、企业集群下的市场空缺等。

> **名人名言**
>
> 我极少能看到机会，往往在我看到机会的时候，它已经不再是机会了。
>
> ——马克·吐温

1. 不完全竞争下的市场空隙

不完全竞争理论或不完全市场理论认为，企业之间或者产业内部的不完全竞争状态，导致市场存在各种现实需求，大企业不可能完全满足市场需求，必然使中小企业具有市场生存空间。中小企业与大企业互补，满足市场上不同的需求。大中小企业在竞争中生存，市场对产品差异化的需求是大中小企业并存的理由，细分市场及系列化生产使得小企业的存在更有价值。

2. 规模经济下的市场空间

规模经济理论认为，无论任何行业都存在企业的最佳规模或者最适度规模的问题，超越这个规模，必然导致效率低下和管理成本的增加。产业不同，企业所需要的最经济、最优成本的规模也不同，企业从事的不同行业决定了企业的最佳规模，大小企业最终要适应这一规律，发展适合自身的产业。

3. 企业集群下的市场空缺

企业集群主要指地方企业集群，是一组在地理上靠近的相互联系的公司和关联的结构，它们同处在一个特定的产业领域，由于具有共性和互补性而联系在一起。集群内中小企业彼此间发展高效的竞争与合作关系，形成高度灵活专业化的生产协作网络，具有极强的内生发展动力，依靠不竭的创新能力保持地方产业的竞争优势。

（二）潜在的市场机会

潜在的创业机会来自于新科技应用和人们需求的多样化等。成功的创业者能敏锐地感知社会大众的需求变化，并能够从中捕捉市场机会。新科技应用可能改变人们的工作和生活方式，出现新的市场机会。通信技术的发展，使人们在家里办公成为可能；互联网的出现，改变了人们工作、生活、交友的方式；网络游戏的出现，使成千上万的人痴迷其中、乐此不疲；网上购物、网络教育的快速发展，使信息的获取和共享日益重要。

需求的多样化源自于人的本性，人类的欲望是很难得到满足的。在细分市场里，可以发掘尚未满足的潜在市场机会。一方面，根据消费潮流的变化，捕捉可能出现的市场机会。另一方面，根据消费者的心理，通过产品和服务的创新，引导需求并满足需求，从而创造一个全新的市场。

二、创业机会的选择

经过创业机会的识别以后，要进行机会的选择。在现实经济生活中，适于创业的机会并不是很多。创业者需要借助"机会选择漏斗"，经过一层又一层筛选，在众多机会中筛选出真正适合于自己的创业机会。

（一）要筛选出较好的创业机会

一般而言，较好的创业机会多有五个特点：一是在前景市场中，前五年中的市场需求会稳步快速增长；二是创业者能够获得利用该机会所需的关键资源；三是创业者不会被锁定在"刚性的创业路径"上，而是可以中途调整创业的"技术路径"；四是创业者有可能创造新的市场需求；五是特定机会的商业风险是明朗的，且至少有部分创业者能够承受相应风险。

（二）要筛选出利己的创业机会

面对较好的创业机会，特定的创业者需要回答四个问题：一是创业者能否获得自己缺少，但他人控制的资源；二是遇到竞争对手时，自己是否有能力与之抗衡；三是是否存在该创业者可能创造的新增市场；四是该创业者是否有能力承受利用该机会的各种风险。

第三节　创业机会的评估和把握

一、创业机会的评估

所有的创业行为都来自于绝佳的创业机会，创业团队与投资者均对创业前景寄予极高的期望值，创业家更是对创业机会在未来所能带来的丰厚利润满怀信心。但是，时常会有悲剧发生。为了尽量避免这样的情况，创业者应该先以比较客观的方式进行评估，评估的准则有两种：

（一）市场评估准则

1. 市场定位

评估创业机会的时候，可由市场定位是否明确、顾客需求分析是否清晰、顾客接触通道是否流畅、产品是否持续衍生等来判断创业机会可能创造的市场价值。创业带给顾客的价值越高，创业成功的机会也越大。

2. 市场结构

对创业机会的市场结构进行四项分析：进入障碍，供货商、顾客、经销商的谈判力量，替代性产品的威胁和市场内部竞争的激烈程度。由此可知该企业在未来市场中的地位，以及可能遭遇竞争对手反击的程度。

3. 市场规模

市场规模大者，进入障碍相对较低，市场竞争激烈程度也会略为下降。若要进入的是一个十分成熟的市场，那么利润空间会很小，不值得再进入；若是一个成长中的市场，只要进入时机正确，必然会有获利的空间。

4. 市场渗透力

对于一个具有巨大市场潜力的创业机会，市场渗透力评估将会是非常重要的。创业者应该知道选择在最佳的时机进入市场，也就是市场需求正要大幅增长之际。

5. 市场占有率

一般而言，要成为市场的领导者，最少需要拥有 20% 以上的市场占有率，若低于 5%

的市场占有率，则这个新企业的市场竞争力不高，自然也会影响未来企业市场的价值。尤其是处在具有赢家通吃特点的高科技产业，新企业必须拥有成为市场前几名的能力，才比较有投资价值。

6. 产品的成本结构

从物料与人工成本所占比重之高低、变动成本与固定成本的比重，以及经济规模产量大小，可以判断企业创造附加价值的幅度，以及未来可能的获利空间。

（二）效益评估准则

1. 合理的税后净利

一般而言，具有吸引力的创业机会至少需要能够创造15%以上的税后净利。如果创业预期的税后净利是在5%以下，那么这就不是个很好的投资机会。

2. 达到损益平衡所需的时间

合理的损益平衡时间应该在两年之内达到，如果三年还达不到，恐怕就不是值得投入的创业机会了。当然，有的创业机会确实需要经过比较长的耕耘时间，通过前期投入，创造进入障碍，保证后期的持续获利，这样的情况可将前期投入视为投资，才能容忍较长的损益平衡时间。

3. 投资回报率

考虑到创业面临的各种风险，合理的投资回报率应该在25%以上，而15%以下的投资回报率是不值得考虑的创业机会。

4. 资本需求

资本需求量较低的创业机会，一般会比较受投资者欢迎。资本额过高其实并不利于创业成功，甚至还会带来稀释投资回报率的负面效果。通常，知识越密集的创业机会，对资金的需求量越低，投资回报反而会越高。因此在创业开始的时候，不要募集太多资金，最好通过盈余积累的方式来创造资金，而比较低的资本额将有利于提高每股盈余，并且还可以进一步提高未来上市的价格。

5. 毛利率

毛利率高的创业机会，相对风险较低，也比较容易取得损益平衡。反之，毛利率低的创业机会，风险则较高，遇到决策失误或市场产生较大变化的时候，企业很容易就遭受损失。一般而言，理想的毛利率是40%，当毛利率低于20%的时候，这个创业机会就不值得再予以考虑。比如，软件业的毛利率通常都很高，所以只要能找到足够的业务量，从事软件创业在财务上遭受严重损失的风险相对会比较低。

6. 策略性价值

能否创造新企业在市场上的策略性价值，也是一项重要的评价指标。一般而言，策略性价值与产业网络规模、利益机制、竞争程度密切相关，而创业机会对于产业价值链所能创造的附加值效果，也与它所采取的经营策略和经营模式密切相关。

7. 资本市场活力

当新企业处于一个具有高度活力的资本市场时，它的获利回收机会相对也比较高。不过资本市场的变化幅度极大，在市场高点时投入，资金成本较低，筹资相对容易；但在资本市场低点时，投资新企业开发的诱因则较低，好的创业机会也相对较少。不过，对投资者而言，市场低点的成本较低，有的时候反而投资回报会更高。一般而言，新创企业活跃的资本市场比较容易创造增值效果，因此资本市场活力也是一项可以被用来评价创业机会的外部环境指标。

8. 退出机制与策略

所有投资的目的都在于回收，因此退出机制与策略就成为一项评估创业机会的重要指标。企业的价值一般也要由具有客观鉴别能力的交易市场来决定，而这种交易机制的完善程度也会影响新企业退出机制的弹性。由于退出的难度普遍要高于进入，所以一个具有吸引力的创业机会，应该要为所有投资者考虑退出机制和退出的策略规划。

案例精选

有人曾经根据美元价值等时代因素计算，认为美国工业巨子安德鲁·卡内基创造的价值至今尚没有人能企及。他是怎么起家的呢？他从小跟着家人从苏格兰移民美国，一上岸就当童工，时年13岁。他在一个纺织厂里一天工作12个小时，一周工作6天，周薪12美元。他成为世界首富后说："我挣的钱早已以百万计了。但是，没有任何钱能比第一周那12美元给我更大的惊喜！"在干了12个小时后，他还拖着疲惫之躯去上夜校。15岁时，终于有了另一个工作：给匹兹堡的一家电报局当报童，也就是挨家挨户地送电报。他将此视为天赐良机，义无反顾地接受了。

报童是典型的跑腿族，看起来无足轻重。但卡内基不这么看。当然，报童的工作一周25美元，收入翻番，但这不是他想要的东西。1850年，电报就相当于今日的互联网。那时用电报的多是公司企业。跑跑腿看似很下层，但聪明的卡内基认为匹兹堡的商业信息就捏在他手上。从哪里收发电报，哪家生意兴隆，商业网络怎么运行，他一清二楚。也就是从这里，他又跳到铁路公司，最终建起钢铁厂。那时苏格兰人在英国人眼里是叫花子。卡内基家也确实穷得叮当响，但是，最终他的工厂生产的钢铁超过了整个英国的钢铁产量。

二、创业机会的把握

创业者不仅要善于发现机会、评估机会，更需要正确把握机会并果敢行动，将机会变成现实，这样才有可能在最恰当的时候出击，获得成功。把握创业机会，应注意以下几点：

（一）着眼于问题把握机会

机会并不意味着无需代价就能获得，许多成功的企业都是从解决问题起步的。问题，就是现实与理想的差距。顾客需求在没有满足之前就是问题，而设法满足这一需求，就抓住了市场机会。

（二）利用变化把握机会

变化中常常蕴藏着无限商机，许多创业机会产生于不断变化的市场环境。环境变化将带来产业结构的调整、消费结构的升级、思想观念的转变、政府政策的变化、居民收入水平的提高。人们通过这些变化，就会发现新的机会。

（三）跟踪技术创新把握机会

世界产业发展的历史告诉我们，几乎每一个新兴产业的形成和发展，都是技术创新的结果。产业的变更或产品的替代，既满足了顾客需求，同时也带来了前所未有的创业机会。

（四）在市场夹缝中把握机会

创业机会存在于为顾客创造有价值的产品或服务中，而顾客的需求是有差异的。创业者要善于找出顾客的特殊需要，盯住顾客的个性需要并认真研究其需求特征，这样就可能发现和把握商机。

把握机会 赢赚未来
鹅卵石变钻石

（五）捕捉政策变化把握机会

我国市场受政策影响很大，新政策出台往往引发新商机。如果创业者善于研究和利用政策，就能抓住商机。

（六）弥补对手缺陷把握机会

很多创业机会是源于竞争对手的失误而"意外"获得的。如果能及时抓住竞争对手策略中的漏洞而大做文章，或者能比竞争对手更快、更可靠、更便宜地提供产品或服务，也许就找到了机会。

第四节　市场"蓝海"与"蓝海战略"

一、"红海"与"蓝海"的概念

我们把整个市场想象成海洋，这个海洋由红色海洋和蓝色海洋组成，"红海"代表现今存在的所有产业，这是我们已知的市场空间；"蓝海"则代表当今还不存在的产业，这就是未知的市场空间。

"红海"是竞争极端激烈的市场，但"蓝海"也不是一个没有竞争的领域，而是一个通过差异化手段得到的崭新的市场领域。在这里，企业凭借其创新能力获得更快的增长和更高的利润。在红海领域中击败竞争者始终是重要的。因为"红海"一直存在，并将始终是现实商业社会的一部分。但随着越来越多的行业出现供大于求的现象时，对市场份额的竞争虽然必要，但已不足以维持良好的业绩增长。企业需要超越竞争。为了获得新的利润和增长机遇，企业必须开创"蓝海"领域。

二、什么是"蓝海战略"

2005 年，西方世界最新的营销学说《蓝海战略》（Blue Ocean Strategy）问世。这本书一上市就被翻译成 25 种语言，并荣登《纽约时报》畅销书排行榜。

《蓝海战略》书中分析，在全球化的竞争下，企业要永远保持卓越是不可能的，正如产业不可能永远长青。而产品若无法差异化，将会落入所谓"红海战略"的血腥价格竞争之中，这种流血竞争的结果往往使市场愈来愈狭窄，公司的获利和成长都越来越萎缩，最终血流成河，成为一片"血腥红海"。

《蓝海战略》认为，要打破"红海"宿命的唯一方法，就是运用"蓝海战略"，探索还没有被开发的差异化市场，以及消费者还没被满足的需求，才能一举超越竞争，开创"无人竞争"的蓝海商机。

那么所谓的"蓝海战略"就不难理解了，"蓝海战略"其实就是企业超越传统产业竞争、开创全新的市场的企业战略。

价值创新是"蓝海战略"的基石。之所以称为价值创新，原因在于它并非着眼于竞争，而是力图使客户和企业的价值都出现飞跃，由此开辟一个全新的、非竞争性的市场空间。

只有在企业把创新与效用、价格和成本进行有机结合的时候，价值创新才可能发生。如果企业不能使创新围绕价值进行，则作为技术创新者和市场推广者的企业往往生出了蛋，却被其他企业孵化。价值创新是开创"蓝海"、突破竞争的战略思考和战略执行的新途径。"差异化-低成本"之间的动态关系，是价值创新的立足点，当企业行为对企业成本结构和客户价值同时带来正面影响时，价值创新就在这个交会区域得以实现。成本节约通过取消或压缩某些竞争因素而发生，而随着时间的推移，由价值创新所带来的规模效应会进一步促进成本下降。"蓝海"的创新是在降低成本的同时为客户创造价值，从而获得企业价值和客户价值的同步提升。由于客户价值来源于企业以较低的价格向客户提供更高的效用，而企业的价值取决于价格和成本结构，因此价值创新只有在整个企业的效用、价格和成本行为正确地整合为一体的时候才可能发生。价值创新就不仅仅是"创新"，而是涵盖整个公司行为体系的战略问题。价值创新要求企业引导整个体系，同时以实现客户价值和企业自身价值飞跃为目标。如果不能将这两个目标相结合，创新必然会游离于战略核心之外。

> **名人名言**　我们多数人的毛病是，当机会朝我们冲奔而来时，我们兀自闭着眼睛，很少人能够去追寻自己的机会，甚至在绊倒时，还不能见着它。
>
> ——卡耐基

三、开拓"蓝海"的方法

"蓝海战略"的第一条原则，就是重新构筑市场的边界，从而打破现有竞争局面，开创"蓝海"。这一原则说的是许多公司经常会碰到的搜寻风险。其难点在于如何成功地从一大堆机会中准确地挑选出具有"蓝海"特征的市场机会。这一点对于企业经营者非常重要，因为他们不可能像赌徒一样通过直觉或者抽签的方式决定企业的战略。

（一）放眼替代性行业

从广义上讲，一家企业并不仅仅是与同一产业中的其他企业竞争，而且还面临着生产替代性产品或服务的其他行业企业的竞争。替代性产品不仅仅是指产品的替换。如果产品或服务具有不同形式，但是提供同样的功能或者核心效用，那么当然属于"替代品"。替代性行业之间的空间通常可以为企业提供价值创造的机会。

例如，为了理清个人财务状况，人们可以购买一套财务软件，可以聘请一位注册会计师，或者干脆自己用铅笔和白纸来完成。这里的财务软件、注册会计师、铅笔在很大程度上就是替代性产品。它们虽然具有不同的形式，但功能是一样的：都是为了帮助人们理财。

与此不同，有些产品或服务可能具有不同的形式和不同的功能，但最终目的是一样的，比如电影院和餐馆。与电影院相比，餐馆的形式基本上完全不同，而且功能也不一样：他们提供的是交谈和美食方面的愉悦。这与电影院提供的视觉享受完全是两回事。尽管在形式和功能上存在巨大差异，但是人们去餐馆和去电影院看电影的目的是一样的：好好地在外面享受一个夜晚。它们不是同一功能的替代产品，但是都是人们的替代性备选方案。

在作一个购买决策的时候，购买者通常是无意识地对不同备选方案作了比较。你想放松两个小时？那么你该如何达到这个目的呢？你会选择去看电影，去按摩，还是去附近的一家咖啡馆读一本喜爱的书？无论对单个的消费者，还是集团购买者而言，这一思维过程都是下意识的。

然而由于种种原因，当我们摇身一变成为卖方之后，我们常常会抛弃这种出于直觉的思维方式。出售产品的人通常很少会有意识地去考虑消费者如何在替代性行业中进行选择。价格的变动、型号的改动，甚至是新的广告，都可能引起同一行业内竞争对手的强烈反应，

大学生创新创业教程

但是同样的事情如果发生在替代性行业之间，就很少会引起注意。行业杂志、行业演示会和消费者评价报告强化了行业与行业之间的界限。但其实，替代性行业之间的空间通常可以为企业提供价值创造的机会。

（二）放眼行业内的不同战略类型

正如通过审视替代性行业可以开创"蓝海"一样，通过考虑同一行业内的不同战略类型也可以实现这一目标。所谓战略类型是指同一行业内采取类似战略的企业。在大多数的行业中，都可以根据战略上的差异将企业分为几个类别。

战略类型一般可以通过两个维度进行简单排序：价格和业绩。价格的变化通常会引起业绩的相应变化。大多数企业都专注于提高他们在同一战略类别中的竞争地位。比如，奔驰、宝马和捷豹汽车公司在豪华轿车领域你追我赶，而其他一些汽车公司则在经济型轿车领域展开厮杀。但是，很少有企业会关注其他战略类型的企业在做什么，因为从供给的观点来看，他们在那个领域没有竞争力。

从不同战略类型中开创"蓝海"的关键在于突破这种狭隘的观点，去了解哪些是决定客户从一个业务类别转换到另一个业务类别的主要因素。

（三）放眼客户链

在大多数的行业中，参与竞争的企业对目标客户的定义都大同小异。但事实上，存在着一个客户链，他们都直接或间接地参与了购买的决策。产品或服务的购买者可能与最终使用者并不一致，在某些情况下，还有一些非常关键的影响者。尽管这三类人可能会重叠，但是通常他们都不是同一个人。当三类人群不一致的时候，他们的价值观通常也不一样。比方说，企业的采购人员肯定比产品的最终使用人员更关心成本，后者可能更关注产品是否好用。类似的，产品零售商希望生产商能够及时补充存货，并且提供更好的融资方式。但是，购买产品的消费者虽然会受到这些产品渠道的影响，但他们不会关心这些东西。

某个行业中的企业通常会选择不同的目标客户群，比如可能是大客户，也可能是小客户。但是，从这个行业来说，通常都集中于某一类购买群体。举例来说，医药行业主要将目光放在有影响力的群体即医生身上；办公用品行业主要关注采购者，即企业的采购部门；而服装行业主要直接向使用者销售产品。有时候，这种专注有其经济学的道理，但是更多时候它只不过是行业惯例使然，人们通常都不会去质疑它。

对目标客户群体的传统观念提出挑战就可以发现新的"蓝海"。通过审视不同的购买者群体，企业可以产生一些新的思维，从而重新构造自身的价值曲线，找到那些以往被忽视的目标客户群。许多行业都存在这样的"蓝海"机会。通过质疑目标客户的传统定义，企业通常可以发现创造价值的全新方法。

（四）放眼互补性产品或服务

很少有产品或服务会单独使用。在很多情况下，它们的价值会受到别的产品或服务的影响。但是，在大多数的行业中，企业生产的产品或提供的服务都局限于行业范围内。在互补产品或服务背后常常隐藏着巨大的价值。关键是要弄清楚消费者在选择产品或服务时需要的整个解决方案是什么。一个简单的方法就是考虑一下消费者在使用你们的产品前、

56

使用过程中和使用后会发生些什么事情。你们企业的产品或服务的使用背景是什么？你能找到客户的烦恼吗？你们企业怎么样能够通过提供互补性的产品或服务消除这些烦恼呢？

（五）放眼客户的功能性或情感性诉求

行业竞争不仅在产品或服务的范围上趋同，而且在两个基本的诉求上也很类似。一些行业主要通过价格和功能来竞争，关注的是给客户带来的效用，他们的诉求是功能性的；其他一些行业主要以客户感觉为竞争手段，他们的诉求是情感性的。

但是，大多数的产品或服务的诉求并不是一定非此即彼。相反，它是企业竞争方式的结果，企业的竞争方式会在无意中培育客户的预期，这种影响具有不断加强的效果。随着时间的推移，功能导向型行业会变得越来越注重功能；情感导向型行业会变得越来越注重情感。因为这个，我们就不难理解为什么市场调查很少会找到吸引客户的新因素。行业实际上在训练顾客应该期待什么，当读者调查只是简单的反馈，通常与企业预想的差不多。

当企业愿意挑战行业中已经存在的功能或情感诉求时，常常会发现新的市场机会。我们发现了两种普遍模式。情感导向型的行业会提供很多多余的产品或服务，只是提高了价格，但对功能没有帮助。去掉这些多余的东西，就会创造一个简单、低价、低成本的业务模式，从而受到客户欢迎。反过来，功能导向型行业可以通过添加一些情感因素使产品获得新生，刺激新的需求。

（六）放眼未来

在所有的行业中，企业的经营都会受到外部趋势变化的影响。看看互联网迅速崛起和全球环保运动的兴起的例子。如果企业能够正确预测到这些趋势，就可能会找到"蓝海"市场机会。

当事件发生后，多数企业都只会逐渐适应，甚至是被动地接受。不管是新技术的出现，还是政策的变化，企业经营者通常比较注重预测趋势本身。也就是说，他们通常关心技术会朝哪个方向演变、如何应用、能否大规模应用。他们根据技术发展的趋势来调整自己行动的步伐。

但是，"蓝海战略"并不主要来源于预测趋势本身。相反，他们来自深入分析这一趋势会如何影响客户价值和企业的业务模式。通过放眼未来，即从关注市场现在的价值转到未来的价值，企业经营者可以主动调整，抢先找到新的"蓝海"。这种方法可能比前面讨论的方法难一些，但是它的思维方式还是类似的。我们不是说要预言未来，这是不可能的。我们是说要从目前可以观察到的趋势中获得远见。

在预测未来趋势的时候，有三个非常重要的考量。为了形成"蓝海战略"，这些趋势必须对企业的业务有决定性作用、必须不可逆、必须具有清晰的路线。在任何一个时间点上都可以看到很多趋势，比如，技术的淘汰、新的生活方式的诞生、法律或社会环境的改变。但是，通常只有一两个趋势对某个特定的行业产生重大影响。并且有时候可能只会看到趋势或重大事件，但是无法预测发展方向。

第五节　创业环境分析

一、创业环境的概念

创业环境是指创业者周围的境况，是创业者在创立企业的过程中，围绕着创业企业生存和发展变化，对其产生影响或制约创业企业发展的一系列外部因素及其所组成的有机整体，是创业者及其企业产生、生存和发展的基础，是创业活动的基本条件。创业环境是指那些与创业活动相关联的因素的集合，包括宏观环境、中观环境和微观环境。

1. 宏观环境

宏观环境又称一般环境，是指影响一切行业和企业的各种宏观力量。不同行业和企业根据自身特点和经营需要，都涉及政治（Political）、经济（Economic）、技术（Technological）、社会（Social）这四大类因素。因此，在战略研究中，宏观环境分析通常被称为 PEST 分析。

2. 中观环境

中观环境又称行业环境，是指提供同一类产品（或服务）或提供具有可替代性产品（或服务）的企业群，行业分析的内容包括行业的生命周期阶段、行业的进入与退出障碍、行业的需求及竞争状况、行业主导技术的发展趋势及行业的发展前景。

3. 微观环境

微观环境是指企业的顾客、竞争者、营销渠道和有关公众等对企业营销活动有直接影响的各种因素。创业环境的微观因素是决定企业生存和发展的基本环境因素，除了企业能够直接控制的内容环节之外，还包括企业生产的产品或服务的性质、特点，以及它们在国民经济中所起作用的不同而形成的行业。这是企业生存与发展的具体环境，创业者应特别重视对创业环境的微观因素分析，要分析研究市场、行业等。

二、不同创业环境的分析评价

创业者可以通过对某地区的创业发展程度做一个客观公正的评价，就可以大概了解到这个地区环境对创业的支持程度。因此，本章节将为广大创业者分析不同创业环境的分析评价。

（一）对地区环境因素的分析评价

创业者在对地区的环境因素进行评价时要考虑以下几个方面：对该地区的熟悉程度如何，在该地区有多大的影响力，新创企业在这个地区内将会有何影响，地区的人文和支持体系是否完善，地区的基础设施是否满足，等等。

（二）对宏观环境因素的分析评价

因素 1：政治法律因素

一些政治因素对创业的行为有直接的影响，但一般来讲，政府主要是通过制定一些法律和法规来间接影响创业活动。因此，作为创业者应具备一定的政治头脑与法律意识。

因素2：经济因素

一个企业的经营成功与否，在很大程度上取决于整个经济运行情况，创业者要善于对经济因素进行分析。与企业经营有关的经济因素主要包括：整个国民经济的发展状况、产业结构的构成与发展、价格的升降和货币升贬值、银行利率的升降和信贷资金的松紧程度等。

因素3：社会因素

社会因素包括社会文化、社会习俗、社会道德观念、社会公众的价值观念、职工的工作态度以及人口统计特征等。变化中的社会因素影响社会对企业产品或劳务的需要，也能改变企业的战略选择。因此，创业者需要在创业前对有关的社会因素加以考虑。

因素4：技术因素

技术的进步可以减少或消除企业间的成本壁垒，缩短产品的生产周期，极大地影响到企业的产品、服务、市场及竞争地位，可以带来比现有竞争优势更为强大的新的竞争优势。对于创业者来说，能正确识别和评价关键的技术机会与威胁是至关重要的。

因素5：自然环境因素

自然环境主要指企业所在地的全部自然资源。对于创业者，应该基于资源从事创业，对于选定的创业项目，需要认真地分析一下是否有足够的资源来支持创业企业的生存与发展。

（三）对行业环境因素的分析评价

1. 新进入者的威胁

新进入者是行业的重要竞争力量，它会对本行业带来很大威胁，称之为进入威胁。进入威胁的大小取决于进入障碍和原有企业的反击程度。如果进入障碍高，原有企业激烈反击，进入者难以进入本行业，进入威胁就会小；反之，进入威胁就会增大。

2. 其他利益相关者

这些利益相关者可能是股东、员工、政府、社区、借贷人、贸易组织和一些特殊利益集团。它们各自对各个企业的影响大小不同。创业者从创业初始就应该适当考虑与利益相关者的价值均衡的问题及他们对创业的影响。

3. 现有竞争者的抗衡

行业内企业之间存在着竞争，其竞争程度是由一些结构性因素制约的。每个行业的进入和退出障碍是不同的，理想的情况是进入屏障高而退出屏障低。这样，新进入者扩张会受到阻挡，而不成功的竞争者将退出该产业，企业就会获得稳定收益。

4. 替代品的竞争压力

所谓替代品就是满足同一市场需求的不同性质的产品。例如，塑料替代钢材，空调替代电扇，等等。科学技术的发展将导致替代品的不断增多。创业者在制定战略时，必须识别替代品的威胁及其程度，顺应时代潮流，尤其对于采用最新技术、最新材料的产品方面更需要高度注意。

三、创业环境评价的原则

（一）全面性原则

影响创业环境的因素有很多，既有内部因素，也有外部因素；既有宏观因素，也有微观因素；既有社会因素，也有自然因素。这些因素涉及到市场、行业、经济、环境、政治、社会等各个方面，因此，在评价创业环境时，要全面考虑，综合评价。

（二）科学性原则

创业环境评价的科学性体现在评价指标的科学性和评价方法的科学性。对于评价指标而言，科学性表现在两个方面：第一，指标是在实证的基础上确定的；第二，在参考国外评价指标体系的基础上，结合中国实际确定的。评价方法的科学性体现在对关键指标要采取定性分析方法，然后结合定量分析方法进行评价。

（三）重要性原则

在坚持全面性原则的基础上，我们对影响创业环境的指标进行分类，对影响创业机会的关键指标采用定性的方法，这也是创业环境评价的第一步；同时，考虑不同地区、不同省份、不同历史阶段的差异性，对创业环境指标体系进行调整，保留那些影响创业环境的关键要素，去掉对创业环境影响不大的因素。

四、把握好创新创业的新机遇

创新和创业都是和机遇连在一起的。我们正身处新一轮科技革命和产业变革浪潮之中，技术革命的到来，如互联网和智能化技术使人类面临空前的变化和机遇，这样一个时代正是一个创新创业的时代。

产业结构调整也带来了创新创业的重大机遇。其实创新创业不仅和机遇有关，也和压力有关。短短几十年间，一大批由于第二产业产能过剩、过度竞争而形成的蓝领大军必须找到新的出路，而在制造业向制造服务业转型的过程中，大力发展创新创业可以使社会结构调整平稳，而不会出现大量的失业。

移动互联网等技术创造出的新的商业模式，给创新创业带来极大的便利。工业时代是用规模化大生产来实现就业，而今天人们可以以个人或小范围的人群为主体，形成创新主体。这些碎片都用互联网相互连接，编织成硕大无比的企业帝国，像马云的淘宝网就是靠无数个小微企业组成的交易平台。

资本市场的发展极大地催生了创新创业。社会资金是巨大的，而且都在寻找盈利和投资机会，这就使得今天的创新创业与以往有很大不同。只要有好的创新创意出来，就会迅速被资本市场发现。这就是为什么有许多创业者一夜暴富的原因。而创新创业者的财富故事又会吸引更多人投身其中。

"80 后""90 后""00 后"整体教育水平的提高，使得新一代创新创业者有更好的系统分析能力和资讯掌控能力，他们可以回避掉一些初级的风险，这就极大地激发了年青一代的创新创业热情。

创新创业是一个价值发现的过程，其生命力在于创造价值，通过与以往不同的方式达到增值的目的。

创新创业往往和技术进步有关，但又不完全依赖技术，而是更多地依赖创意，如商业模式的创新。高科技会带来一些创新创业的机会。但更多的创新创业发生在已有技术的组合上。

在自主创新领域中有三种创新模式：一是原始创新，需要大量人力和财力，一般要由国家的大学、科研院所和大企业研究院来做；二是引进、消化、吸收再创新，这也是过去30多年改革开放中我国企业的主要创新模式；三是集成创新，即把各种创新要素集成起来完成新的创新，就是"把做面包的技术用在蒸馒头上"。这种创新方式目前正成为我国企业的重要创新模式。

2015年6月，国务院印发了《国务院关于大力推进大众创业万众创新若干政策措施的意见》，被称为鼓励创新创业的"国十一条"，提出了9大层面、30条政策措施。

值得关注的是，"国十一条"还提出"要为创业失败者再创业提供必要的指导和援助机制"，这一点非常重要。我们要有宽容失败的社会环境，给失败者以安慰与关怀，鼓励失败者再创新创业。这里，我们也想给创新创业者们一些提醒：任何创新创业都要认真筹划，重要的是把握机遇、寻找商机；选择业务方向时要如履薄冰、如临深渊，选定后就要扎扎实实、执着坚守；冒险不应是创新创业者必然的选项，创业做生意要量力而行，打有准备有把握之仗。总的来讲，创新创业既要满腔热情，又要认真务实，把创新创业当作一种人生态度、一种民族精神、一种社会风尚。

五、为人才营造良好的创新创业环境

纵观古今中外优秀人才的成长经历，可以发现创新创业是一个坚持不懈、持之以恒的艰苦奋斗过程，也是一个充满风险、激烈竞争的优胜劣汰过程。正是在这样一个过程中，优秀人才的社会价值才得以体现。为此，我们需要认真研究高层次人才的成长规律，从高层次人才创新创业的实际需求出发，把握高层次人才创新创业的趋势和潮流，集聚创新创业所需各种要素和资源，为他们营造鼓励创新、宽容失败的工作环境，不断改善他们的工作生活条件，使高层次人才能够在优越的创新创业环境中尽情发挥聪明才智。

（一）进一步完善创新创业服务体系

通过整合创新创业服务资源，加快构建以创业服务、中介服务、国际合作、技术创新、创业融资、人力资源、政策法规和创新文化，八大支持平台为主要内涵的创新创业服务体系。

其一，提高创新创业服务能力。充分发挥科技中介协会和社会团体的纽带作用，建立健全技术转移、管理咨询、知识产权代理、资产评估、科技信用担保、成果推广等专业服务机构，提高创新创业服务能力和水平。

其二，完善创新创业服务机制。各级政府部门要积极倡导组建专业性或综合性的科技中介行业协会，加强行业的自律性管理和内部激励与约束，鼓励民间资本介入科技中介服务行业，逐步建立健全市场化的创新创业服务机制。

其三，营造公平的创新创业服务市场氛围。放宽科技中介机构市场准入条件，细化有关知识产权、科技成果等无形资产参股的具体措施，制定高等院校、科研机构科技人员创办科技服务企业的奖励和支持办法，降低高层次科技人才创办科技服务企业的门槛。充分发挥市场在资源配置中的基础性作用。大力扶持一批科技、金融、人才、管理、法律等方面的专业服务公司，为高层次人才创新创业提供多样化、个性化的市场服务。如对有创新项目和创业潜能的高层次人才，进行前期孵化，帮助其成功创业；对有创新项目但不具备创业潜能的高层次人才，帮助其组建创业团队，或通过技术服务、技术入股等形式，加速其科技成果转化。组建专业的咨询顾问团队，为科技成果转移转化提供知识产权评估、技术转移方案策划、市场推广营销等专业服务。政府要加强对市场的指导和监管，制定人才市场的服务标准，加强市场管理立法，为高层次人才创新创业提供一个公平竞争的市场环境。

（二）不断改善创新创业投融资环境

大力促进人才与资本的有效对接，走"人才+资本"的路子。进一步加强政策创新，搭建平台、拓展渠道，大力促进社会资本与人才创新创业的有机结合。

一是出台实施"人才+资本"的创业投融资政策。建立健全促进人才，创业创新投融资健康发展的配套政策，进一步加大对初创期、孵化期高新技术企业和科技创新创业项目的支持，逐步形成政府推动、市场主导的人才创新创业投融资体系。

二是加快发展创业投资。针对人才创新创业需求，设立旨在帮助高层次人才特别是海归人才创新创业为主题的风险投资基金，解决人才创新创业资金瓶颈问题。

三是积极为人才创新创业与风险投资对接搭建平台。通过举办各种创新创业论坛，举办对接会、洽谈会、高层次人才创新创业展示会等方式，为风险投资和人才创新创业的结合创造条件。

四是大力发展创新创业所需的担保融资、信用贷款、信用保险和贸易融资等融资平台。借鉴国内外先进经验，对银行和担保机构给予一定的风险补贴，提高金融机构对中小科技型企业的风险覆盖能力。

五是切实提高中小科技型企业金融服务的效率和水平。根据中小科技型企业的特点，建立健全贷款审批机制、金融激励机制，优化贷款审批程序。

六是大力发展科技金融。通过完善创新创业投融资政策，拓宽创新创业投融资渠道，鼓励金融机构发展知识产权质押、股权质押等金融创新产品，逐步形成直接融资、间接融资、信用担保等相互配合的全方位、多层次的创新创业投融资体系。

（三）积极搭建创新创业载体和平台

通过创设载体，搭建平台，充分发挥高层次人才的积极性和主动性，让人才的创造潜能得以最大限度的释放。加快产业研究院、大学生创业园、大学生实习实训基地、科技成果转化基地建设。积极创办创业学院、创新创业中心、创客空间，培育创新创业"种子"。引进社会资本，兴办创业"苗圃"、科技孵化器、产业加速器、特色产业园，构建"四位一体"梯级孵化体系。通过各类创新创业载体建设，为高层次人才创新创业拓展空间、搭建舞台、营造氛围。实施各类高层次人才"能力提升工程"，通过进修学习、脱产培训、出国出境学术交流等方式，提高人才的创新创业能力。

聚天下英才而用之。除加大对科技企业孵化器、大学科技园、留学生创业园等创新创业载体平台建设的力度外，政府相关部门还应该充分发挥调控和引导功能，完善制度建设，强化激励机制，为高层次人才施展才干创造有利条件。以各级重大人才培养计划、重大科研和工程项目、重大产业攻关项目、国际学术交流合作项目为依托，坚持在创新实践中识别人才，在创新活动中培育人才，在创新事业中凝聚人才，努力造就一批德才兼备、国际或国内一流的科技骨干人才、科技专才、科技将才和科技帅才。针对当前呈现的大批留学人才热心回国的好势头，加快各层次重点学科、重点研究基地、重点实验室、工程技术中心、高科技产业园区和留学生创业园区的建设，千方百计为归国留学人才提供用武之地，积极推进归国人才与现有人才的互相合作，形成创新团队。更好地塑造重才、识才、爱才、用才、容才、聚才的氛围和形象，更加广泛地吸引外来人才投身创新创业。

（四）进一步加强创新创业知识产权保护

高层次人才创新创业往往表现为开发一种新产品或拥有一种新的经营模式，而这些正是产生超常利润的源泉，也是高层次人才创新创业的动力所在。在这种情况下，只有建立全面的知识产权保护体系，才能保护高层次人才创新创业的积极性。还要加大对立法制度、中介体系、科技创新、知识管理等知识产权的整合力度，最大限度地发挥知识产权制度的作用，鼓励创新、保护创新，为高层次人才创新创业提供有效的法律保障。

加大知识产权法律法规的宣传力度，加大对知识产权执法和相关人员的培训力度，落实知识产权作为生产要素参与分配的政策，优先支持具有或能够获得自主知识产权的项目的立项、资助、成果申报。设立创业风险投资引导资金，力求重点扶持具有自主知识产权的创新创业项目。各级政府要建立健全知识产权保护快速反应机制，通过搭建平台进行前期引导，整合相关的专家资源提供智力支持，并设立相关的维权援助基金，对高层次海归人才，特别是掌握核心技术、有重大发明创造或重大技术创新的海归人才，要加强"尽职调查"，避免相关知识产权风险和法律风险，通过知识产权保护，调动高层次人才创新创业的积极性。

（五）努力营造良好的创新创业文化氛围

良好的创新创业文化氛围是一个区域创新创业环境的重要标志。努力营造"敢为人先、宽容失败、勤于实践、追求卓越"的创新创业文化，逐步形成"敢于创新的人受到尊重，善于创新的人得到实惠，创新失败的人得到宽容"的文化氛围。破除因循守旧、随遇而安的陈旧思想，培养敢为人先、敢冒风险的创新精神，进一步弘扬中华民族崇尚创新、鼓励创新的优良传统，努力形成自强不息、革故鼎新的全民共识。破除崇拜权威、迷信书本的传统思想，要允许和宽容创新失败，关心和爱护在探索中受挫的人才，支持他们在总结经验教训的基础上继续前进。要理解创新创业型人才的个性特点，鼓励他们不畏挫折失败，允许他们在学术上发表新见解新主张，最大限度地激发和保护高层次人才的创新创业激情和活力。

要加强荣辱观和道德观建设，倡导和培养淡泊名利、志存高远、坚忍不拔、坚持不懈、追求真理、顽强拼搏、"十年磨一剑"的精神。破除急功近利、急于求成的浮躁情绪和商业化炒作。破除故步自封、偏安一隅的落后思想，培养勤于交流、勇于开拓的开放意识。对创新创业人才进行开放式培养，鼓励高层次人才与国外同行进行科技合作与交流，加强科研院所、高等院校同国际科技界和海外研究开发机构进行多种形式的交流合作，积极参与国际重大科学工程和国际学术组织，充分利用全球科技资源和人类文明成果，及时汲取先进的创新创业理念和最新的科技知识，提升我国高层次人才创新创业水平。

能力训练

一、简答题

1. 简述创业机会的概念与特征。
2. 创业机会的来源是什么？
3. 发掘创业机会的方式有哪些？
4. 如何识别创业机会？
5. 创业机会的评估原则是什么？
6. 如何把握市场机会？
7. 什么是市场"蓝海"？
8. 开拓"蓝海"的方法有哪些？
9. 什么是创业环境？
10. 创业环境评价的原则有哪些？

二、案例分析题

一位杰出的科学家到银行借贷创业资金，但他说不清产品的市场在哪里，也未曾接触任何可能的潜在客户。这位科学家认为做市场调查并不必要，只要产品功能优异，顾客自然就会上门。结果，尽管他有高明的创意和高科技产品，银行还是没有贷款给他。

问题：这位杰出的科学家有高明的创意和高科技产品，银行为何没有贷款给他？

在生活中寻找创业创新的机会

大众创业、万众创新的时代，创业创新的机会在哪里？换句话说，去哪里寻找有市场、能创富、有大好发展前景的项目？

人之需万千，不能尽由己足，方有商。人们的生活需求就是商机。发达国家之"发达"，往往意味着市场的饱和，人们生活所需的一切产品和服务都被开发和经营，有人用"城市的每一寸草坪都被人工修剪过"来形容这种饱和。市场饱和了，于是就有创新，苹果公司就是用自己研发的新产品创造出新的市场需求，也创造了发展奇迹。

我国作为发展中国家，市场离饱和还差得远，人们生活中的不如意还很多，差距和不如意就蕴含着商机。假冒伪劣商品从城市"转战"农村，"山寨货"大行其道，表明低价商品仍大有市场，等待价廉物美的正品去占领；农户分散养殖是食品质量监管的难点，也是食品安全问题时有发生的重要原因，同时也意味着工厂化养殖业发展的美好前景；入托难、打车难、找保姆难、找对象难等生活中的难题，蕴含着城市生活服务业发展的巨大空间；当许多产品和服务让人"信不过"时，诚信经营本身就有极高的市场价值……中国经济要迈向中高端水平，需要以人们生活消费水平的升级为基础。对正品、品牌、方便、舒适、优良品质等的追求，正孕育着大众创业、万众创新的无限商机。

现实生活中已有大量这样的实例。外卖盒饭，本来平常，可近来的网络订餐，盯准了没精力买菜做饭的都市白领，对接名店、提前点餐、线上支付，让上班族到家就能吃上热热乎乎的饭菜，既赢得了利润，又改变了生活。打车软件以及依托这种软件出现的"专车"服务，其实也是开发新商机的实例，虽然还不成熟、待规范，但思路是对的。

有些领域，人们以前可能想也不敢去想，如今却可能成为创业的"新蓝海"。比如市场监管，本是政府的职责，但市场经营活动量大面广，监管任务极其繁重，仅靠政府部门很难监管到位，而制售假冒伪劣商品、偷排污染物等现象又是久治不愈的顽症，为什么不能发动群众、依靠社会力量、打一场监督治理的"人民战争"？政府购买服务已纳入转变政府职能的改革事项。鼓励社会力量组成网络化组织，针对制假售假、违规排污等开展监测、监督、举报，从政府购买服务中获得收益，这对政府而言是一种监管创新，对有志者来说则是开辟了一个就业创业的新领域。谁敢说这里不会成长起以守护公共安全为己任、做政府监管执法的好助手、公正无私、专司监测监督的"金字招牌"？

创业可以模仿和移植，从发达国家经验中学习是一条路子，人家有的我们这里还没有，拿来试试，例如打车软件；但更需要创新，就如乔布斯的名言："一个企业的目标就是去创造那些消费者需要但无法形容和表达的需求。"创新的本质不仅在于创造人们没见过、没用过的实物，更包括那些未听过、未曾想见的未来，以此刺激新的消费热点，创造新的生活方式。相对竞争惨烈、渐入夕阳的传统产业和已知市场，未知的新业态、新市场必将超越陈旧的产业边界，打破落后的游戏规则，绽放后发优势，实现后来居上。

（资料来源：《人民日报》）

第四章

创业者素质与创业团队

知识导航

创业者是指某个人发现某种信息、资源、机会或掌握某种技术，利用或借用相应的平台或载体，将其发现的信息、资源、机会或掌握的技术，以一定的方式，转化、创造成更多的财富、价值，并实现某种追求或目标的人。本章主要从什么人适合创业、创业者应具备的基本素质等方面来介绍创业者。创业能否成功，可以体现出创业者的基本素质。根据我国的创业环境及众多的成功案例，概括起来，创业者应具备以下几个方面的基本素质：政治素质、思想素质、知识素质、心理素质、身体素质和能力素质。

创业团队，就是由少数具有技能互补的创业者组成的团队，创业者为了实现共同的创业目标和一个能使他们彼此担负责任的程序，共同为达成高品质的结果而努力。任何一个成功伟大的企业，其背后一定有一个坚不可摧的优秀团队。同时，任何企业的成功和伟大都体现在团队的卓越和优秀之上。

学习目标

1. 了解什么人适合创业及创业者所具备的基本素质。
2. 了解什么是创业团队。
3. 熟悉创业团队组建的基本知识。

案例导入

一个乞丐在地铁出口卖铅笔。这时过来了一位富商，他向乞丐的破瓷碗里投入了几枚硬币便匆匆离去。过了一会儿，商人回来取铅笔，对乞丐说："对不起，我忘了拿铅笔，我们都是商人。"几年后，这位商人参加一次高级酒会，一位衣冠楚楚的先生向他敬酒致谢并告知说，他就是当初卖铅笔的乞丐。生活的改变，得益于富商的那句话：你我都是商人。

设想，如果乞丐一直没能遇到这样一位商人，自己一直未能觉醒，一直就甘心做一名乞丐，也许他的人生就少了一份成功。因此，自己要能给自己勇气：你认为自己只能做乞丐，当然你就只能做乞丐；你认为自己也可以成为富商，你就得往这个方向去努力，从而就具备了这种可能。

第一节　创业者素质分析

一、什么人适合创业

如果一个人具有不服输、有洞察力、能思考、能务实，他一定是一个成功的创业者。

（一）自信，善于挑战自我

一个人不会太安分，不安于现状，他一定想去做一些"破"的工作，在"破"当中去寻求"立"的机会，这样的人大多会去创业并且是以创新的方式创业。老福特就是这样的人，他不相信汽车只是跑车，为什么不能进入寻常百姓家？两次创业失败，仍然保持着自己的顽强创业毅力，终于获得了创业成功。

（二）快速作出正确的判断

这是一种超常的能力，就是洞察力。很多人将洞察力视为深刻地看待现象，即透过现象看本质的能力。其实，除此之外，还有两个含义：一是用小样本推断总体的能力，如同看到窗子上有水就能够作出"下雨了"的推断一样。如果是常规的现象推断并不足为奇，只要经验丰富即可，而对从没有见过的现象能够作出合理的推断，这样的能力就显得十分突出了。二是快速判断，这更加重要。一位企业家说，能够马上作出30%正确概率的判断价值，超过做到等了一天以后的50%正确概率的判断。也有的企业家讲，他的成功的原因是对具有30%可能性的事情就去做，其前提是能够作出正确的判断。如果一个人在很小的时候打牌就出牌迅速，他就具备了较高的创业素质。

（三）富于联想

如果一个人能够保持从小到大的联想能力，他就具备较高的创造力，而这种能力也是创业所需要的。"学习机"的发明是建立在人们对电脑的神秘感基础之上，发明者也知道人们买不起，他们就想出一个主意，让游戏机变成打字的模拟机，用电视机做显示屏，在游戏机上加上汉卡，加一个键盘，起了一个商品名——学习机，迎合家长不愿意让孩子打游戏，但又阻止不了他们打游戏的需求。创业者的富于联想主要是来自于思考，他们总是不满足现在的答案，而是不断地改进，这样人可能会是科学家，但如果他们愿意将自己做的东西变成商品，让别人也来分享，他一定会成为一个创业者。

（四）愿意做实际的事，有行动力

如果一个人从很小的时候就愿意行动，而不是看着别人做，或者等着别人做得差不多

他才做，而是能够主动行动，或者让别人去做，他具有创业者的行动力。有行动力的人被形容为风风火火，说干就干，一干就干劲十足，就一直坚持做下去。

案例精选

在日本有一个23岁的小伙子赤手空拳和同伴们一起来到东京闯天下。到了东京后他们惊讶地发现：人们在水龙头上接凉水喝都必须付钱。同伴们失望地感叹道："天哪！这个鬼地方连喝冷水都要钱，简直没办法待下去了。"言罢都纷纷返回故乡了。

这个小伙子也看到了这幕情景，但他却想：这地方连冷水都能够卖钱，一定是挣钱的好地方嘛！于是他留在东京，开始了创业生涯。后来，他成为日本著名的水泥大王，他的名字叫浅田一郎。

浅田一郎的成功给我们的启发是深刻的：面对同样的情况，他与常人的看法和做法却大相径庭。他用积极的心态看到了隐藏的商机并因此而逐渐走向成功。所以，积极地面对生活，勇敢地迎接生活的挑战，才是明智之举，才具王者之风。相反，那些思想消极、意志薄弱的人，就注定会一生平庸。

二、创业者具备的基本素质

（一）创业者应具备的政治素质

创业者们应该具有政治上的高瞻远瞩，旗帜鲜明身体力行地坚持把国家富强、民族振兴、人民幸福作为自己的毕生追求，自觉按党的路线、方针、政策办事，与各级政府建立密切和谐的关系，自觉地维护人民利益、国家利益，绝不做任何危害祖国和人民利益的事情。

青年兴则国家兴，青年强则国家强。青年一代创业者有理想、有本领、有担当，国家就有前途，民族就有希望。中华民族伟大复兴的中国梦是历史的、现实的，也是未来的，中国梦终将在一代代创业者的接力奋斗中变为现实。

> **名人名言**
>
> 毫无理想而又优柔寡断是一种可悲的心理。
>
> ——培根

（二）创业者应具备的身体素质

身体是完成任务的基础，拥有良好的身体素质，才能使人心胸宽广、拥有一往无前的魄力。如果想创业，就必须要有一个健康的身体。要在日常生活中注意锻炼身体，方式很多，以对身体锻炼有效的项目为主，其他项目为辅，要有坚定的意志和志向。人能攀多高，不要问双手，要问意志；人能走多远，不要问双脚，要问志向。有志攀山顶，无志站山脚。

古希腊思想家苏格拉底在教学中有过这样一件事发生。在开学的第一天,苏格拉底对他的学生们说:"今天我们只做一件事,每个人尽量把手臂往前甩,然后再往后甩。"说着,他做了一遍示范。"以今天开始,每天做 300 下,大家能做到吗?"学生都笑了,这么简单的事,谁做不到呢。可是一年以后,苏格拉底再问的时候,他的全部学生却只有一个人坚持了下来,后来这个人继他之后成为新一代思想家,这个人叫柏拉图。要锻炼好身体,关键在于要有坚强的意志和坚持不懈的毅力。

(三)创业者应具备强烈的创业意识

有了创业必备知识并不等于创业能成功,创业成功的因素很多,因素之一就是要有强烈的创业意识。俗话说,一切靠自己。这就要求创业者挖掘大脑的潜力,对创业产生强烈欲望,形成强烈的思维定式,营造创业的氛围,积极为创业创造条件。

时代在不断地发展进步,中国特色社会主义已经进入了新时代。新时代对每一位创业者又有着新的要求,这就需要他们具备顺应时代发展需要的创业意识。在瞬息万变的信息经济时代,现代创业意识对创业者们来说显得弥足珍贵。

(四)创业者应具备创业家精神

创业家精神,是指创业者要具备开创性的思想、观念、个性、意志、作风和品质,涵盖了哲学、心理学和行为学等三个层次,具体包括创新、自信、拼搏、进取、合作等精神,并具有超越历史的先进性和鲜明的时代特征,与时俱进,想前人之不敢想、做前人之不敢做。创新是创业首要必备的精神。自信心是一个人相信自己的能力的心理状态。自信心联系着一个人的成功与否,没有自信心是很难成功的。创业者要认真学习"潜能教育论述"和"成功教育论述",培养和坚固自己创业的自信心,最大限度地挖掘和发挥潜能,成就自我,享受人生。创业者还要有拼搏、进取、合作精神,要通过多种形式学习创业成功者的优秀品质,深刻领会他们在创业过程中经历的风险与成功经验。

(五)创业者应具备的知识素质

1. 基础知识

所谓基础知识,是指高中毕业生的知识水准,这是创业者最起码的知识基础,包括语文、外语、数学、物理、化学、生物、历史、地理等。

2. 人文社会知识

任何组织都是社会的细胞,在社会的大环境中生存和发展,与社会有着千丝万缕的联系。创业者应丰富自己的人文社会知识。特别是要丰富关于哲学、政治、文化、道德、法律和历史方面的知识,以确保作出正确的决策,并有效地加以实施。特别重要的是,一些大型项目的创业者,必须能够从政治上看问题,从哲学上进行思考,对他们的人文社会知识的修养理所当然地应该有更高的要求。

3. 科学技术知识

科学技术是第一生产力,科学技术日新月异,谁掌握了明日的技术,谁就在竞争中稳操胜券。创业者应力求在自己从事的业务领域中成为专家，又要有比专家有更广博的知识面。

4. 管理知识

管理是科学，也是艺术。现代管理理论是一切领导者的必学科目，也是成功者的护身法宝。创业者在实践中创造性地应用管理知识，就会形成独具特色的领导艺术。

（六）创业者应具备的能力素质

"不在其位不谋其政"，但不是每一个人都能身兼百职，具备做实践的能力，只有不断地加强能力修养，不断地去实践加强，提升能力素质。以下就是基本的能力素质应该具备的：

1. 专业技术能力

专业技术能力是创业者掌握和运用专业知识进行专业生产的能力。专业技术能力的形成有多条途径：一是在学校里以书本上学到的论述知识；二是请创业成功者做专题报告；三是利用项目教学法实施专业技术培训；四是利用现代信息技术收集有关创业专业技术的知识。平时注意积累，分类做好记录，如创业计划书的撰写、融资知识、如何选定行业、如何确定产品等等。

2. 社会交往能力

社会交往能力是创业者能够妥善地处理与公众之间的联系，以及能够协调下属各部门成员之间联系的能力。每个人的交往能力是不同的，但只要在职业实践中刻苦努力，交往能力不但可以获得进展和提高，还有可能挖掘出潜能。交往能力是通过参加各项活动、游戏、联欢会、演讲比赛等形式逐步培养的。与同事和谐相处，互帮互助，善于团结一切可以团结的人，都会使自己的交往能力逐步提高。

3. 决策能力

决策能力是创业者根据主客观条件，正确地确定创业的进展方向、目标、战略，以及具体选择实施案例的能力。决策是一个人综合能力的体现，一个创业者首先要成为决策者。创业者要考察众多的行业及产品，对创业的行业及产品进行浅析、判断，去粗取精，去伪存真，由此及彼，由表及里，能在错综复杂的现象中发现事物的本质。这就要求创业者具有良好的浅析能力，还要有判断能力。判断是浅析的目的，良好的决策能力是良好的浅析能力和果断的判断能力的综合。通过浅析判断，提出目前最有进展前景和将来大有进展潜力的行业，决定创业的行业和产品。

4. 经营管理能力

经营管理能力涉及创业者对人力资源的选择、使用、组合和优化，也涉及资金聚集、核算、分配、使用、流动。经营管理能力是一种较高层次的综合能力，是运筹性能力。经营管理能力的形成要以学会经营、学会管理、学会用人、学会理财几个方面去努力。

5. 革新能力

革新能力是创业者运用发明成果开展变革活动的能力，这个变革活动是指包括以产生新思想到产生新事物，再到将新事物推向社会使社会受益的系列变革活动。革新是一个民族进步的灵魂，是一个国家兴旺发达的不竭动力，也是一个政党永葆生机的源泉。革新是一种企业行为，也是一种个人行为。对创业者来讲，革新能力的培养和提高，首先要突破习惯，即自己要拿出勇气，突破原有的思维习惯、行为习惯和消极的文化氛围的束缚，坚持以新的思维、积极的行为来对待生活。其次要进行社会实践锻炼，要具体剖析企业内部的组织、技术、产品和经济等因素的构成及效能，在努力实施解决理由的案例与措施的过程中提高革新能力。

知识点滴

创业者性格评估

下面是对创业者性格的自我评估，请如实回答下列问题：

1. 你是否为了某个理想而设计了两年以上的行动计划，并且准备按计划进行直到完成？

2. 在学习、工作中，如果没有别人的督促，你就可以自动地完成分派的工作？

3. 你是否喜欢独自完成自己的工作，并且做得让自己满意？

4. 你的朋友们是否常请求你的指引和征求你的建议？

5. 你有没有成功赚外快的经历？

6. 你是否能够专注地投入个人感兴趣的事情连续 10 小时以上？

7. 你是否有习惯保存重要资料，以备需要时可以随时提取查阅？

8. 在平时生活中，你是否关心别人的需要并热衷于服务大家？

9. 即便不十分擅长，你也喜欢艺术、体育等一些丰富的活动吗？

10. 你是否曾经带动集体，完成一些集体活动并得到好评？

12. 你喜欢参与竞赛，并且看到自己表现良好吗？

13. 当你为别人工作时，发现其管理方式不当，是否会想出适当的管理方式并建议改进？

14. 当你的工作需要别人协助时，是否总能说服别人来帮助你？

15. 当储蓄到一定数额时，你是否能想出好的理财计划，而不是让钱沉睡在银行里？

16. 当你要完成一项重要的工作时，是否总给自己足够时间仔细完成，决不草率？

17. 重要聚会是否从不迟到？你是否能充分运用时间？

18. 你是否有能力安排工作环境，达到有效率地专心工作？

19. 你交往的朋友中是否有较多有成就、有智慧、有眼光、有远见的人物？

20. 你在平常的生活中，是否被认为是受欢迎的人？

21. 当你需要经济支援，是否能说服别人掏钱给你？在募款时，是不是充满自信而不害羞？

22. 你是否可以为了赚钱而牺牲个人娱乐？

23. 你对自己要完成的工作有足够的责任感吗？

24. 你在工作时，是否有足够的耐心与耐力？

25. 你是否能在很短的时间内结交许多新朋友，而且能使新朋友对你留下深刻的印象？

以上问题答"是"得 1 分，答"否"则不计分，请统计你所得的分数。

A 型，打工型。得分在 0-5 分：你目前暂时还不太适合自己创业，可先以员工的身份培养工作的技术能力与专业能力。

B 型，提升型。得分在 6-10 分：有一些基本的创业素质，创业失败的可能性较大，如果迫切希望创业，则要寻求一些有经验的人士指导，以减少创业的风险，增加成功的可能。

C 型，补充型。得分在 11-15 分：比较适合自己创业，但需要分析所回答"否"的问题，需要补充所欠缺的一些创业素质。

D 型，积累型。得分在 16-20 分：个性中的特质已经完全具备了创业的基本要求，需要选择合适的方向，积累管理的经验，建议从小事业慢慢开始，不一定以现在做的事情作为未来的事业。

E 型，行动型。得分在 21-25 分：不去创业十分遗憾，如果你不去创业一定会对上级产生威胁，甚至如果上级压制，你可能会成为一个组织的麻烦。需要利用这种潜能，发现机会，一旦机会到来，就会有一番大的作为。

案例精选

1924 年，一个新生命诞生在美国犹他州，仿佛是天性使然，他从小就厌倦学校和教会带给自己的束缚，拒不接受传统思想。到了 14 岁，他忽然想去工作，可年龄又不够，于是他伪造洗礼证书，宣称自己满 16 岁，混进了一家罐头厂干起了倒污水的工作，又先后做过乳牛场伙计、搬运工、屠宰厂工人、农场农药喷洒工……

身边的亲人都说他太叛逆，将来很难成才，对他不抱什么希望。他 27 岁时，一家消费金融公司给了他一个正当工作的机会。可是他依然不安分，在他的影响下，几个平均年龄只有 20 岁的年轻人跟随他甩开膀子干，他们的努力产生了很好的效果，公司的业绩奇迹般高速增长，但公司思想保守的领导层最终还是容不下他。不到一年，他就被逐出了公司。后来他流浪到了西雅图，偶然的机会进入一家金融集团干起了主持筹办消费者借贷业务的行当，日久天长，他不守规矩的本性又渐渐显露出来。在那个保守风气盛行的年代，他破除陈规，改革创新组织与管理的努力再一次流产了。

36 岁那年，已是 3 个孩子父亲的他生活十分窘迫，走投无路的他不得已敲开了美国国家商业银行的门，当了一名实习生，所干的工作与勤杂工差不多，近 40 岁了经常被各部门调来调去，任人差遣和使唤。

这样底层的生活，他熬了很多年，生性叛逆的个性让他吃尽了苦头，受尽了磨难，却没干成过任何一桩他想干的事。可是，倔强的他不断告诫自己，这一辈子一定要找到一次出彩的机会。

1967 年，他已经 43 岁了，在许多人对人生已不再抱希望的年龄，他赢得了生命中的一次转机。美国国家商业银行开发信用卡业务，他争取到了一个协助工作的角色，并以超越了非传统的想法获得了银行高层的支持。带着多年来一直对创新组织与管理的向往与实践，经过近两年的积极探索，他终于成功了。在当时没有互联网的条件下，他发展出一套"价值交换"的全球系统，并借此创建了一个组织"VISA（维萨）国际"，以至于在以后的 22 年里，成为奥林匹克运动会的铁杆赞助商。后来，维萨成了全球最大商业公司，世界超过 1/6 的人口成为它的客户。他自然而然地被推上了维萨信用卡网络公司创始人的位置，后来又成为"混序联盟"的创始人及 CEO。

他就是入选企业名人堂，并被美国颇具影响力的《金钱》杂志评为"最能改变人们生活方式的八大人物"之一，他的名字叫——迪伊·霍克。

分析：迪伊·霍克，这位几十年抱着信念挣扎在人生底层的超常思维大师，耗尽他大半生的时光，终于为他平凡的生命划出了一道世上最绚丽的弧。他独特的创业管理理念——"问题永远不在于如何使头脑里产生崭新的、创造性的思想，而在于淘汰旧观念"，激励着一批批青年走向成功。

第二节　创业团队的组建

一、没有人是一座孤岛

每个人都生活在一定的社会关系中，没有人是一座孤岛。在创业的过程中，更是如此，人才是相当重要的，由各种人才组成的创业团队决定着创业的失败或胜利。

在一个企业中，任何一个员工的作用无非是某台机器或这机器中的某个零部件，而团队则是这些机器或零部件的组合，一台机器通常是做不出产品的，单独的一个零部件更发挥不了作用，只有组合才能使各个组成部分的作用得到充分的发挥。

团队更科学的意义在于：1+1>2。同样一个组织，如果各自为阵，往往受到各种条件和因素的限制，因为人不可能都是全能的，在实际的工作中，一方面是人力资源的浪费，另一方面是某些力量的紧缺。而一个有机的组合，正是实现人力资源的充分利用和各种优势的互补，结果所发挥的作用较之前肯定有绝对幅度的提高。哲学中的量变和质变的矛盾原理反映的正是这方面的问题。

团队的意义还反映在企业人才组合的凝聚力上，强调团队的本身不只是人力资源的组合，而是一种意识的统一、激情的融合、理想的碰撞。员工与员工之间、员工与企业之间因为一个共同的信仰捆绑在一个共同的潜意识中："一荣俱荣，一损俱损"，"与企业同呼吸、共命运"。任何一个成功伟大的企业，其背后一定有一个坚不可摧的优秀团队，而且，任何企业的成功和伟大都体现在团队的卓越和优秀之上。

> **名人名言**
> 领导不是某个人坐在马上指挥他的部队，而是通过别人的成功来获得自己的成功。
>
> ——杰克·韦尔奇

团队的意义还体现在企业的创新意识和创新能力上，创新决定企业的生命力，而人才和意识决定企业的创新能力和水平，一个优秀的团队组合正是企业创新所必须的条件和动力，因为，创新不只是一个点子或某个妙招，还是一种持续的创造和努力。面对企业无常的变数，只有广大的人才进行有机、科学和不懈的磨合才能成就更具高度的智慧，进而创造一个又一个足以克服任何困难的奇迹。

二、如何组建一支优秀的创业团队

创业者能否走得更远，取决于创业者和创业团队的基本素质。企业的成长是人才成长的一个集中体现。企业的成功也是人才的成功。搭建一支优秀的创业团队对任何创业者而言，都是一项至关重要的工作，它决定着创业的成败。那么，怎样才能组建一支优秀的创业团队呢？

（一）扬长避短，恰当使用

世上的人虽然是各种各样，但是，以创业者用人的眼光去看，大致可分为三类：一是可以信任而不可大用者，这是那些忠厚老实但本事不大的人；二是可用而不可信者，这是那些有些本事但私心过重，为了个人利益而钻营弄巧、甚至不惜出卖良心的人；三是可信而又可用的人。作为创业者，都想找到第三种人。但是这种人不易识别，往往与用人者擦肩而过。为了企业的发展，创业者各种人物都要用。只要在充分识别的基础上恰当使用，扬长避短，合理配置，就能最大限度地发挥人才的作用。

人有所长，必有所短。创业伙伴之间的优势最好呈互补关系。选择的时候要看清其长，以后也要学会包容其短。所谓取长补短，就是取别人的长，补自己的短。此为团队的真正价值，长城不是一人筑成；想做出点成绩，就得有做事情的开放心态。当你是内向型性格，不善于交际，只适合从事技术工作时，那你就最好找富有公关能力、会沟通、能处理复杂问题的搭档；当你是急性子，脾气比较暴躁且又自认为很难改正时，最好找慢性子、脾气温和的搭档——因为合作中的摩擦是在所难免的，一急一缓可以相得益彰。

（二）既要讲独立，也要讲合作

创业者在创业过程中既要讲独立，也要讲合作。适当的合作（包括合资）可以弥补双方的缺陷，使弱小企业在市场中迅速站稳脚跟。春秋时代战国七雄尚讲合纵连横，创业者更需要从创业整体规划出发，明确哪些方面的技能和资源是自己所欠缺的，再以此来寻找相关具备此类技能和资源的合作人，大家的资源和技能实现整合，共同发展。

团队是公司的魂是公司最终成功的重要的保证。一个好的合伙人可以帮助企业腾飞；同样，一个不合格的合伙人，给企业带来的只能是灾难。所以，对于创业者而言，选择合作伙伴，意味着将企业未来几年的命脉与人共享。那么在共享权力之前，就必须认真地考察合作伙伴。

对创业者而言，可能在创业初期会面临各种各样的困难，会造成见到光头就以为是和尚、捞到根稻草就以为能救命的情况。这时候就需要鉴别能力，冷静地分析可能的合作伙伴，谁更有利于企业的发展。

> **名人名言**
>
> 为了达到伟大的目标和团结，为此所必需的千百万大军应当时刻牢记主要的东西，不因那些无谓的吹毛求疵而迷失方向。
>
> ——恩格斯

（三）志同道合，目标明确

找创业搭档就跟找对象一样重要，对方是你事业上的另一半，在共同的创业过程中是否会与你同舟共济、福难同当是至关重要的。比如"拳头"，一个拳头由 5 个手指组成，如果 5 个指头握紧地打出去，可以打死一个人。但分散开来，用每个手指去戳人，也许连皮都戳不破。

团队的成员应该是一群认可团队价值观的人。团队的目标应该是每个加入到团队里的成员所应认可的。否则的话，就没有必要加入。在明确了一个团队的目标时，作为团队的负责人，应该以这个共同的目标为出发点，来召集团队的成员。团队是不能以人数来衡量的。如果你有一群人，但没有共同的理想和目标，那这就不是一个团队，而是一群乌合之众。这样的团队是打不了仗的。所以，你和你的伙伴应是志同道合的，有共同的或相似的价值追求和人生观。

（四）知己知彼，百战不殆

绝大多数创业团队的核心成员都很少，一般是三四个人，多的也不过十来人。如此少的团队成员从企业管理角度来看，实在是"小儿科"。因为人数太少，几乎每个从事管理工作的人都觉得能够轻易驾驭。但实际上，这个创业团队成员虽少，但是都有自己的想法，有自己的观点，更有一股藏于内心的不服管的信念。因此，我们对创业团队中的每个成员都不能报以轻视的态度。

优秀的创业团队的所有成员都应该相互非常熟悉，知根知底。《孙子兵法》中云："知己知彼，百战不殆。"在创业团队中，团队成员都非常清醒地认识到自身的优劣势，同时对其他成员的长处和短处也一清二楚，这样可以很好地避免团队成员之间因为相互不熟悉而造成的各种矛盾、纠纷，迅速提高团队的向心力和凝聚力。

现在，国内许多大学生选择创业，他们选择的合作伙伴也多是同学、朋友、校友，但是还是很快就失败了。为什么呢？因为他们选择的合作伙伴虽然都是他的"熟人"，但是他的那些"熟人"之间是缺乏交流、沟通的。说到底，还是团队成员是相互陌生的。甚至在许多校园 BBS 上，一些同学有一项新发明，或者是好创意，立即广发"英雄贴"，虽然都是同龄人，但是毕竟没有共同经历过"血与火"的考验，这样的团队成员之间是缺乏凝聚力的。

所以，优秀的创业团队首先要确保自己的团队内所有核心成员都是相互熟悉的人。

知识点滴

创业团队组建的主要影响因素

创业团队的组建受多种因素的影响，这些因素相互作用共同影响着创业团队的组建过程，并进一步影响着团队建成后的运行效率。

1. 创业者

创业者的能力和思想意识从根本上决定了是否要组建创业团队、团队组建的时间表，以及由哪些人组成团队。创业者只有在意识到组建团队可以弥补自身能力与创业目标之间存在的差距时，才有可能考虑是否需要组建创业团队，以及对什么时候需要引进什么样的人员才能和自己形成互补作出准确判断。

2. 商机

不同类型的商机需要的创业团队的类型不同。创业者应根据创业者与商机之间的匹配程度，决定是否要组建团队，何时、如何组建团队。

3. 团队目标与价值观

共同的价值观、统一的目标是组建创业团队的前提，团队成员若不认可团队目标，就不可能全心全意为此目标的实现而与其他团队成员相互合作、共同奋斗。而不同的价值观将直接导致团队成员在创业过程中脱离团队，进而削弱创业团队作用的发挥。没有一致的目标和共同的价值观，创业团队即使组建起来，也无法有效发挥协同作用。

4. 团队成员

团队成员能力的总和决定了创业团队整体能力和发展潜力。创业团队成员的才能互补是组建创业团队的必要条件。而团队成员间的互信是形成团队的基础。互信的缺乏，将直接导致团队成员间协作障碍的出现。

5. 外部环境

创业团队的生存和发展直接受到了制度性环境、基础设施服务、经济环境、社会环境、市场环境、资源环境等多种外部要素的影响。这些外部环境要素从宏观上间接地影响着对创业团队组建类型的需求。

（五）相互补充，相得益彰

创业团队虽小，但是"五脏俱全"。创业团队成员不能是清一色的技术流成员，也不能全部是搞终端销售的，优秀的创业团队成员各有各的长处，大家结合在一起，正好是相互补充，相得益彰。

相对来说，一个优秀的创业团队必须包括这样几种人：一个创新意识非常强的人，这个人可以决定公司未来发展方向，相当于公司战略决策者；一个策划能力极其强的人，这个人能够全面周到地分析整个公司面临的机遇与风险，考虑成本、投资、收益的来源及预期收益，甚至还包括公司管理规范章程、长远规划设计等工作；一个执行能力较强的成员，这个人具体负责下面的执行过程，包括联系客户、接触终端消费者、拓展市场等。此外，如果是一个技术类的创业公司，那么还应该有一个研究高手（甚至是研究领导者型人物），当然，这个创业团队还需要有人掌握必要的财务、法律、审计等方面的专业知识。唯有这样，团队成员才能算是比较合格的。

需要补充的是，在一个创业团队中，不能出现两个核心成员位置重复的可能性，也就是说，不能有两个人的主要能力完全一样，比如，两个都是出点子的人，两个都是做市场的，等等，出现这种情况是绝对不允许的。因为只要优势重复，职位重复，那么今后必然少不了有各种矛盾出现，最终甚至导致整个创业团队散伙。这样的例子举不胜举。

（六）心胸博大，宽厚待人，善于合作

选择好合伙人以后，就需要与合作者或合伙人能够很好地相处，这样才能够合作得长久。

创业者应该有博大的心胸，能宽厚待人，懂得如何把握"合作"，懂得什么是"合作"分寸的度，这样我们才能更多地体会"合作"带给我们的快乐、喜悦和丰收的硕果。

（七）摆正位置坦诚相待，互相尊重对方

作为合伙人，在平时的交往与合作中要坦诚，互相尊重对方，摆正自己的位置。遇到问题和矛盾时应该向前看，向前看利益是一致的，因为成功会给大家带来更丰厚的收获；盯住眼前的事情不放，只能是越盯矛盾越多，越盯矛盾越复杂，最后裹步不前；只有向前看，成功的希望激励着合作的各方摒弃前嫌，勇往直前，抵达成功的彼岸。

世界上没有完美的个人，只有完美的团队。作为一个企业的老板，与其跟马赛跑，不如找一匹马骑在马上。团队成员就是所谓的"人才马"。老板只有组建最合适的创业团队，才能"马到成功。"

案例精选

从前，有两个饥饿的人得到了一位长者的恩赐：一根鱼竿和一篓鲜活硕大的鱼。其中，一个人要了一篓鱼，另一个人要了一根鱼竿，于是他们分道扬镳了。得到鱼的人原地就用干柴搭起篝火煮起了鱼，他狼吞虎咽，还没有品出鲜鱼的肉香，转瞬间，连鱼带汤就被他吃了个精光。过不几日，他便饿死在空空的鱼篓旁。另一个人则提着鱼竿继续忍饥挨饿，一步步艰难地向海边走去，可当他已经看到不远处那片蔚蓝色的海洋时，他浑身的最后一点力气也使完了，他也只能眼巴巴地带着无尽的遗憾撒手人间。

又有两个饥饿的人，他们同样得到了长者恩赐的一根鱼竿和一篓鱼。只是他们并没有各奔东西，而是商定共同去找寻大海，他俩每次只煮一条鱼，他们经过遥远的跋涉，来到了海边。从此，两人开始了捕鱼为生的日子。几年后，他们盖起了房子，有

了各自的家庭、子女，有了自己建造的渔船，过上了幸福安康的生活。

一个人只顾眼前的利益，得到的终将是短暂的欢愉；一个人目标高远，但也要面对现实的生活。只有把理想和现实有机结合起来，才有可能成为一个成功之人。有时候，一个简单的道理，却足以给人意味深长的生命启示。

三、创业团队构建的风险分析

（一）创业团队构建的风险成因

1. 盲目照搬成功的组建模式

创业团队的组建基本可以分成三种模式：关系驱动、要素驱动和价值驱动。

（1）关系驱动。关系驱动是指以创业领导者为核心的人际关系圈内成员构成团队。他们因为经验、友谊和共同兴趣结成合作伙伴，彼此发现商业机会后共同创业。

（2）要素驱动。要素驱动是指创业团队成员分别贡献创业所需的创意、资源和操作技能等要素。由于这些要素完全互补，团队成员之间处于相对平等的地位。

（3）价值驱动。价值驱动是指创业成员将创业视为一种实现自我价值的手段，他们的使命感很强，成功的冲动也很强。

不同的组建模式适用的条件不尽相同。如果盲目照搬套用某种组建模式，会给企业带来巨大的风险。现在应用最广泛的是关系驱动模式，它比较适合中国文化的特点，其团队的稳定性相对较高。但是，关系的远近亲疏经常会成为制约团队发展的瓶颈。要素驱动模式比较符合西方文化的特点，现在的互联网创业团队大多属于这种模式，如果成员之间磨合顺利，可以缩短企业成功所需的时间；但是如果磨合不顺利，就很容易发生解体风险。价值驱动模式中的团队成员虽然是为了追求自我实现组合在一起，但是一旦产生分歧，就是路线斗争，没有妥协的余地。

2. 团队成员选择具有随意性和偶然性

创业团队是要将个体的力量整合为集体的攻击力，并保持这种攻击力的持久性。但是，在团队组建初期由于规模和人数的限制，创业团队在成员选择方面考虑不够全面，过于随意和偶然，甚至只是因为碰巧谈到创业问题而一拍即合，之后又没有进行及时的补充；或是在团队中承担某种角色的人才过多，团队成员之间角色和优势重复，这些都会引发各种矛盾，最终导致整个创业团队的散伙。

3. 缺乏明确和一致的团队目标

心理学家马斯洛指出：杰出团队的显著特征是具有共同的愿望与目标。凝聚人心的愿景与经营理念，是团队合作的基础。目标则是共同愿望在客观环境中的具体化，能够为团队成员指明方向，是团队运行的核心动力。

事实上，在创业初期，创业团队的目标一般并不十分清晰和明确，可能只是一个朦胧的发展方向，有些人甚至不明白自己为什么会走上创业的道路。而且即使创业领导者的目标明确，也不能保证其他成员都能够准确理解团队目标的含义。随着创业进程的推进和外界环境的变化，团队成员可能会发现原先确定的目标和现实之间存在差距，此时必须对目标进行适当调整。如果团队成员之间意见难以调和，或是个人目标与组织目标出现较大的分歧，那么团队就会面临着解散的风险。

4. 激励机制尤其是利润分配方式不完善

有效激励是企业长期保持团队士气的关键。如果缺乏有效的激励，团队或者组织的生命都难以长久，有效激励的重点是给予团队成员合理的"利益补偿"。根据一项"创业管理调查"得知，影响中国现阶段创业团队散伙的前两个主要原因是团队矛盾和利益分配。团队矛盾的背后或多或少存在利益的影响，因此可以看出，利益分配对于创业团队的持续长期发展有着重要的影响。

实际上，在团队组建初期，由于企业前途未卜，各成员在创业企业中的作用和贡献无法准确衡量。因此，团队无法给出一个明确的利润分配方案，可能只是简单地采取平均主义的做法。这样，随着企业的发展和利润的增加，团队成员在利润分配时就会出现争议，从而导致创业团队解散。

案例精选

一天晚上，盛田昭夫按照惯例走进职工餐厅与员工一起就餐、聊天。他多年来一直保持着这个习惯，以培养员工的合作意识和与他们的良好关系。这天，盛田昭夫忽然发现一位年轻员工郁郁寡欢，满腹心事，闷头吃饭，谁也不理。于是，盛田昭夫就主动坐在这名员工对面，与他攀谈。几杯酒下肚之后，这个员工终于开口："我毕业于东京大学，有一份待遇十分优厚的工作。但是，我在进入索尼公司之前，对索尼公司崇拜得发狂。当时，我认为我进入索尼公司，是我一生的最佳选择。但是，现在才发现，我不是在为索尼工作，而是为课长干活。坦率地说，我这位课长是个无能之辈，更可悲的是，我所有的行动与建议都得课长批准。我自己的一些小发明与改进，课长不仅不支持、不解释，还挖苦我癞蛤蟆想吃天鹅肉，有野心。对我来说，这名课长就是索尼。我十分泄气，心灰意懒。这就是索尼？这就是我的索尼？我居然放弃了那份优厚的工作来到这种地方！"这番话令盛田昭夫十分震惊，他想，类似的问题在公司内部员工中恐怕不少，管理者应该关心他们的苦恼，了解他们的处境，不能堵塞他们的上进之路，于是产生了改革人事管理制度的想法。

之后，索尼公司开始每周出版一次内部小报，刊登公司各部门的"求人广告"，员工可以自由而秘密地前去应聘，他们的上司无权阻止。另外，索尼原则上每隔两年就让员工调换一次工作，特别是对于那些精力旺盛、干劲十足的人，不是让他们被动地等待工作，而是主动地给他们施展才能的机会。在索尼公司实行内部招聘制度以后，有能力的人大多能找到自己较中意的岗位，而且人力资源部可以发现那些"流出"人才的上司所存在的问题。

一个企业的成功离不开一个高效团结的团队，索尼公司的成功也得益于团队建设的成功：重视每一个人的作用，通过每一个人的努力实现他的利益最大化。

（二）创业团队的风险控制

1. 选择合理的团队成员

建立优势互补的创业团队是保持创业团队稳定性的关键，也是规避和降低团队组建模式风险的有效手段。在团队创建初期，人数不宜过多，能满足基本的需求即可。在成员选择上，要综合考虑成员在能力和技术上的互补性，基本保证具备理想团队所需各种角色。而且，成员的能力和技术应该处于同一等级，不宜差异过大。如果团队成员在对项目的理解能力、表达能力、执行能力、社会资源能力、思维创新能力等方面存在较大的差异性，就会产生严重的沟通和执行障碍。

此外，在选择成员时还要考虑创业激情的影响。在企业初创期，所有成员每天都需要超负荷工作，如果缺乏创业激情和对事业的信心，不管其专业水平多高，都可能成为团队中的消极因素，对其他成员产生一些负面影响。

2. 确定清晰的创业目标

创业团队在实践中要不断总结和吸取教训，形成一致的创业思路。勾画出共同的目标，以此作为团队努力的目标和方向。鼓励团队成员积极掌握工作内容和职责，竭诚与他人合作得以贡献个人能力。

创业团队的目标必须清晰明确，能够集中体现出团队成员的利益，与团队成员的价值趋向一致，并保证所有团队成员都能正确理解，这样才能发挥鼓励和激励团队成员的作用。此外，创业团队的目标还必须切实可行，既不能太高，也不太低，而且能够随着环境和组织的变化及时更新和调整。

> **名人名言**
>
> 他之所以为自己所领导的微软而感到自豪，是因为在这个团体中聚集了一大批与他一样热爱微软事业的人。
>
> ——比尔·盖茨

3. 制定有效的激励机制

正确判断团队成员的"利益需求"是有效激励的前提。实际上，不同类型的人员对于利益的需求并不完全一样，有些成员将物质追求放在第一位，而有些成员则是希望能够获得荣誉、发展机会、能力提高等其他利益。因此，创业团队的领导者必须加强与团队成员的交流，针对各成员的情况采取合理的激励措施。

创业团队的利润分配体系必须体现出个人贡献价值的差异，而且要以团队成员在整个创业过程中的表现为依据，而不仅是某一阶段的业绩。其具体分配方式要具有灵活性，既包括诸如股权、工资、奖金等物质利益，也包括个人成长机会和相关技能培训等内容，并且能够根据团队成员的期望进行适时调整。

能力训练

一、简答题

1. 良好的身体素质与创业有什么关联?
2. 创业者应具备的思想素质有哪些?
3. 创业者应具备的心理素质有哪些?
4. 创业团队的意义有哪些?
5. 如何建立一支优秀的创业团队?
6. 创业团队组建的基本模式有哪几种?
7. 如何进行创业团队风险控制?

二、案例分析题

案例一

某校机械专业毕业的小王。毕业后盲目创业,学着别人倒菜、倒水果、倒服装,几经波折,没有一件事干成功。正当小王垂头丧气时,恰好社区组织个体经营者进行自我创业资源分析。经过分析,小王发现自己最大的长处还是所学的专业。在这之后,小王开了一家汽车修理店,他感到一下子有了广阔的空间。

案例思考:小王的创业之路为何会几经波折?

案例二

蒋大奎和陆谟经过三年苦读,获得了ＭＢＡ学位。他俩想自己出去闯天下,自立门户。二人分析了自己的长处与不足,又作过初步市场调研后,决定涉足中、短途公路物资运输。经过筹备,办起了"神驼物资运输有限责任公司"。董事会决定,先小规模试探,买下三台旧卡车,择吉日开张。

刚开始,二人既兴奋又不安,但他们学的是ＭＢＡ,对管理理论是熟悉的,知道应该先务虚,再务实,即先制订公司文化与战略这些"软件",再搞运营、销售、公关等这些"硬件"。

他们观察本地公路运输服务业,觉得彼此差异不大,没有特色,这正犯兵家之大忌。"神驼"必须创造自己独有的特色!经仔细推敲,决定"神驼"就是要在服务方面出类拔萃。但要做到这一点,需要适当的人来保证。两人觉得在创业阶段,公司结构与人员都必须贯彻"少而精"的原则。为此,组织结构只设两层,他俩都不要助理和秘书,直接一抓到底。分配上基本是平均的,工资也属行业中等,但奖金与企业效益直接挂钩,部分奖金不发现金,改取优惠价折算的本企业股票。基层的职工只分内勤、外勤。外勤即司机和押送员。内勤则是分管职能工作的职员,他们的岗位职责并不太明确,而是编成自治小组,高度自主。有活一起干,有福一同享,分工含混可多学技能知识,锻炼成多面手。为此,他们在选聘职工时十分仔细,并轮流向他们介绍公司的宗旨和目标。

前半年确实很辛苦，但是得大于失。这种团结一致、拼命向前的气势和决心，确实使"神驼"服务质量在用户中首屈一指。一开始是派人上门招引用户，半年下来，反是用户来登门恳请提供服务，用户们还辗转相告，层层推荐。"神驼"的业务滚雪球似地增长，两人已有些应接不暇了。

案例思考： 案例中的两人是如何进行团队合作的？

拓展阅读

黑熊和棕熊喜食蜂蜜，都以养蜂为生。它们各有一个蜂箱，养着同样多的蜜蜂。有一天它们决定比赛看谁的蜜蜂产的蜜多。

黑熊想，蜜的产量取决于蜜蜂每天对花的"访问量"。于是它买来了一套昂贵的测量蜜蜂访问量的绩效管理系统。同时，黑熊还设立了奖项，奖励访问量最高的蜜蜂。但它从不告诉蜜蜂们它是在与棕熊比赛，它只是让它的蜜蜂比赛访问量。

棕熊与黑熊想得不一样。它认为蜜蜂能产多少蜜，关键在于它们每天采回多少花蜜——花蜜越多，酿的蜂蜜也越多。于是它直截了当地告诉众蜜蜂：它在和黑熊比赛看谁产的蜜多。它花了不多的钱买了一套绩效管理系统，也设立了一套奖励制度，重奖当月采花蜜最多的蜜蜂。如果一个月的蜜蜂总产量高于上个月，那么所有蜜蜂都受到不同程度的奖励。

一年过去了，两只熊比赛的结果是：黑熊的蜂蜜不及棕熊的一半。

同样是采用了激励手段，两个团队也同样都尽力去做，但结果却差别很大。我们的日常工作中，是不是也会遇到同样的问题呢？比如由于你对团队采用了不同的绩效考核手段和激励机制，收到的效果也完全不同。

黑熊花高价钱购买一套评估体系很对，但它的评估绩效没有与最终的绩效直接挂钩。黑熊的蜜蜂为尽可能多地提高访问量，却不采太多的花蜜。因为，黑熊只强调"访问量"而不是采集量；所以，黑熊的蜜蜂采用的是蜻蜓点水式的采蜜，而实际工作成效并不大。

另外，由于奖励范围太小，蜜蜂们为搜集更多的信息，相互之间变成了竞争对手，相互封锁信息。因为相互之间竞争压力太大，一只蜜蜂在获得了很有价值的信息时，它不会告诉同伴，因此导致团队意识缺乏。

而棕熊就不一样，虽然它只是花了不多的价钱购买一套评估系统，但它能有效地带领团队，充分调动团队的积极性。首先，它的团队明白竞争对手是谁，这次比赛的方法，并被告之若一个月的花蜜产量高于前一个月，那么所有的蜜蜂都可以获得不同程度的一份奖励。这样，棕熊的团队在奖励范围上比较广，而为了采集到更多的花蜜，蜜蜂之间会进行分工，嗅觉灵敏、飞得特别快的蜜蜂负责打探哪儿的花最好最多，然后回来告诉力气大的蜜蜂一齐到那儿去采蜜，剩下的负责将采集到的花蜜储藏，并将其酿成蜂蜜。虽然，采集花蜜多的可以获得更多的奖励，但其他蜜蜂同样可以捞到好处，因此蜜蜂之间远没有到人人自危、相互拆台的地步，而是个有着明确分工、相互协作的团队。

黑熊的蜜蜂由于都想领到奖励，于是将个人发现的信息进行封锁，是个典型的个人作战。而棕熊的蜜蜂由于棕熊能事前作统一部署，安排飞得快的蜜蜂寻找花源，将力气大的蜜蜂安排去采集，部分留守在家制作蜂蜜，这就是一个典型的团队作战。它们都有一个明确的目标，成员间相互信赖、支持，每个人都能积极参与，不计较太多的个人利益，相互团结，整体运作。

第五章
创业计划书

创业计划书是创业者在初创企业成立之前就某一项具有市场前景的新产品或服务,向潜在投资者、风险投资公司、合作伙伴等游说以取得合作支持或风险投资的可行性商业报告,用来描述创办一个新企业时所有的内部和外部要素。一份详尽的创业计划书,就好像一份业务发展的指示图一样,它会时刻提醒创业者应该注意什么问题,规避什么风险,并最大程度地帮助创业者获得来自外界的帮助。因此,创业计划书对于每一位创业者都有着非常重要的作用。

学习目标

1. 了解创业计划书的概念与特征。
2. 熟悉商业计划书的基本格式。
3. 理解创业计划书的作用和意义。
4. 掌握创业计划书的编制内容。

案例导入

高中组建便利店,凭创业计划书获实习机会

一本小小的商业创业计划书,从学校借来的 3300 元钱,胡乃丹组建起了高中校园里的第一个"小海归便利店"。第一次自己进货,第一次学会讲价,第一次自己买冰柜……她凭着独特的商业视角,带着一批志同道合的同学,在一年半的时间里,不仅还清了从学校借来的 3300 元,还盈利了 10000 多元。

向学校借款 3300 元建校园便利店

对于坚持"女生也要经济独立"理念的胡乃丹来说，商业头脑和商业视角是她最值得骄傲的地方。高中来到牛津国际公学成都学校不久，胡乃丹便发现校园中缺少一个很重要的生活站——校园便利店。

"以前学校每周还有两次机会，让学生出校门采购，但是考虑到安全问题就取消了。"胡乃丹说，一想到同学们都断了补给，自己开办便利店的想法一下就冒出来了，"首要的困难就是没钱，所以我们就只好大胆向学校提出借款申请。"

没想到的是，学校校长不但没有拒绝胡乃丹和组员的要求，还欣然应答了下来，只是给同学们提出了一个要求——上交一份正式的商业创业计划书。"我当时都懵了，因为我根本不知道创业计划书怎么写，这完全是对大学生提出的要求。"

查资料、学创业计划书写作、和组员讨论方案可行性、请教经济课老师……带着一份长达 9 页的全英文的创业计划书来到校长面前做了关于项目可行性的精彩演讲，胡乃丹和组员们也成功拿到了 3300 元的借款，开始筹备起校园里唯一一家"小海归便利店"。

第一次进货骑电动车跑了 10 多个批发点

款是批下来了，进货却又犯了愁，大家都没有经历，谁去？"我当时一心想把便利店做好，一有空闲时间就跟老师申请出门条，骑着我的电动车就往外跑。"胡乃丹说。

找不到批发点，胡乃丹把附近的超市问了个遍；不会讲价，胡乃丹在批发点里来回学。就这样，胡乃丹一个人来来回回跑了 10 多个批发点，为便利店进回来了二三十种商品。

"一开始只是试一试，想看看哪些商品好卖，哪些商品卖不动，因为以后就会要考虑到资金占用成本、时间成本等等一系列复杂的因素了。"胡乃丹打趣地说道，经过一段时间的经营与账单报表分析，最后发现最好卖的还是速食品，"比如橡皮擦就完全卖不动，成本又高，同学买一个还要擦好久。"

就这样，"小海归便利店"的商品种类也越来越丰富，胡乃丹的进货成本单也越来越详细，"以前单子上只有成本价、进货数量和卖出价，到后来我就开始计算起利润率，哪个商品卖得最多，哪个商品最不好卖等等，这些都可以在电子表格中看出来。"

便利店开办一年多，胡乃丹和组员们不仅还清了学校借给他们的 3300 元，还额外盈利了 10000 多元，这些资金一部分用于便利店建设，一部分支持学生社团活动，还有一部分则作为善款捐了出去。

金融机构实习机会源于高中创业计划书

高三阶段，胡乃丹成功被美国布林茅尔学院录取，学习数学和经济双专业。来到大学的她也没闲着，参加了学校的金融社团。

与此同时，她还成功获得了位于美国华盛顿的一家风险投资机构金融的实习机会，"一般美国金融机构都会选择大二年级的同学，但是可能是由于我高中就经过了语言过渡期，英语水平还不错，同时又有组建便利店的经历，所以才会大一就获得实习机会。"胡乃丹说，在面试的时候，面试官还特别看了她高中时的创业计划书和进货成本单，这才决定给她实习机会。同时她也获得在上海股权托管交易中心的实习机会。

另外，胡乃丹还担任起了高中学校的校园文化大使，与美国高中学校洽谈建立交换生基地的事宜，"我现在感受到了高中国际教育的好处，我更希望让我的学弟学妹们有更多的机会跟国际接轨，如果美国高中学校同意建立交换生基地，那对学弟学妹们的国际教育更是锦上添花。"

（资料来源：《华西都市报》）

分析：如果一个人在做一件事情之前能制订一个好计划，那么成功率就大了很多。同样，一份好的创业计划书能为一个企业带来意想不到的价值。只是创业计划书的复杂程度和不可预见性以及周围的各项外界因素影响要比人们做一件事情要大得多、难得多。因此做一份好的创业计划书是必不可少的。

第一节　创业计划书的基本特征与基本格式

一、创业计划书的基本特征

面对同样的创业机会，不同的创业者制订的创业计划也不一样，但是成功的创业计划书却有一些相同的特征。成功的创业计划书都是对一项新兴事物所带来的机遇和风险进行明确的综合评估。虽然对创意的描述和风险的评估有相当的难度，但这是一份成功的创业计划书所必备的。

（一）清晰的结构

投资者应当能够在计划中找到他们所关注问题的答案，很容易找到他们特别感兴趣的话题。这就要求创业计划必须有一个清晰的结构，使读者能够灵活地选择他们想要阅读的部分。说服投资者不仅仅是靠分析和数据的多少，而是靠论点和基本论据的组织结构。因此，对任何能使投资者感兴趣的话题，都应该进行充分而准确的论证。一般情况下，创业计划书的长度大约在20页左右。

投资者阅读创业计划时，创业者并不在场，因此不能及时地回答问题并提供解释。考虑到这个因素，计划书的正文必须能够自圆其说。因此，可能的话，在提交给投资者之前，创业计划应当先让一些人试读。例如，可以让你的朋友或同事，最好是那些对你的创意不了解的人，先阅读你的创业计划，并提出问题。

名人名言
没有一个计划模型而贸然创业是十分危险的。

——田溯宁

（二）以客观性说理

有些人在讲述他们的创意时会得意忘形。的确，有些事情需要以一种充满激情的方式讲述，但你应该尽量使自己的语气比较客观，使投资者有机会仔细地权衡你的论据是否有说服力。如果一份计划写得像是一份煽情的广告，那么它很可能会激怒而不是吸引投资者，结果导致投资者产生怀疑甚至拒绝接受。另一方面，因以前曾有过某种计算失误或错误，而对自己的项目过度批评也是同样危险的，这将使投资者对你的能力和动机产生怀疑。应当尽你所能，提供最准确的数据。如果提到弱点或不足，那么一定要同时指出弥补的方法或措施。这并不是说你应当隐瞒重大的弱点或不足，而是说在制订计划的时候，就应当设计弥补这些不足的方案，并在计划中清楚地表达出来。

（三）让外行也能读懂

一些创业者相信，他们可以用丰富的技术细节、精心制作的蓝图和详细的分析给投资者留下深刻的印象。他们错了！只有极少数情况下，才会有技术专家详细地评估这些数据。大多数情况下，简单的说明、草图和照片就足够了。如果计划中必须包括产品的技术细节和生产流程，你应当把它们放在附录中去。

（四）前后写作风格一致

一般情况下，会有几个人合作完成一份创业计划。最后，必须对这项工作进行整合，以避免整个计划风格不一、分析的深度不同，像一块打满补丁的破被子。考虑到这个因素，最好由一个人负责，由最后定稿的编辑作修改。

（五）版面格式统一

你的创业计划应当有统一版面格式。例如，字体应当与文章结构和内容保持一致，插入必要的图表时应力求简洁，而且也可以考虑使用印有（未来的）公司徽标的文头纸。

二、创业计划书的基本格式

创业计划书通常包括封面、保密要求、目录、摘要、正文（综述）、附录几部分。

（一）封面（标题页）

标题页可以放一张企业的项目或产品彩图，但需留出足够的版面排列以下内容：创业计划书编号、公司名称、项目名称、项目单位、地址、电话、传真、电子邮件、联系人、公司主页、日期等。

（二）保密要求

保密要求可放在标题页，也可放在次页，主要是要求投资方项目经理妥善保管创业计划书，未经融资企业同意，不得向第三方公开创业计划书涉及的商业秘密。

（三）目录

目录标明各部分内容及页码，要注意确认目录页码同内容的一致性。

（四）摘要

摘要是对整个创业计划书的概括，目的在于用最简练的语言将计划书的核心、要点、特色展现出来，吸引阅读者仔细读完全部文本，因而一定要简练，一般要求在两页纸内完成。摘要十分重要，它是出资者首先要看的内容，因而必须能让读者有兴趣并渴望得到更多的信息，将给读者留下长久的印象。计划摘要应从正文中摘录出投资者最关心的问题，包括对公司内部的基本情况、公司的能力以及局限性、公司的竞争对手、营销和财务战略、公司的管理队伍等情况的简明而生动的概括。

> **名人名言**
> 如果你想踏踏实实地做一份工作，写一份创业计划，它能迫使你进行系统的思考。
>
> ——克雷那

（五）正文

正文是创业计划书的主体部分，要分别从公司基本情况、经营管理团队、产品、服务、技术研究与开发、行业及市场预测、营销策略、产品制造、经营管理、融资计划、财务预测、风险控制等方面对投资者关心的问题进行介绍。要求既有丰富的数据资料，使人信服，又要突出重点，实事求是。

（六）附录

附录是对正文中涉及的相关数据、资料的补充，作为备查。

一、创业计划书的撰写原则和程序

（一）创业计划书的撰写原则

1. 目标性。创业的目的不仅是追求企业的发展，而且要有创造利润的可能，要突出经济效益。

2. 完整一致性。运营计划完整陈列，涵盖创业经营的各项功能要素，前后基本假设或预估相互呼应，逻辑合理。

3. 优势竞争性。呈现出资源、经验、产品、市场及经营管理能力的优势。

4. 团队和谐性。展现组建经营团队的思路、人员的互补作用。尽可能突出专家的作用、高管人员的优势、专业人才队伍的水平，明确领军人物。

5. 市场导向性。明确市场导向的观点，明确指出企业的市场机会与竞争威胁，把握并充分显示对于市场现状的掌握与未来发展预测的能力。

6. 客观实际性。一切数字尽量客观、实际，以具体资料为证，并尽量同时分析可能采用的解决方法。切勿凭主观意愿估计，高估市场潜量或报酬，低估经营成本。工作安排循序渐进，有条不紊，可操作性强。

（二）创业计划书的撰写程序

一份良好的创业计划书包括附录在内一般 20-40 页，过于冗长的创业计划书反而会让人失去耐心。整个创业计划书的编制是一个循序渐进的过程，可以分成五个阶段完成。

1. 第一阶段：计划构想。创业计划构想细化，初步提出计划的构想。

2. 第二阶段：市场调查。与行业内的企业和专业人士进行接触，了解整个行业的市场状况，如产品价格、销售渠道、客户分布和市场发展变化的趋势等因素。可以自行进行一些问卷调查，在必要时也可以求助于市场调查公司。

3. 第三阶段：竞争者调查。确定你的潜在竞争对手并分析本行业的竞争方向。诸如，分销问题如何、形成战略伙伴的可能性、谁是你的潜在盟友，准备一份一到两页的竞争者调查小结。

4. 第四阶段：财务分析。包括对公司的价值评估。必须保证所有的可能性都考虑到了。财务分析应量化本公司的收入目标和公司战略，要求详细而精确地考虑实现公司所需的资金。

5. 第五阶段：创业计划书的撰写与修改。利用所收集到的信息制订公司未来的发展战略，把相关的信息按照上面的结构进行调整，完成整个创业计划书的写作。在计划完成以后仍然可以进一步论证计划的可行性，并跟踪信息的积累和市场的变化不断完善整个计划。

二、对创业者的能力要求

那些既不能给投资者以充分的信息，也不能使投资者激动起来的创业计划书，其最终结果只能是被扔进垃圾箱里。为了确保创业计划书能"击中目标"，创业者应做到以下几点：

（一）关注产品

在创业计划书中，应提供所有与企业的产品或服务有关的细节，包括企业所实施的所有调查。这些问题包括：产品正处于什么样的发展阶段？它的独特性怎样？企业分销产品的方法是什么？谁会使用企业的产品？为什么？产品的生产成本是多少？售价是多少？企业发展新的现代化产品的计划是什么？把出资者拉到企业的产品或服务中来，这样出资者就会和创业者一样对产品有兴趣。在创业计划书中，企业家应尽量用简单的词语来描述每件事。制订创业计划书的目的不仅是要出资者相信企业的产品会在世界上产生革命性的影响，同时也要使他们相信企业有证明自己实力的论据。

（二）敢于竞争

在创业计划书中，创业者应细致分析竞争对手的情况。竞争对手都是谁？竞争对手的产品与本企业的产品相比，有哪些相同点和不同点？竞争对手所采用的营销策略是什么？要明确每个竞争者的销售额、毛利润、收入和市场份额，然后再讨论本企业相对于每个竞争者所具有的竞争优势。要向投资者展示，顾客偏爱本企业的原因是：本企业的产品质量好、送货迅速、定位适中、价格合适等。创业计划书要使它的投资者相信，本企业不仅是行业中的有力竞争者，而且将来还会是确定行业标准的领头羊。在创业计划书中，企业家还应阐明竞争者给本企业带来的风险以及本企业所采取的对策。

（三）了解市场

创业计划书要给投资者提供企业对目标市场的深入分析和理解。要细致分析经济、地理、职业和心理等因素对消费者选择购买本企业产品这一行为的影响，以及各个因素所起的作用。创业计划书中还应包括一个主要的营销计划，计划中应列出本企业打算开展广告、促销和公共关系活动的地区，明确每一项活动的预算和收益。创业计划书中还应简述一下企业的销售战略：企业是使用外面的销售代表，还是内部职员？企业是使用转卖商、分销商，还是特许商？企业将提供何种类型的销售培训？此外，创业计划书还应特别关注一下销售中的细节问题。

（四）表明行动的方针

企业的行动计划应该是无懈可击的。创业计划书中应该明确下列问题：企业如何把产品推向市场？如何设计生产线？如何组装产品？企业生产需要哪些原料？企业拥有哪些生产资源，还需要什么生产资源？生产和设备的成本是多少？企业是买设备还是租设备？解释与产品组装、储存和发送有关的固定成本和变动成本的情况。

（五）展示你的管理队伍

把一个思想转化为一个成功的风险企业，其关键的因素就是要有一支强有力的管理队伍。这支队伍的成员必须有较高的专业技术知识、管理才能和多年工作经验。管理者的职能就是计划、组织、控制和指导公司实现目标的行动。在创业计划书中，应首先描述一下整个管理队伍及其职责，然后再分别介绍每位管理人员的特殊才能、特点和造诣，细致描述每个管理者将对公司所作的贡献。创业计划书中还应明确管理目标和组织机构图。

（六）出色的计划摘要

创业计划书中的计划摘要也十分重要。它必须能让投资者有兴趣并渴望得到更多的信息，它将给投资者留下长久的印象。计划摘要将是创业者所写的最后一部分内容，但却是投资者首先要看的内容。它将从计划中摘录出与筹集资金最相关的细节，包括对公司内部的基本情况、公司的能力，以及局限性、公司的竞争对手、营销和财务战略、公司的管理队伍等情况的简明而生动的概括。如果公司是一本书，它就像是这本书的封面，做得好就可以把投资者吸引住。

三、编制内容

（一）计划摘要

计划摘要列在创业计划书的最前面，它是创业计划书的精华。计划摘要涵盖了计划的要点，以求一目了然，以便读者能在最短的时间内评审计划并作出判断。

计划摘要一般包括以下内容：公司介绍、主要产品和业务范围、市场概貌；营销策略、销售计划、生产管理计划、管理者及其组织、财务计划、资金需求状况等。

在介绍企业时，首先，要说明创办新企业的思路、新思想的形成过程，以及企业的目标和发展战略。其次，要交代企业的现状、企业的背景和企业的经营范围。在这一部分中，要对企业以往的情况作客观的评述，不回避失误。中肯的分析往往更能赢得信任，从而使人容易认同企业的创业计划书。最后，还要介绍一下创业者自己的背景、经历、经验和特长等。创业者的素质对企业的成功往往起关键性的作用。在这里，创业者应尽量突出自己的优点并表示自己强烈的进取精神，给投资者留下一个好印象。

在计划摘要中，企业还必须回答下列问题：企业所处的行业，企业经营的性质和范围；企业主要产品的内容；企业的市场在哪里，谁是企业的顾客，他们有哪些需求；企业的合伙人、投资人是谁；企业的竞争对手是谁，竞争对手对企业的发展有何影响。

（二）产品（服务）介绍

在进行投资项目评估时，投资人最关心的问题之一就是风险企业的产品、技术或服务能否解决，以及在多大程度上解决现实生活中的问题，或者风险企业的产品（服务）能否帮助顾客节约开支，增加收入。因此，产品介绍是创业计划书中必不可少的一项内容。通常，产品介绍应包括以下内容：产品的概念、性能及特性；主要产品介绍；产品的市场竞争力；产品的研究和开发过程；发展新产品的计划和成本分析；产品的市场前景预测；产品的品牌和专利。

在产品（服务）介绍部分，创业者要对产品（服务）作出详细的说明。说明要准确，也要通俗易懂，使不是专业人员的投资者也能明白。产品介绍都要附上产品原型、照片或其他介绍。产品介绍通常要回答以下问题：顾客希望企业的产品能解决什么问题，顾客能从企业的产品中获得什么好处；企业的产品与竞争对手的产品相比有哪些优缺点，顾客为什么会选择本企业的产品；企业为自己的产品采取了何种保护措施，企业拥有哪些专利、许可证，或与已申请专利的厂家达成了哪些协议；为什么企业的产品定价可以使企业产生足够的利润，为什么用户会大批量地购买企业的产品；企业采用何种方式去改进产品的质量、性能，企业对发展新产品有哪些计划等。产品（服务）介绍的内容比较具体，因而写起来相对容易。虽然夸赞自己的产品是推销所必需的，但应该注意，企业所做的每一项承诺都是"一笔债"，都要努力去兑现。要牢记，创业者和投资者所建立的是一种长期合作的伙伴关系，空口许诺，只能得意于一时。如果企业不能兑现承诺，不能偿还债务，企业的信誉必然要受到极大的损害。

（三）人员及组织结构

有了产品之后，创业者第二步要做的就是组成一支有战斗力的管理队伍。企业管理的好坏，直接决定了企业经营风险的大小。而高素质的管理人员和良好的组织结构则是管理好企业的重要保证。因此，风险投资家会特别注重对管理队伍的评估。

企业的管理人员应该是互补型的，而且要具有团队合作精神。一个企业必须要具备负责产品设计与开发、市场营销、生产作业管理、企业理财等方面的专门人才。在创业计划书中，必须要对主要管理人员加以阐明，介绍他们所具有的能力。他们在本企业中的职务和责任、他们过去的详细经历及背景。此外，还应对公司结构作简要介绍，包括公司的组织机构图；各部门的功能与责任；各部门的负责人及主要成员；公司的报酬体系；公司的股东名单，包括认股权、比例和特权；公司的董事会成员；各位董事的背景资料。

（四）市场预测

当企业要开发一种新产品或向新的市场扩展时，首先就要进行市场预测。如果预测的结果并不乐观，或者预测的可信度让人怀疑，那么投资者就要承担更大的风险，这对多数风险投资家来说都是不可接受的。市场预测首先要对需求进行预测，比如，市场是否存在对这种产品的需求？需求程度是否可以给企业带来所期望的利益？新的市场规模有多大？需求发展的未来趋向及其状态如何？影响需求都有哪些因素？等等。其次，市场预测还要包括对市场竞争的情况——企业所面对的竞争格局进行分析，比如，市场中主要的竞争者有哪些？是否存在有利于本企业产品的市场空当？本企业预计的市场占有率是多少？本企业进入市场会引起竞争者怎样的反应，这些反应对企业会有什么影响？等等。

创业者应牢记的是，市场预测不是凭空想象出来，对市场错误的认识是企业经营失败的最主要原因之一。

（五）营销策略

营销是企业经营中最富挑战性的环节，影响营销策略的主要因素有：一是消费者的特点；二是产品的特性；三是企业自身的状况；四是市场环境方面的因素。最终影响营销策略的则是营销成本和营销效益因素。在创业计划书中，营销策略应包括以下内容：市场机构和营销渠道的选择、营销队伍和管理、促销计划和广告策略、价格决策。对创业企业来说，由于产品和企业的知名度低，很难进入其他企业已经稳定的销售渠道中去。因此，企业不得不暂时采取高成本低效益的营销战略，如上门推销、增强商业广告力度、向批发商和零售商让利，或交给任何愿意经销的企业销售。对发展企业来说，一方面可以利用原来的销售渠道，另一方面也可以开发新的销售渠道以适应企业的发展。

（六）制订计划

创业计划书中的生产制造计划应包括以下内容：产品制造和技术设备现状、新产品投产计划、技术提升和设备更新的要求、质量控制和质量改进计划。

在寻求资金的过程中，为了增大企业在投资前的评估价值，创业者应尽量使生产制造计划更加详细、可靠。一般地，生产制造计划应回答以下问题：企业生产制造所需的厂房、设备情况如何；怎样保证新产品在进入规模生产时的稳定性和可靠性；设备的引进和安装情况，谁是供应商；生产线的设计与产品组装是怎样的；供货者的前置期和资源的需求量；生产周期标准的制订以及生产作业计划的编制；物料需求计划及其保证措施；质量控制的方法是怎样的；等等。

（七）财务规划

财务规划需要花费较多的精力来作具体分析，其中就包括现金流量表、资产负债表和损益表的制订。流动资金是企业的生命线。因此，企业在初创或扩张时，对流动资金需要有周详的计划和进行过程中的严格控制；损益表反映的是企业的赢利状况，它是企业在一段时间运作后的经营结果；资产负债表则反映在某一时刻的企业状况，投资者可以用资产负债表中的数据得到的比率指标来衡量企业的经营状况和可能的投资回报率。

财务规划一般要包括以下内容：一是创业计划书的条件假设；二是预计的资产负债表、预计的损益表、现金收支分析、资金的来源和使用。

可以这样说，一份创业计划书概括地提出了在筹资过程中创业者需做的事情，而财务规划则是对创业计划书的支持和说明。因此，一份好的财务规划对评估风险企业所需的资金的数量，并借此提高风险企业取得资金的可能性是十分关键的。如果财务规划准备得不好，会给投资者以企业管理人员缺乏经验的印象，降低风险企业的评估价值，同时也会增加企业的经营风险。那么如何制订好财务规划呢？这首先要取决于风险企业的远景规划——是为一个新市场创造一个新产品，还是进入一个财务信息较多的已有市场？

着眼于一项新技术或创新产品的创业企业，不可能参考现有市场的数据、价格和营销方式。因此，它要自己预测所进入市场的成长速度和可能获得的纯利，并把它的设想、管理队伍和财务模型推销给投资者。而准备进入一个已有市场的风险企业，则可以很容易地说明整个市场的规模和改进方式。风险企业可以在获得目标市场信息的基础上，对企业头一年的销售规模进行规划。

企业的财务规划应保证和创业计划书的假设相一致。事实上，财务规划和企业的生产计划、人力资源计划、营销计划等都是密不可分的。要完成财务规划，必须要明确下列问题：产品在每一个期间的发出量有多大；什么时候开始产品线扩张；每件产品的生产费用是多少；每件产品的定价是多少；使用什么分销渠道，所预期的成本和利润是多少；需要雇佣哪几种类型的人；雇佣何时开始，工资预算是多少；等等。

四、创业计划书的完善

创业计划书有很多形式，如 Powerpoint 格式和 Word 文件格式。基于两者不同特点，一般同时提供两种版本，一种是完整版本（Word 格式），一种是摘要式版本（PPT 格式）。

在创业计划书编制完成之后，创业企业还应对计划书进行检查完善，以确保计划书能准确回答投资者的疑问，增强投资者对本企业的信心。通常，可以从以下几个方面对计划书加以检查完善：

（一）创业计划书是否显示出创业者具有管理公司的经验。如果创业者缺乏能力去管理公司，那么一定要明确地说明，创业者已经雇了一位经营大师来管理公司。

（二）创业计划书是否显示了创业者有能力偿还借款。要保证给预期的投资者提供一份完整的财务比率分析。

（三）创业计划书是否显示出创业者已进行过完整的市场分析。要让投资者坚信计划书中阐明的产品需求量是确实的。

（四）创业计划书是否容易被投资者所领会。创业计划书应该备有索引和目录，以便投资者可容易地查阅各个章节。此外，还应保证目录中的信息流是有逻辑的和现实的。

（五）创业计划书中是否有计划摘要并放在了最前面，计划摘要是否写得引人入胜。

（六）创业计划书是否在文法上全部正确。如果不能保证，那么最好请人帮你检查一下。计划书的拼写错误和排印错误很可能会使创业者丧失机会。

（七）创业计划书能否打消投资者对产品、服务的疑虑。如果需要，创业者可以准备一件产品模型。

打造高质量的创业计划书
把你的想法变为财富！

第三节　创业计划书的作用与意义

一、创业计划书的作用

创业计划书是一种和国际接轨的商业文件，具有明显的商业价值，这种商业价值是从多方面表现出来的。寻求风险投资是其中的一个重要方面，除此之外还有如下作用：

（一）指导作用

创业计划书是创业全过程的纲领性的文件，是创业实践的战略设计和现实指导。因此创业计划书对于创业实践具有非常重要的指导作用。只有那种没有真正的战略思考和可操作性的创业文件才没有明显的效果。

（二）聚才作用

创业计划书的聚才作用是很宽泛的。主要表现在：吸引创业人才进入，吸引新股东加盟，吸引有志之士参加创业团队，吸引对创业计划感兴趣的单位赞助和支持。

（三）整合作用

创业计划书的整合作用是其最根本、最重要的作用。在创业的过程中，各种生产要素是分散的，各种信息是凌乱的，各种工作是互不衔接的。通过编写创业计划书的过程，梳理思路，进行调研，完善信息，找到各种程序之间的衔接点，最终把各种资源有序的整合起来，调动起来，围绕着创造和形成商业利润，进行最佳要素的组合。这种整合，能把各种分散的资源聚拢起来，形成一种增量资源，从而取得明显的经济效益。

（四）争取创业资金支持的作用

资金是企业的血液，是创业的要素，是创业者（企业）能够获得快速发展和崛起的前提。创业者（企业）要获得风险投资的支持，一个重要的途径就是从审验你的创业计划书开始。

二、创业计划书的意义

（一）获得融资

创业计划书是一份全方位的商业计划，其主要目的是递交给投资商，以便于他们能对企业或项目作出评判，从而使企业获得融资。创业计划书有相对固定的格式，它几乎包括所有投资商感兴趣的内容。

（二）助益成功

创业计划书的好坏，往往决定了投资交易的成败。对初创的风险企业来说，创业计划书的作用尤为重要。当你选定了创业目标与确定了创业动机后，在资金、人脉、市场等各方面的条件都已准备妥当或已经累积了相当实力。这时候，就必须提供一份完整的创业计划书，创业计划书是整个创业过程的灵魂。

（三）取得理解

从企业成长经历、产品服务、市场、营销、管理团队、股权结构、组织人事、财务、运营到融资方案。只有内容翔实、数据丰富、体系完整、装订精致的商业计划书才能吸引投资商，让他们看懂创业者的项目运作计划。

（四）沟通桥梁

创业者（企业）融资项目要获得投资商的青睐，良好的融资策划和财务包装，是融资过程中必不可少的环节。其中最重要的是应做好符合国际惯例的高质量的商业计划书。目前，中国企业在国际上融资成功率不高，不是项目本身不好，也不是项目投资回报不高，而是项目方的策划能力和草率编写的创业计划书让投资商感到失望。

（五）必备材料

创业计划书的起草与创业本身一样是一个复杂的系统工程，不但要对行业、市场进行充分的研究，而且还要有很好的文字功底。对于一个发展中的创业者（企业），专业的创业计划书的编制过程既是寻找投资的必备材料，也是创业者（企业）对自身的现状及未来发展战略全面思索和重新定位的过程。

能力训练

一、简答题

1. 简述创业计划书的概念、特征与作用。
2. 创业计划书的基本格式是什么？
3. 编制创业计划书的基本要求是什么？
4. 创业计划书的撰写原则有哪些？
5. 创业计划书的基本内容有哪些？
6. 编制创业计划书的注意事项有哪些？

二、案例分析题

大学毕业后的小李一直想做老板。经过几年的努力工作和省吃俭用积蓄了一笔资金，其中10万元做了注册资金，5万元用于流动资金。他认为，个人创业必须有丰富的工作经验、吃苦耐劳的精神。所以，在过去的工作中，无论分内分外的事，他总是抢着干，从不计报酬。尤其是经营方面的事，他更是认真请教他人，目的就是多学点本事，为自己开公司做准备。开办自己的公司后，他勤勤恳恳努力工作，但他怎么也没想到，最初的3个月几乎没有生意，直到第6个月才稍有收入，可生意很不稳定，半年来，他赔了3万元。他开始动摇了，觉得自己是在靠天吃饭、靠运气吃饭。他认为做生意不应该是赌博，肯定是哪儿弄错了。他不想再这样干下去了，认为不能等到这15万元都赔光的时候才行动，他要去弄明白问题到底出在哪里。第7个月他关掉了公司。

问题：导致小李失败的原因是什么？

编制创业计划书的注意事项

通常，创业融资用的计划书"七分策划，三分包装"，是技术和艺术的统一体。

1. 尽量精练，突出重点

编制创业计划书的目的是让投资者了解商业计划，其内容必须紧紧围绕这一主题，开门见山，使投资者在最短时间内了解更多的关于商业计划的内容。如，要第一时间让投资者知道公司的业务类型，避免在最后一页才提及经营性质；要明确阐明公司的目标及为达到目标所制订的策略与战术；陈述公司需要多少资金及时间和用途，并给出一个清晰和符合逻辑的让投资者出资的策略。

2. 换位思考

编制创业计划书的一个重要方法就是换位思考，即融资者要设身处地，假设自己是一位战略合伙人或风险投资人，自己所最关心的问题是什么，自己判断的标准是什么。就是说，要按照阅读创业计划书的投资者的思路去写作创业计划书，这样就会弄清哪些是重点，应该具体描述，哪些可以简单描述，哪些是不必要的东西，从而获取投资者青睐。

就此来说，编制创业计划书应忌讳用过于技术化的词语来形容产品或生产营运过程，而尽可能用通俗易懂的条款，使读者容易理解。

3. 以充分的调查、数据、信息为基础

市场销售是投资获利的基础，对此，创业者要充分考察市场的现实情况，广泛收集有关市场现有的产品、现有竞争、潜在市场、潜在消费者等具体信息，使市场预测建立在扎实的调查、数据之上，否则后面的生产、财务、投资回报预测就都成了空中楼阁。为此，创业计划书中忌用含糊不清或无事实根据的陈述或结算表。

同时，在收集资料时，一定要做到客观公正，避免只收集对自己有利的信息，而不去收集或者故意忽略对自己不利的信息。一般来说，战略投资者或风险投资家都是一些非常专业的人士，提出的问题会非常尖锐，如果只收集对自己有利的信息，在遇到质疑时就会显得欠考虑和准备不充分。

4. 实事求是，适度包装

创业计划书的作用固然重要，但它仍然只是一块敲门砖。过度包装是无益的，企业应该在赢利模式打造、现场管理、企业市场开拓、技术研发等方面下硬功夫，否则，即使有了机会，也把握不住。

5. 不过分拘泥于格式

创业计划书固然有很多约定俗成的格式，但很多资金供给方在实际运作中正在忽略这种格式，直接关注几个关键点，关注他们想要看到的东西。因此，创业者（企业）在组织、编制创业计划书的过程中，不要过分拘泥于固定的格式。把企业的优势、劣势都告诉别人，就可能是最后的赢家。

第六章

创新创业融资

知识导航

2015 年以来，在党的十八届三中、四中、五中全会精神指引下，为适应我国经济新常态发展形势，国内掀起了新一轮的创新创业热潮。众多的企业家瞅准了这一良好的机遇，开启了自己的创业梦想，融入了"大众创业、万众创新"洪流中。但对于大多数创业者来讲，尽管各级政府对创新创业者给予了很多优惠的政策性支持、帮扶，但创业者的资金来源仍然是一道难以逾越的门槛。尤其是对于没有资金积累的青年创业者，情况更是如此。通过本章的学习，让我们更深入地了解和掌握创业融资的含义、特点及相关融资渠道，有利于切实帮助和推动创新创业的落地实施。

学习目标

1. 了解融资及创业融资的概念。
2. 了解大学生创业融资的特点。
3. 了解众筹融资。

案例导入

青海青年创业项目青稞茶饮项目获千万元风投融资

2015 年 11 月 22 日，青海青年创业项目"极地青稞茶饮"项目获得 A 轮 1000 万元人民币风投融资，用于极地青稞茶饮项目的生产加工、销售及衍生产品研发。

青稞主产自中国西藏、青海、四川、云南等地，在青藏高原有 3500 年的种植历史，从物质文化之中延伸到精神文化领域，在青藏高原上形成了内涵丰富、极富民族特色的青稞文化。青稞有着广泛的药用和食用价值，现在已有多种青稞深加工产品上市。

"极地青稞茶饮"项目发起人、大内追风实业有限公司总经理刘大为介绍，2012年起，该公司就开始将气压定量萃取技术应用于茶叶方面的研究，并针对青海省所产的青稞作物进行了衍生技术开发。最终成功研发变压式破壁技术和青稞低温膨发技术。

青稞低温膨发技术，填补了青海省内青稞作物精深加工技术空白，丰富了青稞作物的食用方式，并可有效带动青海省内农牧、旅游、文化、创业创新、特色旅游产品等方面的发展。

据了解，"极地茶饮项目"将青稞与茶叶通过一套独创的新型技术有效结合，最大限度促进了各类茶叶芳香物质的挥发，并最大程度上保存了青稞作物中的 β-葡聚糖、膳食纤维等营养物质。

（资料来源：中国新闻网）

思考：结合案例谈谈融资对于创业的重要性。

第一节　创业融资概述

一、融资与创业融资的基本概念

融资，指为支付超过现金的购货款而采取的货币交易手段，或为取得资产而集资所采取的货币手段。

货币资金的持有者和需求者之间，直接或间接地进行资金融通的活动。企业要发展，要扩张，就必须依靠融资。也有部分公司要还债时，也会选择融资。还有一部分企业存在混合动机。

广义的融资，是指资金在持有者之间流动以余补缺的一种经济行为，这是资金双向互动的过程，包括资金的融入（资金的来源）和融出（资金的运用）。狭义的融资，仅指资金的融入。

创业融资，是指创业者（企业）从自身生产经营及资金运作情况出发，根据未来经营发展的需要，通过一定的渠道和方式筹集资金，以满足创业（后续发展）需要的一种经济行为。

二、大学生创业融资的特点

（一）融资方式单一

有人根据对几所不同高校不同专业的大学生进行的问卷调查，以及对 20 名有创业经历或正在进行创业的大学生（包括在校和离校学生）进行的个人访谈，得出结论：大学生创业资金的来源主要是通过父母提供和向亲朋好友借款，渠道非常单一。

（二）相关规范性文件了解少

据相关调查显示，一些大学生对和个人创业融资相关的政策、法律和法规不了解，并在不十分了解这些规范性文件的同时，对其没有信心或表现出疑虑态度。已经创业的大学生中，多数想过试图利用这些规范性文件中的优惠条件进行创业融资，但是对相关的法律、法规及操作程序不熟悉，不知道如何入手。

（三）过分强调资金和社会关系的重要性

当前，很多大学生对于创业条件的理解仅仅停留在物质层面，而忽视了自身素质与能力的培养。这样，即便拿到资金，创业的失败率也会很高。

名人名言

什么叫作不简单？能够把简单的事情天天做好，就是不简单；什么叫作不容易？大家公认的非常容易的事情，每天非常认真地做好它，就是不容易。

——张瑞敏

（四）创业准备不足

尽管大学生们有独立创业的愿望与热情，但真正面对激烈的市场竞争局面，还会因自身底气不足而却步。

针对大学生融资的不足，创业者在融资的过程中需要做好以下工作：

第一，要正确判断自身价值。在制订大学生融资方案之前要准确评估自己的有形和无形资产的价值，千万不要妄自菲薄，低估了自己的价值。

第二，融资过程中要做好大学生融资方案的选择。多渠道融资的比较与选择可以有效降低融资成本，提高效率。如果采用出让股权的方式进行融资，则必须做好投资人的选择。只有同自己经营理念相近，其业务或能力能够为投资项目提供渠道或指导的投资，才能有效支撑企业的成长。

第三，创业不仅是实现理想的过程，更是使投资者（股东）的投资保值增值的过程。创业者和投资者是一个事物的两个方面，大家只有通过企业这个载体才能达到双赢的目标。"烧投资者的钱圆自己的梦"的问题，说到底是企业家的信用问题。怀有这种思想的人不会成为一个成功的创业者。能为股东创造价值的企业家才能得到更多的融资机会和成长机会。因此，创业者不仅要加强自身的技术能力，还需要具备企业家的道德风范。

案例精选

滴滴宣布完成 30 亿美元融资 软件更名"滴滴出行"

在互联网打车软件"滴滴打车"上线 3 周年纪念日当天，"滴滴快的"公司宣布了其新一轮的融资金额，而"滴滴打车"更名为"滴滴出行"以适应公司新的战略升级。

2015 年 9 月 9 日，滴滴打车公司宣布，已经结束新一轮总计 30 亿美元的融资，这距离该公司此前公布的 20 亿美元融资不到两个月的时间。据相关消息，新一轮融资后滴滴的估值将攀升到 165 亿美元。

在 2015 年 9 月召开的夏季达沃斯论坛上，滴滴打车创始人程维正式确认了公司融资完成的相关信息，并首次公布了以中投和平安为代表的投资方信息。

滴滴打车并没有披露更多投资者的名单，仅表示"更多引入了具备中资背景的战略股东以及对未来业务拓展和布局有帮助的投资者"。知情人士具体的投资人名单显示，此轮投资包括软银、平安保险集团、北京汽车集团、中国投资公司等，还有两位互联网巨头阿里和腾讯的继续跟进。

本轮融资创造了全球未上市公司融资的新最高纪录。本轮融资完成后，滴滴将拥有近 40 亿美元的现金储备，这也是迄今为止中国移动互联网公司最高的现金储备。

滴滴此前表示，本轮融资资金将用于巩固公司现有市场地位，进一步拓展和做深国内市场和新业务，以及用于公司平台技术升级、大数据的研发和运营，以及提升用户体验效率等，致力于三年内成为全球最大的一站式出行平台。

程维表示，未来的出行将不只是出行，此轮中投、平安等参与投资，也预示了滴滴的商业模式将与更多业态产生关联。

"未来三年，滴滴致力于把交通工具整合一起"，程维表示，大众性的出行需求，滴滴通过预约方式实现；小众性的出行需求，滴滴通过快车、专车等更贵的一些方式来提供个性化和定制化服务。

同日，滴滴打车也正式公布了新的品牌升级和标识，"滴滴打车"更名为"滴滴出行"，并启用新 Logo。滴滴总裁柳青称，滴滴旨在做"移动出行的综合性入口"，不仅包括现有的专车、出租车、顺风车、巴士业务，还有专车、出租车等多种服务的拼车业务。

滴滴公司提供的数据显示，公司已占据国内出租车叫车软件市场 99%的份额，而 2015 年第二季度在中国专车市场占有率也高达 82%。据滴滴此前的预测，其 2015 年商品交易总额将达到 120 亿美元。

（资料来源：腾讯财经网）

三、我国中小微企业融资现状

我国的中小微企业主要通过内源性融资、直接融资、间接融资和民间借贷等形式募集企业发展所需的资金。从目前的实际情况看都不容乐观。"闹钱荒"是当下众多中小微企业共同面临的问题。

（一）内源融资

内源融资是中小微企业创业之初的首选模式。由于缺乏抵押和尚未建立起诚信度，这些私营业主很难从银行等金融机构获取贷款。因而，只能利用自有资金、寻找合伙人或向家人、朋友借款来进行生产经营，并将企业经营的收益部分拿出来进行扩大再生产。这种融资模式的好处在于融资成本低、风险相对小，但由于其获取的资金量有限和资金来源不稳定，对企业的快速成长十分不利。

（二）直接融资

直接融资包括发行股票、债券和吸引风险投资等形式，是一种新兴的融资方式。它的优点在于企业可以募集到足够的资金来发展壮大。但由于股票、债券市场进入的门槛过高，以及风险投资者基于自身追求利润等因素，这种融资方式偏重于国有或大型企业，创业板块和中小企业板块规模还很小。当前，我国只有极少数的前端行业、高科技含量的中小微企业才能够通过这种方式获取资金，所以并不是数以千万计的中小微企业的主流融资渠道。

（三）间接融资

通过抵押、担保和信用贷款从银行获取所需资金，是当前我国中小微企业的主要融资方式。而缺乏可抵押物和诚信不足的问题，一直是困扰许多中小微企业多年的难以从银行获取贷款的主要问题。虽然近年来国家和各级监管部门要求银行加大对中小企业的信贷投入，但是针对中小微企业的信贷规模的增速仍远低于当前企业不断增长的资金需求。同时，由于金融监管部门对商业银行信贷规模设定了诸多的限制，也使它们不能很好地为中小微企业提供更多优质的融资产品。据一项调查数据显示，2011年上海只有10%左右的小微企业从银行方面得到了贷款。

（四）民间借贷

随着市场的日趋成熟，现在企业产品的利润率已经越来越低，很多中小微企业资金压力日益增大。同时，由于银行在贷款审核方面对这些企业过于苛刻，近年来越来越多的中小微企业选择民间借贷的方式，以此来缓解融资难的问题。民间借贷有着手续简便、放款快捷等优势，但利率较高，随着近年来中小微企业资金缺口的增大，民间借贷的利率不断攀高，部分地区的利率已经与高利贷无异。一旦企业经营出现状况，就很难偿还高额的利息。

四、我国大学生创业融资存在的问题及基本对策

（一）我国大学生创业融资存在的问题

1. 国家政策法规没有得到有效的执行

近年来，国家颁布了一系列支持大学生创业的政策，但这些政策在执行过程中往往遇到一系列难题。因为政策执行单位大多还不具备解决这些问题的实际经验。正是由于对大学生的支持，国家政策还规定了一系列对支持大学生创业的有利政策。但是具体如何操作，并没有明确的规定。

2. 风险投资事业在我国仍不够发达

虽然最近几年我国的风险投资事业已经有了深化发展的趋势，但无论是规模还是发展程度都受外国机构的影响。可见，我国风险投资事业发展得不成熟，这必将影响我国的中小企业发展，制约我国建设创新型国家的目标。

3. 大学生自身创业能力不强

大学生自身创业能力不强，是制约大学生获得创业资金的重大障碍。近年来，我国高校实现跨越式发展，招生规模一再扩大，高校毕业生数量年年大幅度增长，伴随着的是社会各界对一些大学生综合能力的评价越来越差。在强调团队合作的今天，创业者想靠单枪匹马获得成功的概率正大大降低。受家庭因素的影响，如今一些大学生具有独立的个性，在创业中常常自以为是、刚愎自用。缺乏经验也是大学生创业问题中关键的因素之一，没有经验的大学生创业者还没有具备对市场事先调查的习惯，相反却进行理想的推断。这种缺乏实际经验的思维方式，往往是大学生创业失败的关键。这些素质缺陷，大大降低了大学生创业成功的概率，从而也大大降低了其获得资金青睐的可能性。

（二）解决我国大学生创业融资问题的基本对策

1. 创造良好的宏观调控环境

国家和政府为支持大学生创业融资，为其提供了良好的宏观环境，具体体现在各种有

关法律法规的颁布。所以，当务之急，我们要做的就是建立一个长效约束机制，督促银行等金融机构落实对大学生创业的小额信贷。政府应建立相应的配套机制，对银行等金融机构发放的创业贷款进行适当比例的补贴，以促使这种政策能够得到长期有效的贯彻执行。同时把对大学生创业贷款的支持，纳入对银行各级从业人员的业绩考评体系。从行政和经济上对大学生创业融资进行相应的法律支持。

2. 大力发展风险投资事业

风险投资是推动自主创业的有效途径，这一理论也得到了西方发达国家实践的证明。对于创业者来说，尤其是对于高科技领域的创业者，寻求风险投资商的帮助，是一个合理、有效的途径。风险资金的融入，在给企业带来丰富现金流的同时，也带来了先进的管理理念。这对于初出茅庐的大学生来说，都是至关重要的。因此，应该充分发挥风险投资在大学生自主创业中的支撑作用。

3. 开展大学生创业教育

我们在分析支持大学生自主创业遇到困难的同时，往往忽视了大学生自身综合素质的提高。近年高校大规模扩招，学校师资力量不足。创业教育在我国许多高校尚未开展起来，远远落后于西方发达国家。在市场经济条件下，资本是逐利的，如果投资大学生的收益率很高的话，资金必然会大量涌入这一行业，商业银行自然也无法拒绝这一诱惑。所以，提高大学生的综合素质和创业能力，是解决大学生融资难题的内生动力。

知识点滴

融资创新助解决小微企业"融资难"

据中国小额贷款公司协会统计，截至 2015 年末，我国小微企业贷款余额已突破 20 万亿元。随着社会投融资手段日趋多元化，应收账款融资、融资租赁融资等新手段或助解决小微"融资难"。

银监会及中国小贷协会数据显示，截至上年末，用于小微企业的贷款（包括小微型企业贷款、个体工商户贷款和小微企业主贷款）余额 23.5 万亿元，同比增长 13.3%。"特别是国务院日前印发的推进普惠金融发展规划（2016—2020 年）明确要求，拓宽小额贷款公司和典当行融资渠道，鼓励金融租赁公司和融资租赁公司更好地满足小微企业等融资需求。"上海快鹿投资集团相关负责人说。

据了解，包括银行业机构、小额贷款公司等金融类机构均在 2015 年加大服务小微企业力度。上海快鹿投资集团旗下的上海长宁东虹桥小额贷款股份有限公司，目前是长三角地区最大的民营小额贷款公司之一。"截至目前，共发放贷款万余笔，累计金额近 160 亿元，支持中小微企业破万家，实现利润总额逾 6.6 亿元，上缴税收近 3.2 亿元，信贷实现良性循环。"

此外，随着实体经济进入转型阶段，商事纠纷频发也带来中小企业的涉讼担保业务需求。上海东虹桥融资担保股份有限公司已成为全国民营企业中投资规模最大的融资性担保公司之一，迄今为止，仅其诉讼保全业务已累计实现担保额 146 亿元，在上海市担保行业中名列第一，业务覆盖范围全国第一。

"推进供给侧结构性改革过程中，就是要更好地减轻负担，降低企业成本，未来更多小微企业切实地享受到政策的实惠。"全国政协委员、民建中央调研部部长蔡玲说。

（资料来源：新华网）

第二节　创新创业融资渠道

一、融资渠道概述

融资渠道，指协助企业实现资金筹集的资金来源，主要包括内源融资和外源融资两个渠道。其中，内源融资主要是指企业的自有资金和在生产经营过程中的资金积累部分；外源融资是协助企业融资即企业的外部资金来源部分，主要包括直接融资和间接融资两类方式。直接融资与间接融资的区别主要在于是否存在融资中介。间接融资是指企业的融资是通过银行或非银行金融机构渠道获取。而直接融资即企业直接从市场或投资方获取资金。

随着技术的进步和生产规模的扩大，单纯依靠内部协助企业融资已经很难满足企业的资金需求。外部协助企业融资成为企业获取资金的重要方式。

（一）内部筹资渠道

企业内部筹资渠道是指从企业内部开辟资金来源。从企业内部开辟资金来源有三个方面：企业自有资金、企业应付税利和利息、企业未使用或未分配的专项基金。一般在企业并购中，企业都尽可能选择这一渠道，因为这种方式保密性好，企业不必向外支付借款成本，因而风险很小，但资金来源数额与企业利润有关。

（二）外部筹资渠道

外部筹资渠道是指企业从外部所开辟的资金来源，其主要包括：专业银行信贷资金、非银行金融机构资金、其他企业资金、民间资金和外资。从企业外部筹资具有速度快、弹性大、资金量大的优点。因此，在购并过程中一般是筹集资金的主要来源。但其缺点是保密性差，企业需要负担高额成本，因此产生较高的风险，在使用过程中应当注意。

借款筹资方式主要是指向金融机构（如银行）进行融资，其成本主要是利息负债。向银行的借款利息一般可以在税前冲减企业利润，从而减少企业所得税。向非金融机构及企业筹资操作余地很大，但由于透明度相对较低，国家对此有限额控制。若从纳税筹划角度而言，企业借款即企业之间拆借资金效果最佳。

向社会发行债券和股票属于直接融资，避开了中间商的利息支出。由于借款利息及债券利息可以作为财务费用，即企业成本的一部分在税前冲抵利润，减少所得税税基，而股息的分配应在企业完税后进行，股利支付没有费用冲减问题，这相对增加了纳税成本。所以，一般情况下，企业以发行普通股票方式筹资所承受的税负重于向银行借款所承受的税负，而借款筹资所承担的税负又重于向社会发行债券所承担的税负。企业内部集资入股筹资方式可以不用缴纳个人所得税。从一般意义上讲，企业以自我积累方式筹资所承受的税收负担重于向金融机构贷款所承担的税收负担，而贷款融资方式所承受的税负又重于企业借款等筹资方式所承受的税负，企业间拆借资金方式所承担的税负又重于企业内部集资入股所承担的税负。

二、积极稳妥发展众筹，拓展创新创业融资新渠道

众筹是随着互联网技术发展出现的一种新的融资方式。为支持"大众创业、万众创新"，我国政府号召通过众筹这样的互联网金融方式来服务广大创业者，帮助解决小微企业、特别是创业企业融资难的问题，从而对传统金融服务起到一定的补充支持作用。所谓众筹，是指通过网络平台发起项目向大众筹集资金，并由项目发起人为投资人提供一定回报的融资模式。

2015年9月23日，国务院印发《关于加快构建大众创业万众创新支撑平台的指导意见》（简称《指导意见》），明确指出，"众筹，汇众资促发展，通过互联网平台向社会募集资金，更灵活高效满足产品开发、企业成长和个人创业的融资需求，有效增加传统金融体系服务小微企业和创业者的新功能，拓展创业创新投融资新渠道。"

（一）我国众筹融资蓬勃兴起

众筹通过互联网平台向社会募集资金，其方式更加灵活、运作更为高效、服务更加便捷，为企业产品研发、个人创业融资都提供了巨大便利，是众多中小微企业早期发展、募集资金的重要融资途径。在我国经过多年发展，形成了捐赠众筹、实物众筹、股权众筹和网络借贷等业务模式。从回报方式区分，依次为无需回报、实物奖励、公司股权与债权。具体看，捐赠型众筹是指投资者以捐款、慈善、赞助等方式为具有特殊意义项目或企业提供财务资助，不求实质性回报；实物型众筹是指投资者对于项目或者公司进行投资，获取产品或相应服务作为回报；股权众筹是指投资者对于创新创业公司进行股权投资，并分享随着公司成长带来的回报；网络借贷（即债权众筹）是指投资者对于个人、企业融资资金需求进行投资，双方形成借贷关系，未来获取利息收益并收回本金的方式。

1. 实物众筹规模扩大

2015年，在淘宝、京东等电商龙头企业的引领下，实物众筹规模迅速扩大，仅上半年，成功的实物众筹项目总数就超过1.2万个，累计筹款金额达8亿元，同比增长超过300%。覆盖消费电子、智能家居、健康设备、艺术出版、影视娱乐等多个领域，助力一批极具发展前景的创新创业企业脱颖而出，实现梦想。如"小牛电动""三个爸爸空气净化器"等实物众筹项目纷纷融资超过千万元。

2. 股权众筹探索前行

股权融资是创新创业企业发展初期重要的募集资金方式，其中公募股权众筹影响较大，但发展却一直处于探索阶段，草根崛起、监管不足，突破现有法律法规等问题突出。2015年7月中国人民银行等十部委联合发布银发〔2015〕221号《关于促进互联网金融健康发展的指导意见》，指出股权众筹要以公开、小额、大众作为发展基本原则。从目前我国企业在该领域的探索与实践看，大多数股权融资平台开展的业务是私募股权融资，与真正意义上大众化、开放式股权众筹业务模式相差甚远。

3. 网络借贷爆发增长

网络借贷，顾名思义，是指一切认证、记账、清算和交割等流程均通过网络完成，借贷双方足不出户即可实现借贷目的，而且一般额度都不高，无抵押，纯属信用借贷。随着中国的金融管制逐步放开，在中国巨大的人口基数、日渐旺盛的融资需求、落后的传统银行服务状况下，这种网络借贷新型金融业务有望在中国推广开来，获得爆发式增长，得到长足发展。近几年，我国网络借贷交易连续翻倍式增长。行业整体规模4年增长81倍，平台数量增长超过30倍。2015年上半年，我国网络借贷运营平台数量超过2000家，累计成交量突破6835亿元，贷款规模全球第一，其综合影响力、用户接受度快速提高，成为我国金融小额借贷业务体系中重要的补充。

从2014年起，网贷开始流行于大学校园。在"0担保，0抵押，到账快，申请简单"的情况下，在校大学生只需动一动手指，填上相关资料，就能体验一把有钱任性的生活。校园贷这些表面的优惠，对不少大学生而言，是难以抗拒的诱惑。然而，不法分子利用大学生社会认知能力差、防范心理弱的劣势，利用他们不太清楚银行贷款利率的弱点，打着"利率优惠，薄利多销"的幌子，却暗含收取大学生的高额手续费，肆意达到收取大学生超过银行20～30倍利率的目的，大学生一旦出现逾期也就出现罚息，利滚利更加成了高利贷。随着通过网贷平台贷款的大学生越来越多，校园网贷欺诈、高利贷、"裸贷"和暴力催收等乱象也逐渐暴露，给校园安全和学生合法权益带来严重损害，造成了不良社会影响。2016年，银监会、教育部等部委联手出击，重拳整治校园网贷，取得了初步成效，但仍未根治乱象。2017年6月，银监会、教育部和人社部联合发布《关于进一步加强校园贷规范管理工作的通知》，决定进一步加大校园贷监管整治力度，从源头防范和化解校园贷风险。据此，全国全面叫停了各类网络平台的校园贷业务。目前，能够为大学生提供信贷服务的合法主体，只能是银行业金融机构。大学生应注意树立正确消费观，切忌盲目追求高消费。

若发现身边有同学在从事非正规校园贷的校园代理,应当及时劝阻,也可通知老师或学校。大学生如果已经借了非正规校园贷,一定要立即告知学校和家长,尽早协商解决,避免问题恶化;如果和非正规校园贷机构发生纠纷或遭遇对方威胁,应当立即报警,寻求警方帮助;如果协商难以解决,可以通过民事诉讼,求助法院解决。

继银监会 2017 年 8 月 23 日发布《网络借贷信息中介机构业务活动信息披露指引》后,2017 年 10 月 17 日,中国互联网金融协会正式发布《互联网金融信息披露个体网络借贷》(T/NIFA1—2017)团体标准,网贷行业信披又迎新规。此次发布的新标准则是结合上述标准实施近一年以来的情况,按照"披露指标不遗漏、披露内容不冲突"的修订原则,对从业机构信息、平台运营信息、项目信息等披露指标进行了适应性完善。相信随着网络的发展和社会的进步,特别是全面依法治国的全领域覆盖和落实,此种网络金融服务的合法性与正规性将会逐步加强,在有效的监管下发挥网络技术优势,逐步实现普惠金融的理想。

(二)发展众筹具有积极意义

众筹本身拥有巨大市场价值、融资价值和营销价值,打破了传统的融资模式,使大众天使投资深入人心,其快速发展带来了四方面重要积极意义:一是拓宽个人和中小微企业的直接融资渠道。有利于缓解中小微企业融资难问题,优化社会融资结构,提升金融服务的覆盖面,为个人和中小微创新创业企业提供快速、便捷、普惠的直接融资服务。二是健全多层次资本市场体系。促进市场分层有序、功能互补,推动金融市场、产品、投资者及融资中介的多元化,满足发展处于不同阶段个人和企业的融资需求。三是有利于分散融资风险,增强金融体系的弹性和稳定性。四是加强市场化运营机制。提高金融资本市场运行透明度,鼓励更多群众关注、参与、支持创新创业项目的投融资活动,让"人人投""大众天使"成为大众创业万众创新又一新常态。

(三)众筹发展中遇到的问题与挑战

众筹像任何新兴行业起初发展一样,犹如一枚硬币的两面,既有正面也有反面。行业在快速发展过程中，必然存在一些不容忽视的问题与挑战。

1. 股权众筹突破我国现有法律法规

股权众筹，通过互联网形式进行公开小额股权融资活动，类似证券发行，违背了《证券法》第10条关于公开发行的禁止性规定，即未经国务院证券监督管理机构批准，任何单位和个人都不得向不特定对象发行证券。又如，利用互联网进行公开宣传及募资对象人数突破200人，与《公司法》第78条规定即向特定对象发行证券累计不得超过200人及非公开发行证券不得采用广告、公开劝诱和变相公开方式相悖。再如，我国《刑法》第176条、《公司法》第141条和《证券法》第39条，也分别对股权众筹运作过程中的集资行为、中途股权转让和退出进行限制。最后，我国法律法规尚未明确规定股权众筹是否拥有公开向公众发行，而不被视为公开发行的豁免权（类似美国在《创业投资Jobs法案》中的相关表述）。

2. 业务模式不成熟存在不确定性风险

发展至今，很多众筹平台依然处于找方向和试错阶段。平台整体缺乏持续性盈利模式，优秀项目的持续存在和发现存在一定困难，导致众筹平台很难获得持续性的收入增长。另外，众筹企业摸着石头过河发展方式与平台自身风险管理能力不匹配，潜在的资金欺诈道德风险不容忽视。2015年上半年，国内累计上线的众筹平台超过190家，其中35家已倒闭或无运营迹象，11家发生业务转型，二者合计占平台的总数1/5。

3. 投资者教育与实践经验相对匮乏

对于几乎同步于美国建立起的国内众筹投资领域，行业整体发展并无太多国外经验可循。从投资者角度看，投资众筹面临项目风险、平台风险、估值风险和后续资金退出等多重风险。从众筹平台角度看，国内大多数众筹平台在开展众筹业务过程中，在投资者风险教育，合格投资人制度建立、企业信息披露范畴、项目筛选等多个方面都存在诸多不完善的地方，运营实践经验十分匮乏。

（四）分类推进众筹发展重点方向

《关于促进互联网金融健康发展的指导意见》针对众筹提出了"稳健发展众筹，拓展创业创新融资"的总体方向和目标。同时，根据不同众筹类型及发展所处的不同阶段和实际情况与问题，选取了实物众筹、股权众筹和网络借贷三类典型模式，提出了适当的相应推进策略。

1. 积极开展实物众筹

实物众筹发展相比股权众筹、网络借贷发展较为成熟，在电商龙头企业的引领下，逐步建立了规范的实物众筹业务发展模式和及时的投资者保护机制，发展趋于稳健。《关于促进互联网金融健康发展的指导意见》提出要积极鼓励其发展，更好地发挥实物众筹资金筹集、创意展示、价值发现、检验市场接受度等功能，不仅能够帮助创新创业企业融资，还为企业带来了发展初期所急需的外部资源，弥补技术和管理经验上的不足，促进创意创新产品更好地适应市场需求，帮助企业发展壮大。

2. 稳步推进股权众筹

目前，股权众筹发展还存在较多难以在短时间内解决的问题，如，法律法规方面的立、改、废、释工作。《关于促进互联网金融健康发展的指导意见》提出，要进一步通过试点示范方式，稳步推进股权众筹发展，引导企业加快完善运营机制。这既是针对现实情况和问题提出相对稳妥的推进方式，也体现出政府在创新业态的监管理念上，秉持包容发展态度及防范风险、管控风险的整体思路。同时，也更有利于企业在试点范围内，积极创新，深入探索股权众筹未来发展方向，进而丰富多层次资本融资市场体系建设，完善信息披露规则，切实保护投资者合法权益，防范金融风险。

3. 规范发展网络借贷

长期以来，我国中小微企业贷款难的问题在一定程度上限制了实体经济发展，网络借贷的兴起以其贷款额度较小、期限灵活、无需抵押担保等突出特点，开辟了在传统借贷方式以外，解决个人、小微企业融资难问题的另一条路径，行业发展获得了巨大增长空间。例如，网信理财网络借贷平台提供的"三农"借贷服务，有效将普惠金融服务带到全国各地县乡镇村，覆盖传统金融服务体系的薄弱环节。通过互联网体系实现了生产者和资金需求的对接，解决农业生产者的资金难题。但是，在网络借贷快速发展的同时，也需要看到存在的诸多风险与隐忧。例如，关门跑路现象接连出现，自融自贷资金池等问题的屡禁不止，都亟须进一步进行规范。《关于促进互联网金融健康发展的指导意见》提出，一方面要继续鼓励互联网企业依法合规设立网络借贷平台，另一方面也要积极运用互联网技术优势构建风险控制体系，降低信息不对称，防范风险，规范发展。

风物长宜放眼量。目前，国家对于众筹领域的发展与创新秉持鼓励和包容的态度。可以预见，在《关于促进互联网金融健康发展的指导意见》的指引和规范下，众筹将在探索中不断前行，迈向健康发展的道路。各类众筹模式都有望蓬勃发展，进一步激发众筹创业热情，点燃大众参与创新创业项目投资的激情。

能力检测

一、简答题

1. 融资与创业融资的概念分别是什么？
2. 大学生创业融资的特点有哪些？
3. 解决我国大学生创业融资问题的基本对策有哪些？
4. 众筹融资的概念是什么？
5. 发展众筹融资的意义是什么？

二、案例分析题

浙江"90后"小伙创业3年获风投 估值3.5亿元

日前，"空中濮院"获Founder's Found基金首轮联合风投，估值3.5亿元。一家由"90后"青年创立的公司凭什么能获得基金公司青睐，在创立3年后就被估值3.5亿元？完成首轮融资后，"空中濮院"有何新的发展抱负？

2013 年 5 月，1992 年出生的张成超在浙江桐乡濮院创办了一家通过互联网平台充分整合濮院毛衫产业以及衍生资源的公司——空中濮院，立足濮院这一强大的市场资源，发展服装行业的 B2B。

在首届世界互联网大会·乌镇峰会上，张成超向马云、马化腾、李彦宏赠送一份"淘宝找不到、百度查不到、微信朋友圈看不到"的礼物——一件全球仅有的"无缝立体数码印花"毛衣，厚度仅 0.5 毫米，重量才 70 克，这些工艺和原料均来自他公司平台上的供应商。大会后，"空中濮院"的平台价值就吸引了众多风投的关注。

在张成超看来，在世界互联网大会·乌镇峰会上向"BAT"巨头送礼物只是吸引了风投的关注，而真正吸引风投进行投资的最重要原因是自己沉淀了 3 年的资源、团队和 B2B 的行业前景。

短短 3 年间，空中濮院在中国最大羊毛衫集散中心、中国毛衫名镇、中国毛衫第一市的濮院不断发展壮大，在中国羊毛针织行业领域均占有强势的市场份额与话语权。张成超说，"截至目前，我们平台已经拥有上游工厂、门市资源 7000 多家，拥有移动端客户 5 万多人。"据介绍，"空中濮院"现在的团队已经积累了服装 B2B 行业丰富的实战经验，这些自身优势加上目前整个 B2B 行业的发展前景，成为基金选择"空中濮院"的主要原因。

"这次融资带来的资源价值超过资金本身价值。"在对比数十家基金公司后，张成超选择了他认为最适合"空中濮院"未来发展的 Founder's Found 基金，"这只基金是由一批优秀的企业家和投资人组成的基金，他们各自都掌握了很多资源，这是我最看重的。"

完成首轮融资后，"空中濮院"有什么打算？张成超表示，接下来的这段时间，他将静下心来积极加强团队建设。一方面对外招募管理型人才，另一方面加大内部人才培养。目前已有一批来自前"BAT"的高级技术专家和管理人才确定将加盟"空中濮院"。此外，他还将对整个公司的技术进行大幅革新，提升技术研发能力，将原来仅仅停留在交易层面的技术上升到对产品和产品供应链的技术研发上去。最后，"空中濮院"将加大宣传推广力度，并不断扩充产业项目，从毛衫产业逐步扩展至服装产业。

（资料来源：嘉兴日报）

问题：谈谈浙江"90 后"小伙张成超的成功之道。

拓展阅读

海归创业最难念的是"融资经"，难以进行差异化竞争

"目前，中国经济已经开始进入创业创新的繁荣时期。"2016 年 2 月 22 日，中国国家工商总局局长张茅在国务院新闻发布会上说了这样一句话。张茅表示，中国人力资本进入收获期，海归人才、企业精英蕴藏着巨大的创造力。然而，不少海归却被融资问题难住了。

《人民日报》海外版报道，"同质化产品太多，难以进行差异化竞争。到后期，资金就跟不上了"。2014 年底，徐巍从美国归来。2015 年，他尝试创业，他自己投资了 200 万元，天使轮融资 500 万元，虽然起初融资的情况比想象中要好，但是项目上线 6 个月，O2O（Online To Offline，在线离线/线上到线下）式下盈利困难，最终因为难以继续融资而导致项目关停。金融活则全盘活，充足的资金保障是创业创新成功的必要条件。在没有资金保障的情况下，创业项目就会变成"一潭死水"，很难绝地反击。徐巍表示，他正在筹划新项目。

从英国留学归来的吕麦可现在从事教育方面的创业。他愁眉苦脸地说："融资问题一直让我很烦恼，投资不是一次就能谈成的。本来谈妥的 500 万元，随时可能改变，也许就变成了 200 万元。"

在第十届中国留学人员创新创业论坛上，清华大学公共管理学院院长薛澜表示，对于海归创业来说，首先是融资难。创业不仅需要资金的支持，更需要良好的商业模式给予支撑。

融资难，是产品自身说服力不够吗？当然有一部分原因。但是海归对于国内金融环境不够熟悉、产品定位不够准确、非高新技术又无法申请有关项目支持、民间资本信心不足等都可能导致融资出现一定的问题。海归必须端正心态，在融资遇到问题时，努力寻找解决办法。

"之前有预期，但是真正创业时才发现和自己的想象有些出入"。徐巍是清华大学自动化系 04 级毕业生，在美国俄亥俄州立大学修读计算机专业。他在美国有过两次创业经历。起初，他在手游领域创业失败。之后，他创办了一个日韩化妆品电商平台，服务于美国的华人留学生群体，取得了一定的成功。"化妆品行业有一定的门槛，我的合伙人非常懂化妆品，我们在一定程度上占据了主导权。创业需要懂行的人。"徐巍感慨道。

"最大的困难就是各方面经验不足，虽然专业不对口，但是我坚持了下来。"语言学专业出身的程煜从英国兰卡斯特大学毕业后，回到家乡办起了餐饮业。起初的创业资金是他的存款和家里的援助，后期主要依靠公司盈利。他表示，虽然工作与专业有差距，但是扎实的文字功底对于公司文案写作有极大的帮助，也在一定程度上帮助了他的创业。

（资料来源：《人民日报》）

第七章

创业风险

创业风险是指在企业创业过程中存在的风险，是指由于创业环境的不确定性，创业机会与创业企业的复杂性，创业者、创业团队与创业投资者的能力与实力的有限性，从而导致创业活动偏离预期目标的可能性。如今，在创新创业的新形势下，越来越多的人选择创业。这些人怀揣着满腔的创业热情和对未来生活的美好憧憬开始打拼属于自己的创业新天地。然而创业有风险，每一个想要创业的人都要了解创业风险，学会评估创业风险，正确识别并有效防范创业风险。

学习目标

1. 了解创业风险的概念、分类及来源。
2. 了解创业风险的评估、识别与防范。
3. 了解大学生创业风险成因及管理。

案例导入

杨同学从吉林市某高校英语专业毕业，先是在一所外语学校当英语老师，后来又出国深造了 3 年。回国后，自己在吉林市经营一家少儿英语培训机构。现经营状况不错，每年的纯利润达 20 余万元。

回顾创业来时路，杨同学认为，如果没有任何社会实践经验，千万不要轻易创业。"对于刚刚走出校门的大学生来说，我不建议他们一毕业就创业。因为没有当过员工的老板，是不可能成为一名好老板的。应要积累一定的社会实战经验和人、财、物的资源，这些是初创业者必备的素质。"杨同学说。

杨同学还提到，创业团队的选择，对于青年创业者来说也是个相当大的问题。他举例说道："我身边就有很多因团队不和谐而导致创业失败的例子，大多是因为年轻气盛，当团队意见发生分歧时，一吵架就退股，团队也就散了，企业也就不了了之了。所以，青年创业者应意识到创业不是'过家家'，要有责任感和团队意识，并且团队成员要学会坦诚相待、以理服人，为大局着想。"

如今，越来越多的大学生毕业后选择创业。但创业有风险，创业不是买彩票，光凭运气不行；创业不是儿戏，只有热情靠不住。自主创业之路并非是一帆风顺的。成功不一定可以复制，但成功的经验可以借鉴。

第一节 创业风险的概念、来源与分类

一、什么是创业风险

创业风险是指在企业创业过程中存在的风险，是指由于创业环境的不确定性、创业机会与创业企业的复杂性，创业者、创业团队与创业投资者的能力与实力的有限性，从而导致创业活动偏离预期目标的可能性。

二、创业风险的来源

研究表明，由于创业的过程往往是将某一构想或技术转化为具体的产品或服务的过程，在这一过程中，存在着几个基本的、相互联系的缺口，它们是上述不确定性、复杂性和有限性的主要来源。也就是说，创业风险在既定的宏观条件下，往往就直接来源于以下五个缺口：

（一）融资缺口

融资缺口存在于学术支持和商业支持之间，是研究基金和投资基金之间存在的断层。其中，研究基金通常来自个人、政府机构或公司研究机构，它既支持概念的创建，还支持概念可行性的最初证实；投资基金则将概念转化为有市场的产品原型（这种产品原型有令人满意的性能，对其生产成本有足够的了解并且能够识别其是否有足够的市场）。创业者可以证明其构想的可行性，但往往没有足够的资金将其实现商品化，从而给创业带来一定的风险。通常，只有极少数基金愿意鼓励创业者跨越这个缺口，如富有的个人专门进行早期项目的风险投资，以及政府资助计划等。

（二）研究缺口

研究缺口主要存在于仅凭个人兴趣所做的研究判断和基于市场潜力的商业判断之间。当一个创业者最初证明一个特定的科学突破或技术突破可能成为商业产品基础时，他仅仅停留在自己满意的论证程度上。然而，这种程度的论证后来不可行了，在将预想的产品真正转化为商业化产品（大量生产的产品）的过程中，即具备有效的性能、低廉的成本和高质量的产品，在能从市场竞争中生存下来的过程中，需要大量复杂而且可能耗资巨大的研究工作（有时需要几年时间），从而形成创业风险。

（三）信息和信任缺口

信息和信任缺口存在于技术专家和管理者（融资者）之间。也就是说，在创业中，存在两种不同类型的人：一是技术专家；二是管理者（融资者）。这两种人接受不同的教育，对创业有不同的预期、信息来源和表达方式。技术专家知道哪些内容在科学上是有趣的，哪些内容在技术层上是可行的，哪些内容根本就是无法实现的。在失败类案例中，技术专家要承担的风险一般表现在学术上、声誉上受到影响，以及没有金钱上的回报。管理者（融资者）通常比较了解将新产品引进市场的程序，但当涉及到具体项目的技术部分时，他们不得不相信技术专家，可以说管理者（融资者）是在拿别人的钱冒险。如果技术专家和管理者（融资者）不能充分信任对方，或者不能够进行有效的交流，那么这一缺口将会变得更深，带来更大的风险。

（四）资源缺口

"巧妇难为无米之炊"。资源与创业者之间的关系，就如同颜料、画笔与艺术家之间的关系。没有了颜料和画笔，艺术家即使有了构思也无从实现。创业也是如此。没有所需的资源，创业者将一筹莫展，创业也就无从谈起。在大多数情况下，创业者不一定也不可能拥有所需的全部资源，这就形成了资源缺口。如果创业者没有能力弥补相应的资源缺口，要么创业无法起步，要么在创业中受制于人。

（五）管理缺口

管理缺口是指创业者并不一定是出色的企业家，不一定具备出色的管理才能。进行创业活动主要有两种：一是创业者利用某一新技术进行创业，他可能是技术方面的专业人才，但却不一定具备专业的管理才能，从而形成管理缺口；二是创业者往往有某种"奇思妙想"，可能是新的商业点子，但在战略规划上不具备出色的才能，或不擅长管理具体的事务，从而形成管理缺口。

三、创业风险的分类

（一）按风险来源的主客观性划分

按风险来源的主客观性划分，可分为主观创业风险和客观创业风险。

主观创业风险，是指在创业阶段，由于创业者的身体与心理素质等主观方面的因素导致创业失败的可能性。

客观创业风险，是指在创业阶段，由于客观因素导致创业失败的可能性，如市场的变动、政策的变化、竞争对手的出现、创业资金缺乏等。

（二）按创业风险的内容划分

按创业风险的内容划分，可分为技术风险、市场风险、管理风险、生产风险、经济风险和政治风险。技术风险，是指由于技术方面的因素及其变化的不确定性而导致创业失败的可能性。市场风险，是指由于市场情况的不确定性导致创业者或创业企业损失的可能性。管理风险，是指因创业企业管理不善产生的风险。生产风险，是指创业企业提供的产品或服务从小批试制到大批生产的风险。经济风险，是指由于宏观经济环境发生大幅度波动或调整而使创业者或创业投资者蒙受损失的风险。政治风险，是指由于战争、国际关系变化或有关国家政权更迭、政策改变而导致创业者或企业蒙受损失的可能性。

（三）按风险对所投入资金即创业投资的影响程度划分

按风险对所投入资金即创业投资的影响程度划分，可分为安全性风险、收益性风险和流动性风险。创业投资的投资方包括专业投资者与投入自身财产的创业者。

安全性风险，是指从创业投资的安全性角度来看，不仅预期实际收益有损失的可能，而且专业投资者与创业者自身投入的其他财产也可能蒙受损失，即投资方财产的安全存在危险。

收益性风险，是指创业投资的投资方的资本和其他财产不会蒙受损失，但预期实际收益有损失的可能性。

流动性风险，是指投资方的资本、其他财产和预期实际收益不会蒙受损失，但资金有可能不能按期转移或支付，造成资金运营的停滞，使投资方蒙受损失的可能性。

（四）按创业过程划分

按创业过程划分，可分为机会的识别与评估风险、准备与撰写创业计划风险、确定并获取创业资源风险和新创企业管理风险。创业活动须经历一定的过程。一般而言，可将创业过程分为四个阶段：识别与评估机会、准备与撰写创业计划、确定并获取创业资源、新创企业管理机会的识别与评估风险。

机会的识别与评估风险，指在机会的识别与评估过程中，由于各种主客观因素，如信息获取量不足，把握不准确或推理偏误等使创业一开始就面临方向错误的风险。另外，机会风险的存在，即由于创业而放弃了原有的职业所面临的机会成本风险，也是该阶段存在的风险之一。

准备与撰写创业计划风险，指创业计划的准备与撰写过程带来的风险。创业计划往往是创业投资者决定是否投资的依据，因此创业计划是否合适将对具体的创业产生影响。创业计划制定过程中各种不确定性因素与制定者自身能力的限制，也会给创业活动带来风险。

确定并获取资源风险，指由于存在资源缺口，无法获得所需的关键资源，或即使可获得，但获得的成本较高，从而给创业活动带来一定风险。

新创企业管理风险，主要包括管理方式，企业文化的选取与创建，发展战略的制定、组织、技术、营销等各方面的管理中存在的风险。

第二节 创业风险的评估、识别与防范

一、创业不能盲目，要进行风险评估

很多朋友都是从大学时代就开始在淘宝开网店创业了，虽然大学生创业前期赚不了什么钱，但是经过几年的经验积累，很多朋友现在有不错的收入，有部分人还全职做淘宝店主了。现在很多大学生或应届毕业生不想找工作，想一毕业就自己创业，其实这个是有很大风险的。如果非要创业，那么就建议在网上创业。为什么呢？分析如下：

（一）线下创业面临诸多风险

大学生创业容易盲目评估创业风险。要知道创业风险除了创业资金的问题外，还包括4个风险：

1. 不会选项目

大学生有着满腔的热情，他们会想着用自己的激情去创业，但缺少的就是经验。他们容易冲动，由于他们缺少理性，对于项目的选择也就会比较盲目，尤其在开展项目之前不进行分析和市场调研，只是凭借自己的一时兴起和兴趣选择项目，而不考量这个项目是否真正的有前景，有发展空间。

2. 资源缺乏

创业的过程其实就是不断地将资源再利用的过程，中年人创业的优势就在于有良好的人脉，甚至他们不需要做任何努力，只要将自己在工作中的人脉都利用起来就有大把的金钱可以赚。而大学生就是缺少这些，因为他们没有那么强的人脉关系，只有通过广泛的交际来改善这种局面。

3. 缺乏专业技能

眼高手低是大学生创业者的通病。往往纸上谈兵很不错，但实际的操作起来却存在这样那样的问题。专业技能的缺乏是导致他们创业阻力的关键因素。只有具有专业技能，知道行业的信息等才能具备解决问题的能力。

4. 管理漏洞

创业管理上比较随意，尤其一些大学生都是合伙创业，更是无序管理。这些都造成了管理障碍，对于企业的发展有很多的阻力。只有加强管理，才能具备足够的凝聚力。如果不具有管理能力，可以聘请职业经理人来协助管理。

如果不选择在网上创业，而是选择线下开公司创业的话，就要面临以上4个风险。只要在创业过程中具备其中一个风险，那么就很容易创业失败。那么，大学生网上创业就没风险了吗？其实不然，但是相对于来说，风险比较低，而且最重要的是不会造成巨大损失。

（二）网上创业风险较小

网上创业因为启动资金少、创业成本低、交易快捷等特点，成了大学毕业生创业首选的"试验田"。它吸引着越来越多的大学生抢搭"网店创业"快车。据统计，淘宝网上新开店铺每个月近20万家，其中大学生掌柜约占60%。可见，网络创业热潮汹涌，已成为不少大学生就业的新风向。

另外，开网店能赚钱吗？大学生从网民、到网络购物、再到网上创业的角色转变，让他们比其他人群更了解网络，更熟悉网络。"80后""90后"以及"00后"有充沛的课余时间，以及网络市场独立、自由的运营模式等因素与大学生的生活规律相吻合，使得大学生网店创业的成活率比平均值要高8个百分点。追根溯源，大学生良好的文化素养为他们创业成功打下了坚实的基础。所以，大学生开网店赚钱的成功率比较高。

最后，在这里再次建议大学生创业应该首选在网上创业，最简单的方式就是在淘宝、

eBay等平台开网店创业了。比如，开个化妆品网店。起步阶段，不能浮躁，不能跟风，不能急于求成，多学习一些网络营销技巧。只有这样一步一个脚印，才能稳中求胜。

二、正确识别创业风险，落实防范风险措施

风险识别是指在风险出现或出现之前，就予以识别，以有效把握各种风险信号及其产生的原因。企业经营者若不能正确、全面地认识企业可能面临的所有潜在损失，就不可能及时发现和预防风险，难以选择最佳处理方法。因此，风险管理的第一步就是要正确、全面地认识可能面临的各种潜在损失。

（一）风险识别方法

风险识别的具体方法主要有以下几种：

1. 业务流程法。以业务流程图的方式，将企业从原材料采购直至送到顾客手中的全部业务经营过程划分为若干环节，每一环节再配以更为详尽的作业流程图，据此确定每一环节进行重点预防和处置。

2. 咨询法。以一定的代价委托咨询公司或保险代理人进行风险调查和识别，并提出风险管理方案，供经营决策参考。

3. 现场观察法。通过直接观察企业的各种生产经营设施和具体业务活动，具体了解和掌握企业面临的各种风险。

4. 财务报表法。通过分析资产负债表、损益表和现金流量表等报表中的每一个会计科目，确定某一特定企业在何种情况下会有什么样的潜在损失及其成因。由于每个企业的经营活动最终要涉及商品和资金，所以这种方法比较直观、客观和准确。

（二）风险防范措施

为避免造成重大经济损失和社会不良影响，每个创业者都应花大力气进行风险预防。创业者应选择那些发生概率大、后果严重的事件，进行重点的防范。对于防范、降低风险而言，创业圈提出了以下几点措施：

1. 降低现金风险的防范。防范降低现金风险的对策有：向有经验的专家请教；经常评估现金状况；理解利润与现金、现金与资产的区别，经常分析它们之间的差额；节约使用现金；现金管理上应注意接受订货任务要与现金能力相适应；不将用于原材料、在制品、成品和清偿债务的短期资金移作固定资产投资。

2. 降低开业风险的防范。防范降低开业风险的对策有：在你最熟悉的行业办企业；制定符合实际的，而不是过分乐观的计划；在预测资金流动时，对收入要谨慎一点，对支出要留有余地，一般要留出所需资金10%的准备金，以应付意外；没有足够资金不要勉强上项目，发现问题时要立即调整。

3. 降低市场风险的防范。防范降低市场风险的对策有：以市场及消费者的需求为生产的出发点；时刻关注市场变化，善于抓住机会；广泛搜集市场情报，并加以分析比较，制定有效的市场营销策略；摸清竞争对手底细，发现其创业思路与弱点；对各种成本精打细算，杜绝不必要费用；健全符合自身产品特点的销售渠道网络；充分了解各主管机关职能

及人员构成情况；以良好诚信的售后服务赢得顾客青睐。

4. 降低人员风险的防范。防范降低人员风险的对策有：建立完善的雇员选择标准，综合考虑技术能力和合作能力两个因素；建立合理的信息沟通及汇报制度，使创业者能充分掌握员工及企业动态；制定有效的投资力度，从长计议，加强员工内部凝聚力；无论人员来源，寻找最胜任工作的人选；记录并跟踪新雇员情况，熟悉各个职员素质及发展，做到人尽其才；友好对待并鼓励新雇员，使其早日适应新环境，进入工作角色。

5. 降低财务风险的防范。防范降低财务风险的措施有：为了应付财务风险，领导班子要有适当分工，密切监控和防范财务风险；请专家和银行咨询，选择最佳的资金来源、最合适时机和方式筹措资金。

6. 降低技术风险的防范。防范降低技术风险的对策主要有：综合考虑企业自身技术能力、资金量和所需时间，选择技术获得途径；若选择引进技术，则要在引进技术前对所引进技术的先进性、经济性和适用性进行评价；加强对职工的技术培训，提高员工对高科技设备的操作熟练度，减少不必要的风险损失。

第三节　当代大学生创业风险分析与管理

一、大学生创业风险分析

大学生在自主创业中主要遇到的创业风险有如下方面。

（一）项目选择风险

创业项目选择风险是指在创业初期因选择的创业项目不当，导致企业无法盈利而难以生存的风险。目前，大学生创业的项目选择多集中在高科技领域和智力服务领域，如软件开发、网络服务、家教中介、设计工作室等。此外，快餐、零售等连锁加盟店也是大学生青睐的创业项目。大学生创业时如果只是凭自己的兴趣和想象来决定创业项目，甚至仅凭一时心血来潮作决定，不去做大量细致的市场调研与论证，不结合自身掌握的资源状况作出决定，那么其在创业过程中一定会碰得头破血流，会非常艰苦，甚至会走向失败。

案例精选

小刘毕业后一直想自己做老板，看到邻居在小区里开了一个食品杂货店收益一直不错，颇为心动。于是，小刘租了小区内一个库房做店面，筹集了一万多元钱做启动资金，进了一些货品，开了一家食品杂货店。但是经营了两个月后，小刘的食品杂货店就撑不住了，不得已关张。

为什么同样是食品杂货店，邻居可以干得红红火火，小刘的店却经营惨淡呢？

原来，小刘为了突出自己食品杂货店的特色，没有像邻居一样进茶、米、油、盐等大众用品，而是将经营范围锁定在沙司、奶酪、芝士等一些西餐调味食品上。但是小区里的居民对她的货品需求少，加之她店面的位置在小区边缘，而且营业时间不固定，由着她的性子开，很多邻居都不愿意绕道过去，所以生意不红火。

（二）技能不足风险

大学生从象牙塔走出来就开始进行创业，其间还未实现由学校人向社会人的完全转变，其年龄、阅历、心理等与有社会经验的人相比处于劣势。眼高手低，思考问题理想化，对困难估计不足，是对当代大学生的综合评价。创业本身是一个复杂的系统工程，市场不会因为创业者是学生就网开一面，在单纯的校园环境中成长起来的大学生，在面对社会和市场时，自然就比有社会经验的人更容易迷失和迷茫。另外，大学生还缺乏创业必备的知识和能力，不了解创业的相关政策法规，也没有在相关企业的工作、实践经历，缺乏能力和经验。同时，这种缺乏不仅仅是表现在职业技能、技术、管理等方面，还同时表现在人生阅历、心理承受等方面。所以，我国大学生创业成功的概率并不高，其技能不足影响了他们，也是主要的因素之一。

（三）环境风险

创业环境与创业活动是相互作用的，对创业的成败起着决定作用。不管是企业、还是个人都处于一定的环境之中，如社会环境、企业治理环境、政治环境等。这些环境的变化都会对大学生的创业造成较大的影响。这种影响尤其表现在创业的中后期，其一旦发生，对企业的危害都是致命性的。尤其是高技术产品的创新活动和一些敏感性产业。在我国，对大学生创业有较大影响的还有社会环境的因素。我国社会环境和由此引起的法律环境的变化，对于任何一家企业的影响都很大。更深远的是，这种变化往往是大学生创业者自身无法预料和改变的。

（四）资源风险

这里所说的资源风险主要是由于社会资源贫乏而产生的风险。社会资源是企业和个人在社会上获得成功的重要因素之一。越是社会资源广泛，其获得成功的可能性就越大。因为企业作为社会企业类公民，需要与各方进行沟通和联系，如政府、社会团体、供应商、销售商等。企业的所有工作都需要调动足够多的社会资源。然而，初入社会的大学生的社会资源毫无疑问相对较少。尽管有老师和同学的帮助，在一些地方也有政府创业机构的支持。但这些帮助对于大学生的创业，尤其是企业的持续经营而言，可以说是杯水车薪。所以，当大学生走入社会实施创业时，在宣传广告、市场营销、工商税务等方面将会遇到很多挫折和困难。在面对这些困难时，往往会显得一筹莫展，在耗费了大量精力、物力和人力之后，相当部分大学生创业者不得不怀着受挫后的复杂心情而离开。

（五）财务风险

财务风险是指因资金不能适时地筹集和供应而导致创业失败的可能性。可以说，财务风险贯穿在创业活动的整个过程。足够的资本规模可以保证企业投资的需要；合理的资本结构可以降低和规避融资风险；融资方式的妥善搭配可以降低资本成本。我国大学生自主创业资金主要来源于家庭支持、银行贷款、风险投资、典当融资、股权融资和融资租赁等渠道。其中，除去家庭支持外，其他资金来源渠道的获得途径都需要一定的资质和担保。这对于刚进行创业的大学生而言，是非常困难的。因为不管是银行，还是风险投资担保机构，都需要有实业或者其他企业机构的担保。当今社会，空手套白狼的创业奇迹越来越少。如果没有广泛的融资渠道，创业计划无从谈起。如果没有足够的流动资金，很可能会导致在创业初期就遭遇失败。因此，财务风险普遍是创业前期的命门。

（六）管理风险

创业管理风险是指在创业管理运作过程中因信息不对称、管理不善、判断失误等影响管理的水平，而导致创业失败的风险。企业的管理不仅仅需要知识，还需要阅历，需要在平常的工作中日积月累而形成的经验。一些大学生创业者虽然可能接受过创业方面的培训，但是大部分是来自于书本，过于理想化。他们怀抱着一腔热情和抱负，只会纸上谈兵，造成经营理念淡薄、产品营销方式呆滞、信息闭塞等。特别是大学生知识单一、经验不足、资金实力和心理素质明显不足，更会增加在管理上的风险。

知识点滴

雷军：大学生不要借钱创业，失败率很高

2015 年 3 月，全国人大代表、小米科技 CEO 雷军在接受媒体采访时说，"创客"写入 2015 年中国政府工作报告让他很兴奋，"这几年我们创业环境有了巨大的变化，我个人希望，能够进一步解决创业环境中存在的一些问题，使得创业环境达到先进国家水平。"

至于如何看待大学生创业，雷军说，大学生创业是值得社会爱护的一件事情，年轻人有想法、有梦想，没有拘束，更容易做出一些伟大的东西。但他建议大学生把创业过程当成一种历练和学习的过程，不要借钱去创业，因为大学生创业失败率是非常高的。

（资料来源：新浪网）

二、大学生创业风险成因分析

大学生创业之所以存在上述诸多种风险，这不仅仅与大学生自身有密切关系，也与大学生生活和创业的外部环境有密切关系。

（一）自身原因

内因是主因，是决定大学生创业成败的根本原因。从大学生创业者自身来看，大学生创业中容易出现以下情况：

第一，眼高手低，盲目乐观。比尔·盖茨的神话。使IT业、高科技业成为大学生眼中的创业金矿，以至于不少大学生不屑于从事服务业或技术含量较低的行业。大学生如果对自身经验和能力认识不足，对创业的期望值又过高，一开始就起点较高，很容易失败。

第二，纸上谈兵，经验不足。缺乏经验是目前大学生创业中普遍存在的问题，不少大学生创业者不习惯对其产品或项目做市场调查，而是进行理想化的推断。

第三，单打独斗，缺乏合作。在强调团队合作的今天，创业者想靠单打独斗获得成功的可能性正大大降低。团队精神已成为不可或缺的创业素质，风险投资商在投资时更看重有合作能力的创业团队。如今大学生一般都有个性，自信心较强，在创业中常常自以为是、刚愎自用，这些都影响了创业的成功率。

另外，大学生创业时资金准备不足、市场应变不灵、法律意识淡薄，同时缺乏对创业项目的深度审视和市场前景的理性评估以及良好的创业心态，都是造成创业风险的重要原因。

（二）外部因素

外部因素也是让大学生创业有诸多风险的重要原因。这种外部因素较多：

一是教育培养模式存在弊端。我国的高校往往重视理论而轻视实践，重视个人而忽视团队，这种教育体制带来的直接后果就是让大学生在自我创业过程中表现出惯常的毛病，从而影响其发展。

二是社会机制人文关照缺失。尽管政府以及社会都在鼓励大学生创业，但事实上，这种鼓励往往是为解决大学毕业生就业压力而作出的无奈应对之策。在其创业的配套上则没有多大的举动，如法律完善、政策的鼓励性制定等。尤其是在一些职业精神和道德秩序的培养上更是缺乏，职业精神和道德秩序的缺失是形成创业风险的前提。

一个成熟的、健康的竞争生态圈，不是简单地在政府所提供的若干法律、法规的框架内追求利益，它更应该体现为法律与道义传统、社会行为规范的整体协调。目前，对中国的创业者们来讲，要想事业成功并成为这个社会和时代的主流，最重要的工作是塑造中国企业家的职业精神和重建中国企业的道德秩序。

三、大学生创业风险管理

风险管理的目的并不是消灭风险，而是要求大学生有准备地、理性地进行创业，从而减少风险的损失。

（一）创业能力和风险意识教育

在高校教育中可以开设大学生创业教育课程和讲座，通过教育培养适应和引领社会需要的创业型人才；通过教育激发大学生的创业意识，丰富其创业知识，增强其创业能力；通过教育，使大学生理性认识到创业历程的艰辛、创业过程的复杂性、创业风险的不确定性。通过实际案例理性分析创业活动的复杂性，让大学生能够清醒地认识到创业历程中存在的风险，以及如何防范和应对创业过程危机，指导大学生在创业前期、创业当中如何对待和化解创业风险，促进大学生进行创业能力的自我培养和技能的提高。

（二）创业能力和风险意识培养

创业能力是在创业实践活动中的自我生存、自我发展能力。加强培养大学生创业能力，提高大学生防范和应对危机与风险的能力，是进行大学生创业教育的任务之一。大学生增强创业风险意识、金融危机意识、市场竞争意识，是促使大学生创业能力提高的动力。风险意识的培养和提高需要教育大学生学会调研、分析、捕捉市场信息与掌握市场新动态，包括宏观经济、微观经济、产业调整、消费结构等信息研究工作。市场是瞬息万变和残酷的，时刻都有风险，防范风险只能靠自己增强本领，预防和应对市场存在的各种风险。因此，创业能力与创业风险意识的提高对大学生创业成功极为重要。同时，教育大学生学习掌握经济法律基础知识，提高大学生的法律意识，运用法律维护自己创业的合法权益。

（三）创业风险管理

1. 谨慎选择创业项目

大学生创业者在创业初期一定要做好市场调研，在了解市场的基础上创业。一般来说，大学生创业者资金实力较弱，选择启动资金不多、人手配备要求不高的项目，从小本经营做起比较适宜。

案例精选

大学毕业的小张和几个同学决定自主创业。经过市场分析，他们认为郑州的家政服务行业利润空间大，就开公司代理上海某环保科技有限公司销售的"木质油精"，用于家具、石材、皮革和汽车的保养。他们接受了上海方面的建议，做起了上海公司的"二级代理"。

但是，上海公司并没有兑现当初的承诺，广告、人力支持、员工培训等都不到位。小张还发现，他们用现金进的 10 万元的产品，足够整个郑州市地板保养使用两年。随后，小张还发现自己拥有的"授权期限"仅有 5 个月。他和伙伴们想尽办法却收效甚微。

合作伙伴看不到光明，先后离去。内忧外患中，小张的创业梦破灭了。

2. 提升大学生自身素质

大学生创业所存在的风险往往是由大学生这个特殊的群体在创业过程中存在的劣势造成的。因此，想要规避风险就必须从实际出发，提升大学生自身能力，具备各项创业所需的技能与素质。例如，策划能力、创新能力、组织能力、管理能力和公关能力。只有这几方面的能力同时具备，大学生在创业中才能技高一筹，使企业立于竞争的不败之地。

3. 准备好创业必备的硬件

俗话说：巧妇难为无米之炊。没有充分的硬件准备，再好的创意也难以转化为现实的生产力，再优秀的人才也没有用武之地。大学生创业所需要具备的硬件主要是经验、资本和技术。经验的积累避免陷进眼高手低、纸上谈兵的误区；资金为成功创业建立物质基础；技术则是大学生想要在高科技领域占有一方天地的王牌。

4. 打造核心团队

团队力量的发挥是组织赢得竞争的必要条件。企业团队应该有动态的发展观，团队组成应随着成员的实际贡献的变化而变化。因为具有发展观念的团队才有可能建立一套完善的内部调节机制，从而形成团队成员的向心力、凝聚力及核心力。在创业时，用科学手段构建和谐团队，打造核心团队，可以保证组织的高效率运转。同时，团队在核心成员的影响下勤奋工作，可以使整体组织保持活力。

5. 健全管理制度

制度建设是企业建设的基本要求，要打造一支企业员工队伍，必须明确岗位职责。"没有规矩，不成方圆"。制度对创业者是一种激励，也是一种鞭策。企业管理分为：人力资源管理、营销管理、生产管理、财务管理，任何一个环节出现问题都可能导致企业混乱以至于瘫痪。因此，完善的管理制度必不可少，同时还必须严格执行，奖惩分明，否则再好的管理制度也会成为摆设。

总之，创业是有风险的。创业教育不仅为学生个人的发展提供了成功的铺路石，也为社会的经济发展提供了大批的新生力量。目前，我国的创业教育还处在初级阶段，我们需要转变观念，继续加强对创业教育理论的研究，使创业教育理论能够真正服务于高校教育，最大限度地减小创业的不利影响。同时，加强对大学生创业风险意识的教育、培养和管理，为社会培养出更多更具有创新能力的创业型人才。

一、简答题

1. 什么是创业风险？
2. 创业风险的分类有哪些？
3. 创业风险的来源是什么？
4. 如何识别并有效防范创业风险？
5. 大学生创业中的管理风险指的是什么？
6. 大学生创业存在风险的原因有哪些？
7. 大学生如何才能做到有准备地、理性地创业，从而减少风险的损失？

二、案例分析题

小徐是"倒霉"的青年创业者之一。她去年毕业于四平市某普通大学，因为没有找到适合自己的工作，所以小徐决定创业——在长春市某繁华商业街区开一家砂锅粉店。"因为缺乏资金，我和合伙人各向家里借了1万元钱。这1万元对于别人来说不算什么。可是我东拼西凑才弄到!"小徐说。

因为租金较高，小徐为降低运营成本只请了一名厨师，自己和合伙人又当老板，又当伙计。一个月经营下来，生意很一般，收支才刚好平衡。但是小徐完全没有想到的是，物价上涨，砂锅粉店运营成本加大。为了维持生计，她决定涨价，可涨价后，客人减少很多，不到半年的时间砂锅粉店就经营不下去了。小徐一算账，发现还亏了5000多元钱。

就这样，小徐结束了她短暂的如同"噩梦"般的创业生活，"父母辛苦供我念完大学，不能再让他们操心了。所以我决定找一份工作，打工赚钱把欠家里的钱还上。"小徐说。

问题：小徐的创业失败给了我们什么启示？

创业圈掀起创业门诊热潮

前不久，位于杭州未来科技城的梦想小镇举行了一场特殊的门诊。特别的是，前来就诊的是各行各业的创业者。这场专为企业"问诊把脉"的门诊，专治创业者在创业过程中遇到的各种"病症"，吸引了不少创业者前来就诊。

据悉，这场特殊的门诊的发起方，是一个打破传统"跑断腿"咨询方式窘境的线上咨询平台——"我懂APP"。

"创业门诊由3月16号正式开始，第一期在梦想小镇开诊，而接下来2期将分别在楼友会与海创园开办，活动将延续到4月底结束。""我懂APP"创始人刘纯杰介绍到。

一、律师界大咖现身说"法"，为创业者答疑解惑

创业路上的法律风险如何控制，如何能得到专业的法律顾问的指导？

昨天，"我懂 APP"平台法律专家——杭州市律师协会副会长、浙江智仁律师事务所合伙人会议主席刘恩跟在场的创业者们分享了自己的经验。

"创业最怕的就是法律风险，经营风险创业者自己可以控制，但是法律风险还是需要专业的法律顾问来支持。"刘恩说道。"现在客户对专业度的要求越来越高，所以对我们专业领域的研究、深挖也提出了更高要求。企业方面的需求不光是知识产权、IPO 证券投融资，还包括合同、劳动用工、股权分割、新三板挂牌等等众多问题。"

从业三十余年的刘恩表示，在为企业服务中处理比较多的就是债务纠纷、股权纠纷、投资收购、兼并之类的法律问题，创业企业对法律的需求面非常大。

二、创业门诊第二期将登录楼友会，黄金搭档为企业义诊

除了法律方面的问题，创业者关心的融资、管理、营销、产品等方面，创业门诊都设置了对口的"医生"来解答。

据了解，"我懂 APP"现已入驻海创园、楼友会、梦想小镇、颐居草堂、腾讯创业基地（杭州）、沃创空间、泰豪创空间、万创空间、188 茶楼等数十家创业园区和孵化器。

活动负责人表示，本周创业门诊活动第二期，将于 3 月 23 日（周三）下午 2:00 到 4:00 在楼友会(杭州市黄姑山路 29 号颐高创业大厦)五楼开诊,届时梁木科技 CEO、前阿里组织文化最资深专家张山领与泽大专职律师林尧黄金搭档坐诊楼友会，为楼友会的企业免费看诊。

三、共享经济下的创业咨询新模式，大佬面对面

目前，"我懂"平台已经吸引了不少创业专家和许多律师前来入驻。

"一方面，它在人跟人之间提供了一个很好的平台，把你擅长领域的专业知识，跟社会共享、提供给有需求的人；另一方面，你也可以在这个平台实现自己的价值、更可以你的需求与客户，发挥各方的优势。"已入驻"我懂"app 的创业专家刘恩表示。

而这种新兴的咨询方式、及时有效的交互体系、完全开放的交流模式、紧贴互联网+的共享经济特性，正是吸引刘恩和团队入驻"我懂"的磁石。

"我懂 APP"创始人刘纯杰表示，我懂将逐步建立起一个变革咨询行业模式、开拓共享经济格局的最强"智囊王国"——让需求与困境在这里柳暗花明、让专业与经验在这里披荆斩棘。

（资料来源：浙江企业网）

第八章
企业新办

知识导航

企业是拥有生产要素（指生产资料、劳动力、资金、信息等），并使这些要素很好地结合起来，以盈利为目的，从事商品生产、流通或技术服务的独立经济组织。企业具有经济性、营利性、自主性和合法性四个特征。企业是一个抽象的概念，在经济生活中有下列不同的组织形式：个人独资企业、合伙企业、有限责任公司、股份有限公司等。

企业创办基本完成之后，就需要根据企业计划，逐步建立相应的组织机构，建立和逐步完善一系列的企业内部制度，这样才能使企业尽快投入运营并进行有效的管理，获得效益。初创阶段，企业内部建设主要抓制度建设、员工培训和企业文化建设等工作。

学习目标

1. 了解创办企业的含义和一般程序。
2. 掌握新形势下创办企业的注意事项。
3. 熟悉企业制度建设和文化建设的基础知识。

案例导入

小李是个"80后"，仅用了短短的4年时间，就从一个默默无闻的大学生，一跃而成为一个人人羡慕的百万富翁。

小李的母亲是一个剪纸高手，受母亲的影响，小李从小就酷爱剪纸艺术，并梦想有朝一日，将母亲的剪纸艺术变成商品，推向全世界。

为了这个目标，小李一直在默默地努力着。2009年，小李大学毕业了，可她并没有像其他人一样去找工作，而是向母亲借来3万块钱，成立了一家文化艺术品公司。公司成立之初，小李开发的第一款产品就是剪纸贺卡。为了推广产品，小李天天带着产品跑单位、进会场。可是，一段时间下来，贺卡没卖出多少，白眼和奚落倒"收获"了很多。更让她焦虑的是，她之前向母亲借来的那点钱也快花光了。幸好朋友小郭及时给了她4万块钱，才算解了她的燃眉之急。

为尽快打开生意的局面，小李推广贺卡更加勤奋了。终于，她的努力有了回报。第一笔订单是300多张贺卡，要求一星期内交货。可是，当时小李的公司因之前没有生意，一直都没有请工人。情急之下，小李就拉来妈妈、妹妹和小姨一起上阵。可一家人用小剪刀没日没夜地忙活了4天，也只是完成了贺卡的剪纸部分。剩下的印刷部分，本想请印刷厂做，但由于印数太少，印刷厂都不愿意接活。无奈之下，小李只好窝在办公室里，用打印机来打印。数九寒天，她一边打印，一边将贺卡晾在地上。可偏偏在这个节骨眼上，打印机又出了故障。等最后完成贺卡时，她已是24小时都没合过眼了。

这笔订单做完后，虽然后面也陆续接到了一些订单，但由于传统的剪纸作品大多用白纸装裱，不仅显得档次低，且时间一久，还会褪色，市场空间不大。故在第一年，他们制作的剪纸贺卡仅卖出了3000多张，收入还不到1万元。照这样下去，不但公司的租金付不起，就连生活费都成问题。小李再次陷入了困境。

"这个传统的剪纸市场，任凭自己再怎么努力，目前也就只能做到这么大了。要想突破，就必须进行创新！"想到这里，从不轻言放弃的小李，决定到外面的市场转一转，寻找剪纸市场的突破口。结果，在一次去杭州考察的途中，质地轻软、色彩绮丽的杭州丝绸一下子就吸引了小李的目光。"丝绸档次高，耐保存，我何不尝试做丝绸剪纸画呢？"

打定主意后，小李咬咬牙，一口气就批发了4000多元的丝绸，在家里进行试验。由于没有经验，她失败了。4000多元钱就这样打了水漂，自己也一下子消瘦了许多。看到她累成这样，家人很是心疼，就劝她说："咱们还是放弃吧！毕竟这个事情从老祖宗到现在，都没有人去做过。"面对家人的规劝，小李不但没有放弃，还说服家人，同意了自己再次追加几万元投资的建议。经过无数次的试验，小李终于成功地将剪纸艺术与丝绸和谐地融合在了一起。

由于融合后的丝绸剪纸画不仅档次高、耐保存，而且还具有国画的韵味和浓郁的回乡民俗味。因此，小李的这种新产品一经推出，便大受欢迎。到2011年，公司的总销售额已达到370万元，2012年则突破了500万元。

如今，小李的公司拥有联盟艺术家3名，专业技术人员50多名，签约妇女手工制作者200多人。其创立的"伏兆娥剪纸"和"回乡剪纸"两个剪纸品牌，更是名扬海内外。

小剪刀，大财富。只要心中有梦，坚持梦想，勇于尝试，大胆创新，不怕失败，你就是下一个成功者！

一、新企业创办的基本条件和一般程序

（一）新企业创办的基本条件

新企业创办的基本条件有如下几点：

1. 企业提供的产品和服务有一定的市场条件，这是创办企业的前提。

2. 需要一定的资金购买材料、设备等要素，是否拥有足够的资金，是开办企业的关键因素。

3. 需要具备的物质条件即企业生产的对象和工具，这是企业顺利开办的物质保障。

4. 需要各类生产工人、辅助人员、工程技术人员和管理人员。

5. 争取社会、政府部门支持的其他各种条件，如"三废"排放要符合标准等。

（二）新企业创办的一般程序

创办企业的一般程序是指企业申请登记开办的法定程序，即企业法人登记注册。

1. 企业法人的条件

企业法人是按照法定程序成立的，具有固定的组织机构，拥有独立的财产，并能以自己的名义享受权利和承担义务的社会经济组织。作为法人组织必须具备以下条件：

（1）按照法定程序成立，即经过上级业务主管部门审核批准；在工商行政管理部门

申请注册登记，领取营业执照；在税务部门办理申报纳税手续。

（2）具有固定的组织机构和活动场所。

（3）拥有独立支配的财产或经费。支配的财产可能表现为所有权，也可能表现为经营权。

（4）以自己的名义享受权利，承担义务。

（5）为维护自身合法权益，有权向人民法院起诉、应诉。

名人名言
等待的方法有两种：一种是什么事也不做；一种是一边等，一边把事业向前推动。

——屠格涅夫

2．企业法人的特征

（1）组织特征。具备固定的组织形式，有领导机构、职能机构和人员编制、内部的规章制度。根据成立的宗旨完成一定的任务和实现一定的目的。

（2）财产特征。法人以注册资金额对外承担有限责任。同时，要把法人拥有的财产与法人成员的个人财产区别开来。

（3）人身特征。法人与公民姓名一样，享有名称权，严禁任何单位或个人冒充或盗用。否则，即构成侵权行为。另外，法人还享有荣誉权、商标权和专利权等，均受国家法律保护。

3．工商登记

工商登记是国家对生产经营者所行使的管理职能之一，也是生产经营者确认自身合法地位的法律程序。创业者若想开办公司或企业从事生产经营活动，取得合法的经营资格。首先，必须履行一定的注册登记手续。申请者应向所在地工商行政管理机关申请营业登记。申请者在提出工商登记时必须符合国家规定的条件，并按有关要求和内容进行工商登记。

名人名言
思路决定出路，布局决定结局。

——牛根生

4．税务登记

（1）税务登记的范围。根据《税收征管法》的规定，生产经营者办理税务登记的范围是：凡从事生产经营，实现独立经济核算，并经工商行政管理部门批准，领取营业执照的一切生产经营者，包括从事工业生产、交通运输、建筑安装、商业经营、服务业、娱乐业以及其他所有经营收入、收益的一切生产经营者。守法经营、依法纳税是每个公民应尽的义务。为保证生产经营活动顺利开展，从事生产经营的纳税人自领营业执照之日起 30日内，应持有关证件向税务机关申报办理税务登记，由税务机关审核后发给税务登记证件。税务登记内容发生变化的，自工商行政管理机关办理变更登记之日起 30日内，或在向工商行政管理机关申请办理注销登记之前，应持有关证件向税务机关申报办理变更或者注销税务登记。

（2）税务登记的内容。主要包括：工商户的名称、地址、经济性质、主管部门、生产经营范围、经营方式、资金状况、工商行政管理部门的工商登记证照号码、开户银行及账号等。

（3）纳税申报。纳税申报是纳税人为了正确地履行纳税义务，扣缴义务人为了正确履行代扣代缴义务，将发生的纳税事项或者代扣代缴、代收代缴事项向税务机关提出书面申报的一项法定手续。经营者在领到营业执照开始生产经营活动之后，在一定期限内就应该向税务机关申报。

5. 办理社会保险

保险就是对意外风险的保障，是一种用经济手段补偿经济损失的方法和制度，保险又是一种社会自救行为，是达到特定的经济补救的具体措施之一。建立社会保险制度，通过保险对遭灾的单位和公民个人进行经济补偿，使生产、生活不因此受到影响，对于维护社会经济和人民生活的安全，保护社会的财产安全均具有重要意义。我国的保险种类可分为社会保险和商业保险。

社会保险是指国家通过立法强制实行的，由劳动者、企业（业主）或社区以及国家三方共同筹资，建立保险基金，对劳动者因年老、工伤、疾病、生育、残废、失业、死亡等原因丧失劳动能力或暂时失去工作时，给予劳动者本人或其直系亲属物质帮助的一种社会保障制度。社会保险可分为养老保险、失业保险、医疗保险、生育保险、工伤保险等。这里主要介绍养老保险、失业保险和医疗保险。

社会养老保险，是国家根据一定的法律和法规，为保证劳动者在达到国家规定的解除劳动义务的劳动年龄界限或因年老丧失劳动能力，退出劳动岗位后的基本生活需要而建立的一种社会保险制度。

失业保险，是指国家通过立法，对于劳动者因受本人所不能控制的社会或经济原因影响失业时的基本生活需要，给予经济帮助的一种社会保险。失业保险的目的是保障失业者维持基本生活，促使其重新就业。

社会医疗保险，是国家根据一定的法律法规，为向保险范围内的劳动者提供患病时基本医疗需求保障而建立的社会保障制度。其目的在于保障劳动者因疾病而暂时或永久丧失劳动能力的基本生活需要，给予经济帮助，从而使劳动者患病后能尽快得到医治，恢复劳动能力。

参加社会保险的用人单位（企业、公司等）应按规定代码详细填写《社会保障登记表》一式两份，并提供《企业法人代码证书》副本和《中华人民共和国单位代码证书》，《基本存款账户开户许可证》等资料的复印件到有关部门办理社会保险。职工办理投保或退保手续时，用人单位须填报《社会保险登记表》，提供组织、人事、劳动部门出具的《职工流动或调动工作介绍信》；合同制工人减少时，须提供由劳动部门开具的《解约通知书》。

知识点滴

动漫成大学生创业新潮流

近年，动画《喜羊羊》《熊出没》，漫画《长歌行》等中国原创作品越来越深入人心，创造了源源不断的经济效能。同时，在新媒体、移动互联网大力发展的浪潮下，也为动漫产业开拓了新的发展空间。行业的高速发展带来了更大的人才需求量，根据智联招聘公布的大数据分析所得，2014 年全国动漫类提供的职位数量已猛增至将近 10 万个。

在这样的大环境与产业发展趋势下，动漫相关专业的毕业生本该拥有更多的就业机会，但事实却并非如此。从麦可思研究院调查编著的《2014 中国大学生就业报告》与社科院发布的《2013 年大学生就业蓝皮书》统计数据显示，动漫相关专业是目前高校中就业最难的专业之一。

"虽然面对着毕业有可能就变成失业的窘境，但动漫类专业仍然是我们学院最炙手可热的专业之一。而且，不但是动漫专业的同学们大多以动漫创作作为毕业设计，亦有不少非动漫专业的同学会以动漫题材作为毕业创作的方向。"广东省动漫艺术家协会副主席、广州大学美术与设计学院院长汪晓曙表示。据了解，这几年随着中国经济发展步入新常态，变化的不只是政策导向、产业布局和官员心态，还有大学生的择业观的转变——从艰难就业到自主创业。其中，在动漫领域的大学生成功创业例子就比比皆是：中国传媒大学动画系 04 级毕业生王卯卯创作的卡通形象兔斯基在网络爆发式地流行起来，随后被豪门时代华纳相中彻底买断；毕业于北京电影学院漫画系 08 级的漫画作者刘成文，在读时已开始连载漫画，毕业后便成立漫画工作室自主创业，现已创作《李小猫传奇》、《武神赋》等多部作品；广州美术学院数码系动画专业毕业的何伟锋凭借毕业创作《小胖妞》动画，在优酷网获得超过 1000 万次的收看率而声名大噪，毕业后组建了一个 7 个人的小团队，把《小胖妞》发展成系列动漫，发展至今团队人数已有 50 多人；1992 年出生的"伟大的安妮"（微博名）就读广东外语外贸大学时就已创作了《安妮和王小明》等系列漫画，毕业后创业成立工作室和公司，推出"快看漫画 APP"。

据悉，广东省动漫艺术家协会、广州市动漫艺术家协会在广州美术学院大学城校区联合召开了动漫艺术创作的学术研讨会议，其中，满城聚焦的广美毕业展成为会上热议的话题，特别是新媒介艺术设计专业的冯嘉城同学设计的人造"月球"，引起众多资深创作者与动漫专家学者的高度关注。会后，两家协会的动漫艺术家组团前往展览现场交流研讨，针对毕业创作进行分析点评，并给予学生技术指导与创作思路，更鼓励和支持同学们的创新创业。"动漫艺术是一门与市场有紧密关系的艺术门类，本届毕业创作中不乏大量优质的动漫作品，能与市场直接对接，已有部分作品和学生被企业相中。而且，动漫专业的不少同学选择毕业后以动漫方向作为创业首选。"广东省动漫艺术家协会副主席、广州美术学院视觉艺术设计学院院长王绍强说。

广东省动漫艺术家协会、广州市动漫艺术家协会的成立，是为了提高中国原创动漫作品的艺术水平，带动动漫艺术与其他艺术的繁荣与融合。广东省动漫艺术家协会主席、广州市动漫艺术家协会主席金城表示："为了更好地保持广东动漫艺术事业的发展势头，大力扶持与培育新生代的动漫创作快速成长，协会有计划要成立大学生动漫艺术创作基金，为大学生的创新创业提供更多的资源与资金。"

（资料来源：《中国日报》中文网）

二、新创企业的基本组织形式

根据我国相关法律的规定，创业者可以选择有限责任公司、股份有限公司、合伙和个人独资等企业形式。按照财产的组织形式和所承担的法律责任不同，企业的法律形式有三种选择：独资企业、合伙企业和公司制企业。前两种属于自然人企业，出资者承担无限责任；后者属于法人企业，出资者承担有限责任。

（一）独资企业

独资企业又称为个人业主制企业，是指由个人出资兴办，完全归个人所有，单独承担无限责任的企业。该种法律形式主要适用于零售业、服务业、手工业、家庭农场等小型企业。

独资企业的主要优点十分明显，比如，设立手续简单，利润独享，经营灵活，决策迅速，保密性好。独资企业的主要缺点是：承担无限责任，经营风险较大；由于受个人出资的限制，企业规模往往较小；组织机构不健全；企业经营水平受到企业主素质的制约，企业的连续性往往较差。

（二）合伙企业

合伙企业是指由两个或者两个以上当事人，按照协议共同出资、合伙经营、利润共享、共同承担无限责任的企业。合伙企业在一定程度上弥补了独资企业业主在资本、知识、能力等方面的缺陷，合伙企业的产生具有必然性。

合伙企业的优点主要表现在：扩大了资金来源，扩大了公司规模，提高了竞争能力，拓展了经营领域。缺点主要是：决策协商一致比较困难，承担较大的债务风险，仍然承担无限责任，企业规模和业务范围仍然受到限制等。

名人名言 人生是个积累的过程，你总会摔倒，即使跌倒了，你也要懂得抓一把沙子在手里。

——丁磊

（三）公司制企业

公司制企业又称为公司，是依照严格的法定程序成立、由数人出资兴办、以盈利为目的的企业法人。公司制企业不同于前两种形式的企业，公司制企业与独资企业、合伙企业的主要区别是：公司制企业是法人企业，对债务承担有限责任；公司是企业法人，公司作为企业法人，有独立的民事行为能力，对债务承担有限责任；公司是依法设立的。公司的设立在发起人资格、最低资本额、公司章程和公司的组织机构等方面均有一定的要求。

1. 公司制企业的优点

首先，降低了经营风险，承担有限责任。股东以其出资为限对公司承担责任，公司以其全部资产为限对公司债务承担责任。股东的风险可控。

其次，集资范围较广，有利于募集资本，扩大生产经营规模。

再次，有利于法人资本的稳定（出资人一经出资便不能抽回，只能转让股份和出售股票，从而使公司有数量比较稳定的法人财产）和优化资本组合。

最后，所有权与经营权分离，专家管理，提高效率，企业生命力更持久。

2. 公司制企业的缺点

组建困难，组建成本较高，政府有较多的限制（注册资本、产业政策）；有些还要审批；税负相对较重，往往需要交纳双重所得税；组织相对复杂，协调成本高，定期公布财务信息，保密性较差。

3. 公司的分类

公司的种类十分繁杂，依据不同的标准，可以有不同的分类，按照股东所承担的责任不同，可分为无限公司、有限责任公司、股份有限公司和两合公司。我国《公司法》所指的公司仅指有限责任公司和股份有限公司。

有限责任公司（含一人有限公司），是指由法律规定的一定数量的股东所组成，股东以其出资额为限对公司承担责任；公司是以其全部资产为限对公司债务承担责任的企业法人。

股份有限公司，是指将全部资本划分为若干等份，可以向社会公开发行股票，股东以其认购的股份为限对公司承担责任；公司是以其全部资产为限对公司债务承担责任的企业法人。股份公司是典型的合资公司，各国公司法都承认其法人地位。

虽然有限责任公司与股份有限公司均是企业法人，但是对股份有限公司的要求比较严格，对最低注册资本也有较严格的限制，组织机构要求也比较严。因此投资者选择投资方式时要慎重选择。

总之，股份有限公司由于注册资本要求较高，组织机构要求比较复杂，不为一般的创业者所采用。合伙和个人独资因创业者须承担无限责任，选择这两种企业形式的也相对较少。有限责任公司是绝大多数创业者所乐于采用的组织形式。但具体选择企业形式时要综合考虑相关情况，作出明智的选择。

三、新创企业的基本注意事项

（一）以市场为导向，对企业产品进行分析论证

社会主义市场经济是以市场为导向的，建立企业必须适应市场需求，否则在竞争白热化的市场中就难有立足之地。因此，在建立企业之前，要对企业的主要产品进行市场调查分析：看企业产品是否适应市场需求，是否有竞争力，是否可持续发展，看清企业产品的市场优势和劣势，对建立企业可行性程度进行分析论证。可行性强就要迅速行动，策划、建立企业；反之，要迅速调整思路，改换企业产品。企业的产品是企业的生命，一定要慎重论证。

（二）以人为本，广纳人才

社会生产的诸要素中，生产力是最关键因素，而人是生产力中最活跃的因素。也就是说，人在社会生产、生活中起决定性作用。因此，建立企业，关键在于广纳人才。企业人才不仅要有勤劳肯干、兢兢业业、任劳任怨的企业生产人员，还要有懂技术、善经营、高素质的企业管理人员，这类人才是企业成功与否的关键。在市场经济的形势下，企业的竞争就是人才的竞争。广纳企业人才，要从大专院校选聘，从社会市场招聘，从企业内部提拔，从国内外引进。要根据人才的能力和专长推断分析其适合何种职位，做到因岗配人、人尽其才。同时，要用经济手段、行政手段、感情手段、环境手段留住高级人才，充分发挥他们的聪明才智和主观能动性，使他们能积极为企业服务，为企业创造最大的经济效益。

（三）多筹集资金，策划企业规模

资金是企业赖以生存的"血液"，"血液"不足则"供氧"困难，企业难以维持。筹集资金是建立企业必不可少的环节。要因情据势，量力而行，根据资金的多少和市场需求，决定企业规模的大小。

（四）强化企业管理，提高企业竞争力

管理出效益。如果说企业的产品是企业的命，那么企业的管理就是企业的运，决定企业的营运和出路。在市场制约因素日益增强的形势下，企业要大力加强新产品开发和市场营销，生产市场适销的产品。要努力提高产品质量，降低各种消耗，提高企业竞争力。要增强风险意识，强化风险管理，特别要注重和加强投资决策管理、资本和资金运营管理，规避经营风险。要坚持艰苦奋斗，厉行节约，反对铺张浪费。要加强与工商、税务、公安、环保、环卫等部门的联系，争取政策扶持。总之，强化企业管理，重点是要狠抓企业人才管理、资金管理、产品管理。

（五）励精图治开拓创新，确保企业持久发展

"火车跑得快，全靠车头带。"企业建立后，企业领导是企业发展的关键。在新形势下，企业领导人要时刻保持头脑冷静清醒，正确认识客观实际的发展形势，不断增强市场意识和竞争意识，企业才能保持生存和持续发展。

案例精选

"90 后"创业代表王锐旭走进中南海与总理面对面

2015 年 1 月 27 日上午，国务院总理李克强在中南海主持召开座谈会，听取教育、科技、文化、卫生、体育界人士和基层群众代表对《政府工作报告（征求意见稿）》的意见和建议。在这些被邀请的代表中，有一位"90 后"小伙特别显眼，他就是广州九尾信息科技公司 CEO、广州青年创业榜样、创业导师、成长引路人等，集各种荣誉于一身的创业者王锐旭。

王锐旭是谁？作为一个"90 后"，王锐旭没有半点儿"90 后"的特色标签与特征，端正得体的穿着，从容淡定的举止，低调内敛的言语，无时无刻的微笑，没有丝毫做作，没有自大狂妄，唯独双眼不时透出的那股坚毅，流露着"90 后""欲与天公试比高"的信念与冲劲。

初中的时候因家里破产，王锐旭表现得特别脆弱，绝望又迷茫，内心无所适从，也无法接受现实的落差从而走向极端，逃避校园，迷恋网络，沉醉在游戏世界里，学习散漫，完全没有了一个新时代进取少年该有的觉悟。幸好，父母的宽容和耐心教导，引导他走出青春的迷茫，重归校园。这以后，王锐旭的人生轮盘再次转动起来。

初入大学的那年，和所有的大一新生一样，王锐旭的心中也充满着对大学生涯的

期待和憧憬。来自潮汕的他，开始尝试着做一些兼职和校园代理，希望在赚钱的同时锻炼并提升一下自身的能力。然而现实毫不留情地泼了一盆冷水，几乎浇灭了他所有的热情——兼职信息五花八门，真假难辨，时不时地被黑中介骗走一笔中介费；校园代理参差不齐，除了成为廉价劳动力，几乎无利可图，就连一顿可以饱肚的晚餐都成为难题，最后还是好心的同乡店家愿意赊账才解决的。

大学生想要做点事情，为何如此之难？大二伊始，出于对现实的不满和不妥协，王锐旭携手女友一起组建了魔灯团队，开始走上创业的道路，并一发不可收拾。

一开始，魔灯团队的办公场所仅仅是广州中医药大学学校饭堂里的一张桌子。王锐旭就是在这样的条件下，和女友一起，说服一个又一个成员加入。他们为了寻找一份合理的校园代理，到处碰壁，吃了很多苦，尽管这样，他们还是坚持了下来，终于，团队的业务渐渐转入正路，团队人数由最初的他和女朋友两个人达到了40人，最好的时候月收入达到了15万元。这对于一个在校大学生来说，已经非常成功了。但王锐旭深深明白：100%的努力，换来的不是1%的成功，而只是50%的可能，他要去接近这1%的成功。

进入大三，王锐旭不满于那40人、月收入15万元的"美满"现状，而是在思考这40人乃至将来400人的何去何从。在团队将来发展的长远考虑下王锐旭成立了九尾科技有限公司，并启动了大学生兼职平台——兼职猫的开发。那时的资金并不足以支撑技术研发，于是除了技术团队外，所有人又投入了新一轮的校园代理和兼职工作中，只是为了一个简单得不能再简单的目的：养活技术团队。

2013年，王锐旭参加由团市委等主办的首届广州青年创业大赛，过五关斩六将，一举夺得广州青年创业大赛企业成长组冠军。直到兼职猫拿到第一笔天使投资的那一刻，王锐旭已经记不起自己和小伙伴们究竟做了多少努力。本该激动万分的他，没有流下一滴幸福的眼泪，而是匆匆地松了一口气，又一次陷入对未来的思考中：200%的努力，依旧没有换来1%的成功，而是换来了又一次整装前行的理由，换来了更为沉重的责任和压力。之后的一年里，兼职猫顺利地拿下了第二轮天使融资和千万元级的A轮融资，王锐旭没有感觉轻松，而是深深地感到肩上背负的责任和压力越来越大。

过去的两年中，他接受了超过40家媒体的采访，被团市委授予广州青年创业榜样、广州青年创业导师等荣誉称号，他具有高度的社会责任感，主动参与了一系列的创业导师进校园巡讲的活动，并受邀参加了"18岁青春季"广州市成人宣誓仪式，接受"成长引路人"证书，勇于担当责任。一直以来，他从未漏出一句豪言壮语，只是感谢每一位为兼职猫出力的成员，感谢着每一位帮助过他的人，更感谢每一位信任兼职猫的用户。

如今，王锐旭依旧坚持着当初的信念："我还年轻，输得起任何失败，但输不起的是任何一名用户的利益。"

（资料来源：大学生创业网）

第二节 企业制度建设和文化建设

一、新创企业制度建设

企业制度就像一个人的骨架，像一栋楼房的钢筋梁架。如果一个企业没有制度，就像一堆没有骨头的烂肉；如果制度不健全，就像从小就得了小儿麻痹症的病人。企业制度是产品从调研、研发、顺利生产到投放市场的重要保证。要想组建一个企业，并长远发展下去，必须首先建立符合实际的、可行的企业制度。

（一）企业制度的分类

一个企业的制度分为以下几类：

1. 公共制度

即每个员工，包括老板都要遵守的制度。比如，上下班制度、企业用人制度、薪酬考核制度、学习晋升制度等。

2. 部门制度

即针对各个部门制定的制度，该部门人员必须遵守。比如，产品研发部门管理制度、生产服务部门管理制度、市场营销部门管理制度、财务管理部门管理制度、人力资源部门管理制度、综合行政部门管理制度等。

3. 个人制度

即针对不同的工作岗位，针对每个岗位群体制定的制度，比如，工艺人员职责、操作人员职责、调度人员职责、物资配套人员职责等。

4. 技术类制度

某部门所制定的为了保证生产产品质量、生产效率等所规定的具有一定技术要求的制度。比如，电子生产车间防静电制度、防多余物制度、工艺纪律、行业标准等。

5. 流程制度

为了满足产品顺利、高效、高质地研发、生产等目的规定的流程。例如，不合格产品审理流程、产品归零流程、物资周转流程等。

> **名人名言**
>
> 企业发展就是要发展一批狼。狼有三大特性：一是敏锐的嗅觉；二是不屈不挠、奋不顾身的进攻精神；三是群体奋斗的意识。
>
> ——任正非

（二）制度建设需注意的事项

企业的制度建设并非随意编制，就像资本主义国家有资本主义国家的制度、社会主义国家有社会主义国家的制度一样，不同的社会性质决定了国家制度的不同。同样，一个企业制度的建设也要考虑到企业性质、生产方式、人员背景、技术能力、民主性等众多的因素，总结起来企业制度建设应注意以下几点：

1. 民主性

制度本身就是人制定的，就是为了制约人的行为，大家认为好的行为当然值得赞赏，坏的行为才由制度去制约，所以制度本身就应该满足大家的意愿，合理地限制大家的行为。在制度制订时，应该考虑、征求大家的意见，要民主。制度的制订者很多是高层的管理人员，对下面的实际情况并不完全了解，在制订制度的时候很难没有偏差。

2. 现实性

制度不能好高骛远，同样也不能毫无效用，必须依据现实情况制订。

3. 明确性

制度的条款要明确，不能含糊其辞，更不能产生歧义，一定要严谨，并规定明确。

4. 时变性

制度的制订要与时俱进，随着企业的发展进行更新、完善。

（三）企业制度建设的方法

1. 民主的方法

主要是针对个人制度、技术类制度建设，制度的制订可以由底层人员进行制订，以后的守法者就是现在的制法者，自己提出的条款自己得遵守。

2. 强制的方法

主要针对公共制度、部门制度、技术类制度建设，对于公共制度、部门制度，就要求制法者明确企业（部门）实际，考虑众多因素对企业整体的制度进行制订。对于技术类制度，则要求制订者明确行业技术情况，明确产品质量要求等，具有一定的专业技能技术、知识，制订出符合实际的标准制度来。

（四）制度执行当中应注意的问题

企业制度建立起来之后就要求每一位员工严格遵守，"不可越雷池一步"，否则就会按照制度规定的处罚规定进行相应的惩罚。企业制度在执行当中应注意以下几点：

1. 高层管理人员必须带头执行企业制度

高层管理人员"也在法中，并不在法外"，正所谓"天子犯法与庶民同罪"。这里指出的就是，所谓的"头头"，必须遵守制定的制度，不可有特权，当他们违反了制度的规定以后，要比普通员工承受更大的惩罚，因为他们不仅是守法者，他们更是执法者和制法者。

2. 执法必严

既然企业制度已经制定了，又是合理的，就必须严格执行。否则，制法等于没法，企业制度依然起不到作用。

3. 制度的执行要考虑到实际情况

制度的执行是"时变"的，应根据实际的情况、违反制度的人员状况等来考虑制度执行的弹性空间，既要考虑实际情况，不能把违法者"一棒子打死"，又要执行制度。

案例精选

23岁的小杨在大学毕业前就开始创业了！刚走出大学校门的她，都当了半年多的糕点店老板了。

小杨从小就很喜欢烘焙，进入大学后，"想要开一家糕点店"的念头在她心里越来越强烈。后来，当打听到上海有烘焙展会时，她坐不住了，带着自己攒的零花钱来到了展会现场。在现场，看着来自世界各地各式各样的烘焙糕点，她特别兴奋。考察中，台湾有一家公司展出的当地特色糕点让她过口不忘。

回到济南后，只要上课不忙，小杨就喜欢跑到市区四处转悠，看看都有什么样的糕点店。经过调研，她发现自己吃到的美味凤梨酥等台湾糕点在济南并没有太多销售商家，这个发现让她"蠢蠢欲动"。几经周折，小杨联系到了让自己印象深刻的这家台湾公司，表达了自己的意向，希望能在济南也开一家台湾糕点店铺。

"人家一听说我还是在校生，开始并不太乐意。还好，最后他们还是被我的诚心打动了。"小杨说。一旦确定了目标，小杨立刻开始行动。她找到父母，将自己的市场调研结果详细地讲解给父母听。终于，小杨的父母同意先借给她创业资金。

借到了创业资金，小杨又开始到处租房。有了房子，她就开始跟着台湾糕点公司派来的烘焙师傅学习。那段时间，小杨多数时间都泡在店里。有时为了研究怎样能将糕点做得更好，她经常要熬夜到凌晨。

几个月后，小杨的小店正式开张了，还没毕业的她成了小老板。小店的隔壁是一家已小有名气的糕点店，有时一些顾客来买糕点时，看到小杨的小店会好奇地到店里去转转。但他们问小杨最多的就是"你们店里的东西好不好吃？"

开始创业后，小杨才感觉有好多东西要学。做出了好吃的糕点，顾客却很少，或者顾客很多时糕点又供应不上，这些都让小杨"头大"。另外，如何和顾客打交道、怎样管理比自己年龄还大的员工等，这些都是初次创业的小杨不停学习的内容。

小杨认为大学生创业不要好高骛远，要从基础做起。对于选择的项目要做充分的市场调研，不断地去了解这个行业，才能做出自己的特色。

二、新创企业的企业文化建设

（一）企业文化的定义

企业文化一般指企业中长期形成的共同理想、基本价值观、作风、生活习惯和行为规范的总称，是企业在经营管理过程中创造的具有本企业特色的精神财富的总和。它对企业成员有感召力和凝聚力，能把众多人的兴趣、目的、需要和由此产生的行为统一起来，是企业长期文化建设的反映，包含价值观、最高目标、行为准则、管理制度、道德风尚等内容。它以全体员工为工作对象，通过宣传、教育、培训和文化娱乐、交心联谊等方式，以最大限度地统一员工意志，规范员工行为，凝聚员工力量，为企业总目标服务。

（二）企业文化建设的内容

企业文化是以人为本的管理哲学。现代企业越来越重视人在企业发展中的重要作用，所以，打造独具特色的企业文化，牢牢把握住企业文化建设的着力点，对增强企业的向心力和凝聚力具有十分重要的意义。

1. 重视企业战略文化

企业要实现可持续发展，必须有一个长远的发展目标和发展规划。企业今后朝什么方向发展、如何发展等问题都应让全体员工尽快了解。发展战略只有得到全体员工的认同，才能发挥出应有的导向作用，才能成为全体员工的行动纲领。在企业文化建设中，要充分利用网络等载体，采取灵活多样的形式，搞好企业发展战略的宣传和落实。通过积极开展企业战略文化建设，进一步理清工作思路，明确企业的发展方向，激发员工的工作热情。

2. 建设企业人本文化

人才是企业发展的宝贵资源。在新形势下，企业需要一大批不同层次、不同专业的人才。企业必须把人才队伍建设作为企业文化建设的一部分，通过在企业内部营造尊重人、塑造人的文化氛围，增强员工的归属感，激发员工的积极性和创造性。随着科技的不断发展，更新员工知识结构的课题也摆在了企业的面前。企业应努力营造良好的学习氛围，搭建人才成长的平台，使全体员工增强主人翁意识，与企业同呼吸、共成长。要通过对员工进行目标教育，使他们把个人目标同企业发展目标紧密结合在一起，自觉参与到企业的各项工作中。

3. 规范企业制度文化

企业文化与企业制度之间是相互支撑、相互辅助的关系，制度文化是企业文化的重要组成部分。在制度文化建设中，要突出创新、严于落实，建立科学的企业决策机制和人力资源开发机制，制定完善的企业运行规则和经营管理制度，构建精干高效的组织架构，使各项工作紧密衔接，保证企业目标顺利实现。员工参与民主管理的程度越高，越有利于调动他们的积极性。企业建立开放的沟通制度，可以及时了解员工的思想动态。同时，要强化监督，规范管理行为，营造和谐的文化氛围，促进企业管理水平的提高。

4. 打造企业团队文化

企业发展目标的实现，离不开员工之间的相互协作。只有通过培养团队精神，企业才能不断创造新业绩，在激烈的市场竞争中立于不败之地。企业文化建设的重要任务，就是在企业内部营造有利于企业发展的良好氛围，使领导与领导、领导与员工、员工与员工之间精诚合作，促进企业目标顺利实现。同时，要恰当处理企业外部各方面的关系，尽可能地减少摩擦和矛盾，争取方方面面的理解和支持。

5. 增强企业创新意识

创新可以为企业文化注入活力，提升企业文化建设水平。要通过创新企业文化，促进企业不断发展。企业文化创新的关键是对企业旧的经营哲学、管理理念等进行创新，让企业文化建设迈上一个新台阶。要创造可以包容不同思维的环境。如果创新只许成功、不许失败，那么企业也很难保持旺盛的创造力和生命力。作为市场竞争主体，企业应具备与现代市场经济相适应的能力，企业文化建设也应反映市场经济的要求。市场竞争形成了新的竞争理念和模式，在企业文化建设过程中，必须充分理解这种理念和模式，以确保企业持续健康发展。

能力训练

一、简答题

1. 通过学习有关内容，说说新企业创办的一般程序。
2. 新企业创办的基本条件是什么？
3. 新创企业有哪些基本注意事项？
4. 结合所学内容，谈谈你对企业制度建设的理解。
5. 什么是企业文化建设？企业文化建设的内容是什么？

二、案例分析题

有一天，素有"森林之王"之称的狮子，来到了天神面前："我很感谢你赐给我如此雄壮威武的体格、如此强大无比的力气，让我有足够的能力统治这整片森林。"

天神听了，微笑地问："但是这不是你今天来找我的目的吧！看起来你似乎为了某事而困扰呢！"

狮子低吼了一声，说："天神真是了解我啊！我今天来的确是有事相求。因为尽管我的能力再强，但是每天鸡鸣的时候，我总是会被鸡鸣声给吓醒。神啊！祈求您，再赐给我一个力量，让我不再被鸡鸣声给吓醒吧！"

天神笑道："你去找大象吧，它会给你一个满意的答复的。"

狮子兴冲冲地跑到湖边找大象，还没见到大象，就听到大象踩脚所发出的"砰砰"响声。

狮子加速地跑向大象，却看到大象正气呼呼地直踩脚。

狮子问大象："你干嘛发这么大的脾气？"

大象拼命摇晃着大耳朵，吼着："有只讨厌的小蚊子，总想钻进我的耳朵里，害我都快痒死了。"

狮子离开了大象，心里暗自想着："原来体形这么巨大的大象，还会怕那么瘦小的蚊子，那我还有什么好抱怨呢？毕竟鸡鸣也不过一天一次，而蚊子却是无时无刻地骚扰着大象。这样想来，我可比他幸运多了。"

狮子一边走，一边回头看着仍在跺脚的大象，心想："天神要我来看看大象的情况，应该就是想告诉我，谁都会遇上麻烦事，而她并无法帮助所有人。既然如此，那我只好靠自己了！反正以后只要鸡鸣时，我就当作鸡是在提醒我该起床了，如此一想，鸡鸣声对我还算是有益处呢！"

问题：在创业过程中，这则故事会给你什么样的启示？

拓展阅读

以改革激发人才创新创业活力

"致天下之治者在人才。"正如习近平总书记所强调的，我们比历史上任何时期都更接近实现中华民族伟大复兴的宏伟目标，也比历史上任何时期都更加渴求人才。

怎样破除制约人才发展的思想障碍和制度藩篱，最大限度激发人才创新创造活力？全面建成小康社会进入决胜阶段，中央印发《关于深化人才发展体制机制改革的意见》（以下简称《意见》），对人才发展体制机制改什么、怎么改，做出明确的顶层设计和制度安排。作为我国第一个关于人才发展体制机制改革的综合性文件，《意见》的颁布和实施，对于形成具有国际竞争力的人才制度优势，推动创新、协调、绿色、开放、共享发展，具有重大而深远的意义。

进入新世纪新阶段，我国人才事业发展取得巨大成就，人才对经济社会发展的贡献率迅速提升。但人才队伍还不能完全适应经济社会发展要求，人才发展体制机制存在一些深层次障碍。比如，人才管理体制不顺、权责不清，市场机制作用发挥不充分、用人主体自主权落实不到位，人才评价、使用、激励机制不科学、不完善，人才对外开放度不高、缺乏竞争优势，人才流动不畅、得不到有效配置，等等。深化改革要坚持问题导向，敢于啃"硬骨头"，勇于向"老大难"问题开刀，打破束缚人才事业发展的条条框框。

消除有形无形的栅栏，打破院内院外的围墙，深化人才发展体制机制改革的核心是放权放活。让人才放开手脚创新创造，必须理顺政府、市场、社会和用人主体关系，加快转变政府人才管理职能，推动人才管理简政、放权、松绑，落实和扩大用人单位自主权，健全市场化、社会化的人才管理服务体系。只有充分发挥市场在人才资源配置中的决定性作用，同时更好发挥政府作用，人才管理体制才可能理顺，人才的积极性才会得到有效发挥。

直击制约人才发展的"难点"，打通束缚创新的"堵点"，深化人才发展体制机制改革的关键是制度创新。《意见》根据我国人才发展形势和任务，提出了一系列有针对性、含金量高的重点改革举措。比如，改进人才培养支持机制，完善产学研用结合的协同育人模式；创新人才评价机制，建立科学化、社会化、市场化的人才评价制度；健全人才顺畅流动机制，打破人才流动的"玻璃门""天花板"……这些改革举措，着力破除体制性壁垒和政策性障碍，顺应全面深化改革要求，有利于进一步释放人才活力，激发创新动力。

党管人才是我国人才制度的独特优势。作为今后一个时期全国人才工作的指导性文件，《意见》提出的改革任务涉及面宽、政策性强，有的还触及深层次矛盾和利益格局。必须坚持党管人才原则，加强党对人才工作的统一领导，完善党管人才工作新格局，建立各级党政领导班子和领导干部人才工作目标责任制，坚持对人才的团结教育引导服务，形成人人皆可成才、人人尽展其才的制度环境。

"多士成大业，群贤济弘绩"。人才发展体制机制改革的方向已经明确。只要我们扎实推动各项改革任务落实，为各类人才发挥作用、施展才华提供更加广阔的天地，我们就一定能聚天下英才而用之，为全面建成小康社会提供有力支撑。

（资料来源：《人民日报》）

第九章

新创企业经营管理

知识导航

　　企业管理是对企业的生产经营活动进行计划、组织、指挥、协调和控制等一系列职能的总称。良好的企业管理使企业的运作效率大大增强；让企业有明确的发展方向；使每个员工都能充分发挥他们的潜能；使企业财务清晰，资本结构合理，投资融资恰当；向顾客提供满意的产品和服务；树立企业形象，为社会多做贡献。本章主要从员工关系管理、顾客关系管理、营销管理、财务管理、诚信管理等方面介绍了新创企业的经营管理。

学习目标

1. 了解员工关系管理的概念及重要性。
2. 了解顾客关系管理的重要性。
3. 了解产品和企业的生命周期。
4. 了解财务管理的内涵、内容与功能。
5. 了解诚信对于企业的重要性。

案例导入

　　麦当劳的人力资源管理有一套标准化的管理模式，这套管理模式具有鲜明的独特性。

不用"天才"与"花瓶"

　　麦当劳不用所谓的"天才"，因为"天才"是留不住的。在麦当劳里取得成功的人，都得从零开始，脚踏实地工作，炸薯条、做汉堡包，是在麦当劳走向成功的必经之路。这对那些不愿从小事做起，踌躇满志想要大展宏图的年轻人来说，是难以接受的。但是，他们必须懂得，麦当劳请的是最适合的人才，是愿意努力工作的人，脚踏实地从头做起才是在这一行业中成功的必要条件。在麦当劳餐厅，女服务员的长相也大都是普通的，还可以看到既有年轻人，也有年纪大的人。与其他公司不同，人才的多样化是麦当劳的一大特点。

没有试用期

一般企业试用期要 3 个月，有的甚至 6 个月，但麦当劳 3 天就够了。麦当劳招工先由人力资源部门去面试，通过后再由各职能部门面试，合适则请来店里工作 3 天，这 3 天也给工资。麦当劳没有试用期，但有长期的考核目标。考核，不是一定要让你做什么。麦当劳有一个 360 度的评估制度，就是让周围的人都来评估某个员工：你的同事对你的感受怎么样？你的上司对你的感受怎么样？以此作为考核员工的一个重要标准。

培训模式标准化

麦当劳的员工培训也同样有一套标准化管理模式。麦当劳的全部管理人员都要学习员工的基本工作程序。培训从新员工加入麦当劳的第一天起，与有些企业选择培训班的做法不同，麦当劳的新员工直接走向了工作岗位。每名新员工都由一名老员工带着，一对一地训练，直到新员工能在本岗位上独立操作。尤其重要的是，作为一名麦当劳新员工，从进店伊始，就在日常的点滴工作中边工作边培训，在工作和培训合二为一中贯彻麦当劳 QSCV 黄金准则。QSCV 分别是质量、服务、清洁和价值。这就是麦当劳培训新员工的方式，在他们看来，边学边用比学后再用的效果更好。在工作、培训一体化中将企业文化逐渐融入麦当劳每一位员工的日常行为中。

晋升机会公平合理

在麦当劳，晋升对每个人都是公平合理的。适应快、能力强的人能迅速掌握各个阶段的技术，从而更快地得到晋升。面试合格的人先要做 4~6 个月的见习经理，其间他们以普通员工的身份投入到餐厅的各个基层工作岗位，如炸薯条、做汉堡包等，并参加 BOC 课程（基本营运课程）培训。经过考核的见习经理可以升迁为第二副经理，负责餐厅的日常营运。之后还将参加 BMC（基本管理课程）和 IOC（中间管理课程）培训。经过这些培训后已能独立承担餐厅的订货、接待、训练等部分管理工作。

培训成为一种激励

麦当劳的培训理念是：培训就是让员工得到尽快发展。麦当劳的管理人员都要从基层员工做起，升到餐厅经理这一层，就该知道怎样去培训自己的团队，从而对自己的团队不断进行打造。麦当劳公司的总经理每 3 个月就要给部门经理做一次绩效考核，考核之初，先给定工作目标，其中有两条必须写进目标中，那就是如何训练你的下属——什么课程在什么时候完成，并且明确告诉部门经理，一定要培训出能接替你的人，你才有机会升迁。如果事先未培养出自己的接班人，那么无论谁都不能提级晋升，这是麦当劳一项真正实用的原则。

思考：从麦当劳的管理模式，谈谈你对初创企业经营管理的认识。

第一节　员工关系管理

一、初创企业员工关系管理概述

创业初期，企业在战略、思维方式上都有不同的特点，如需具有创新意识、在发展中成长性高与不确定性大、资源可控性弱、管理结构简单、核心团队的变动存在较大风险等。而我国在创业型企业发展的过程中，也存在诸多问题，如企业规模较小，以小型、微型企业为主；企业的发展起点偏低；企业在资金与技术方面薄弱明显；企业信誉度不高；管理水平仍需进一步提高；人力资源管理能力不强等。特别是员工关系管理工作不能很好适应其企业自身发展特征，进一步阻碍创业型企业的成长。

创业型企业的发展对人才需求相比一般企业显得更加迫切。一方面是企业可持续经营性质的诉求，另一方面是由创业型企业在发展过程中的特征所决定的。归纳企业与人的关系，可以用"有人则企，无人则止"来形象概括，企业组织中的人是保持企业活力、动力与竞争力的源泉。在员工关系管理工作过程中，应将员工与企业的关系纳入管理内容，以此提高企业优势，并达成既定目标。员工关系管理更加强调以员工为中心，将管理者与员工的地位尽量做到平等，处在同一水平进行对话，使沟通交流、劳动关系与情感关系等方面的建立与维护更为有效。

二、员工关系管理的重要性

在当前飞速发展的社会中，企业的竞争日益激烈，不同的企业有着不同的性质，但是其员工的管理都有着或多或少的类似之处，而员工的管理在企业的竞争中占着其独特的地位和作用，企业如何正确地处理企业与员工的关系、员工与员工的关系、员工与管理者之间的关系对企业的发展有着至关重要的作用。所以，从企业长久的发展角度来看。抓紧时间、加大力度对员工进行正确的管理。这样企业的竞争力才会提高，企业的效益才会更好。

从组织发展的角度来看，员工关系管理是实现人与事的最佳配合，保证组织目标顺利完成的重要手段；同时，也是一个组织照顾员工各方面的合理需求，留住并激励优秀人才，鞭策或淘汰不合格员工的重要手段。从员工个人发展来看，员工关系管理是帮助员工实现其自我职业规划的必要措施。

> **名人名言**
> 人才是利润最高的商品，能够经营好人才的企业才是最终的大赢家。
> ——柳传志

（一）良好的员工关系管理是实现人与事的最佳配合的重要手段

为了实行员工关系管理，必须进行合理的组织设计，为员工提供发展的平台，组织设计是指根据企业目标和业务特点，确定各部门或岗位的工作任务、所应承担的职责、权限、与其他职位间的工作联系、管理关系和方式，以及承担这些工作对员工的能力素质要求、任职资格要求等，组织设计明确了员工应该做什么和如何做才能达到要求，有利于实现人与事的最佳配合。

（二）良好的员工关系管理所形成的企业文化是激励优秀、鞭策后进的重要手段

良好的员工关系管理能促进企业形成积极向上的企业文化，这样的文化往往蕴含着进取、诚信、合作、创新等因素，这些理念能教化人的心灵，使争先创优成为所有员工的共同目标。

（三）良好的员工关系管理有利于建立畅通的沟通机制

知识经济时代，员工追求尊重和平等，畅通的沟通机制有助于员工和管理层及时交流信息、沟通思想，员工可以自由地表达自己的见解和情绪，表达自己的需要，满足员工社交的需要；同时，沟通有利于知识的共享，员工可以在这样的群体中相互学习，共同提高。

（四）良好的员工关系管理是帮助员工实现其自我职业规划的必要措施

吸引员工留在企业的一个非常重要的因素是员工在企业中能够感觉到职业在不断发展和提升，这种发展和提升只有和企业的发展相一致时才能实现。根据调查，影响人才流动的各项因素，晋升机会公平居第一位，比值是 21.2%，从中可以看出，职业发展是员工关注的第一要素。通过员工关系管理，企业能帮助员工寻找到个人发展与企业发展的结合点，帮助员工进行职业生涯的规划，并为实现这些规划而有目的地安排相应的培训，帮助员工尽快实现个人发展目标，进而促进企业的长足发展。

（五）良好的员工关系管理能使员工更多体会到被尊重的感觉

尊重和认同是员工情感管理中的最重要的部分。按照马斯洛的需要层次理论，人到了一定的阶段就有了被尊重和认同的需要。现代企业中员工越来越呈现出知识化、信息化、国际化。因此，要求被尊重和认同成为他们工作是否快乐的最基本要素。企业在面对他们时，要善用换位思考的方式，斟酌如何对待同事、处理"人事"；公平地对待他们，让员工感觉到被重视。

三、创业型企业员工关系管理注意事项

（一）通过企业愿景加强创业型企业员工关系管理

创业型企业处于快速成长阶段，愿景在企业中应该处于核心地位，为企业指明前进方向，并能很好地激起员工的认同感与工作激情，从而实现提高企业凝聚力的目的。创业型企业由于自身发展特点，更需要重视如何有效定位企业愿景，以达到与员工关系建立与维护，增进团队合作与凝聚力。将员工关系管理的规划纳入企业愿景，实现企业愿景和个人愿景的相融合，是创新型企业员工管理的有效措施。

第一，愿景规划中需重点体现营造良好和谐的企业创业文化氛围。创业型企业的愿景中应该包含兼容并蓄鼓励创业的企业文化，给员工开拓工作业务提供成长的土壤。

第二，创业型企业愿景应制定合理的长期人力资源目标。我国创业型企业由于其自身先天不足，这就需要靠资源载体的人力资源，要在企业愿景中体现出来，就要依靠长久稳定的人力资源目标的制定而实现。

第三，推销测试企业愿景，达到企业愿景与员工关系管理相结合。推销，即向员工传播企业愿景，使愿景得到员工的赞同；测试，即通过问卷会议等形式测试员工对愿景的支持情况并收集改进意见，最终使企业愿景与员工愿景达到融合。

（二）根据员工新特点制定相应的激励措施

我国新生代员工更加需要获得自我价值的认同，对精神层面要求较高，事业心、求胜心理较重，目标性强。随着我国高等教育扩招等政策影响，新生代员工的知识水平明显提高，并在就业中更加注重企业文化与发展平台同自身的匹配程度。创业型企业在加强员工关系管理、实施激励措施的过程中，需结合新生代员工的特点，这样才能保障创业型企业良性发展。

一是通过分配适合新生代员工特点的工作任务。在合适的职权范围内，准许员工参与企业事务，树立主人翁意识，进而将其内在的工作热情激发出来，即工作性激励。

二是通过设定适当目标，在工作的过程中不断学习与进步，即目标型激励。

三是强化企业与员工之间的沟通与交流，在情感上建立更加牢固的员工关系，即情感型激励。

（三）通过职业生涯规划提高员工关系管理

创业型企业由于其经济基础和组织构架的双薄弱，使之成长发展瓶颈期较长。如何很好地捆绑住员工，使员工与企业形成利益共同体，并忠诚于企业，就成为员工关系管理的重点。帮助员工进行个人潜能测评，合理准确地自我定位，并磨合员工个人利益与企业利益之间的冲突，才是创业型企业实现自身与员工双赢的有效办法。学界有研究表明，企业对新员工的职业生涯规划指引和指导不足，并且注重企业效益忽视新员工职业生涯规划，不利于企业内部员工关系管理。因此，创业型企业应该给予员工应有的职业规划指导。

第一，帮助员工了解该企业的特点与该行业特点。创新型企业在很多方面区别于一般企业，其所处的行业一般也表现出很大的特殊性。这就需要企业加强岗前培训与教育。

第二，协助员工测评个人潜能。企业可以用业绩评估等各种方法，来测评员工的自身潜能与各项自身条件，并给员工提供合适的岗位和发展方向。

第三，寻找员工个人职业生涯和企业发展的契合点。只有企业的发展与员工的个人职业生涯相契合，才能为企业留住人才，实现企业员工的长久忠诚。

第二节　顾客关系管理

一、顾客关系管理的重要性和必要性

对于初创型企业，顾客关系管理是必须重视的一个方面。企业最有价值的资产是顾客，这里顾客是指广义的顾客，既包含了最终的用户，又包含了合作伙伴和企业内部的用户。实现顾客关系管理必须从企业的文化建设起，没有以顾客为中心的企业文化，是很难实现较高意义上的顾客关系管理。其次，顾客关系管理是一个管理流程，而不是能够在一段时间范围内就可以完成的项目。

诸如"顾客是上帝""顾客是朋友"和"顾客至上"，可以在许多广告词和许多企业的标语中听到或看到。这充分说明了企业对"顾客"是越来越重视了，但是如何才能做到真正的顾客关系管理，对此可能许多企业还没有思考得非常清楚。

顾客关系管理，是指企业通过和顾客进行互动的、富有意义的交流沟通，站在顾客的立场上进行思考，充分理解顾客的需求并影响客户行为，从而实现顾客数量的提高，能够更好地保留客户以及提高客户忠诚度，从而实现企业的盈利。从定义中可以清楚地看出，所谓顾客关系管理，最终的目标仍然是企业盈利，但是所采取的思维方式却是站在顾客的立场上，行动方式是通过沟通了解用户需求并且满足用户的需求。顾客关系管理是一种企业思维方式，是一种企业文化,没有一种以顾客为中心的企业文化并且使该文化根植人心，

企业最终所谓的顾客关系管理只能是空中楼阁。

二、顾客至上，服务为本

只有良好的服务才能获得顾客，才能为公司赢得声誉。

"顾客是公司的生命之泉"，失去顾客是无法生存下去的。因此，企业对待顾客，应该时刻关注顾客提出的任何需求，认真细致地做好记录，使顾客充分感受到受尊重的愉悦。

在对待顾客时，做到对所有顾客一视同仁、不以貌取人、尊重顾客，是最基本的职业道德。

服务的基础是对顾客的尊重和"服从"；服务的本质是人与人之间的文化的沟通、价值的确认、情感的互动、信任的确立。不让顾客感受到价值、不让顾客感动的服务不是优质服务，甚至是无效的服务。

因此，感动顾客就成了优质服务的标志。把自己与顾客摆在同一个角度上，把握客户的真实需求，真正去关心顾客，做顾客的伙伴、朋友、顾问。从接触顾客的那一刻起，就是用心建立和谐关系的起点。

感动是情感的共鸣，只有投入真情实感，用心用情服务才能创造真诚服务。我们经常讲通情达理，其实在服务中，是通情在先，达理在后；自己无激情，顾客不领情；情真情切，暖心暖意；精彩人生在顾客惊喜中实现；服务会因感动而精彩。

感动顾客首先要感动自己，帮助别人的最大受益者就是自己。"感动"既是一种观念、希望，也是一种境界、修炼。

三、如何做到顾客至上

在现代快速发展的经济社会里，经济来往中最常听到且被贯以的常规理念就是："顾客就是上帝。""顾客没有错，就算顾客有错也是我们的错。"这些都证明现代经济社会的服务意识越来越强、服务的地位越来越高。不论是在服务性的行业，还是在生产性的行业，对客户的服务是越来越显得重要和必要。

而顾客至上并不是纸上谈兵，需要我们付诸行动、切合实际去落实。那么，如何才能做到顾客至上呢？

其一，顾客的问题第一时间处理。顾客的需要就是问题的出现，满足顾客的需要就是问题的解决。在第一时间处理顾客的问题，是与顾客建立信任关系的第一步，使顾客得到一种被重视的态度。

其二，关注顾客的需求，不推荐顾客不需要的产品或服务。这就需要企业经营者的真诚，真诚地想顾客所想、急顾客所急。

其三，建立长期关系、着眼未来。无论做任何事都要有长远的目标，要着眼于未来才能够细水长流。不论是企业还是个人，与顾客建立良好的合作关系，是树立品牌、赢得口碑的重点。

服务是任何一个行业的灵魂，没有顾客至上理念的企业不是好企业，没有服务意识的企业必将自取灭亡。

案例精选

沃尔玛发展的始终，山姆·沃尔顿就一直强调这一点——商品零售成功的秘诀就是满足顾客的要求，即顾客至上，以满足顾客需求为己任。因此，在山姆的准则——"顾客第一"的指引下，沃尔玛逐步扩大，发展为世界一流的零售王国。

山姆·沃尔顿刚开始创业的时候，就将这一观点和信念转达给他身边的每一个人。山姆·沃尔顿要求每一位采购人员在采购货物时态度坚决。他告诫他们："你们不是为沃尔玛商店讨价还价，而是在为顾客讨价还价，我们应该为顾客争取到最好的价格。"因此，沃尔玛的价格始终是最低的，而且沃尔玛商店的低价政策为当地小镇上的人民节约下数十亿美元的支出。在为顾客服务方面，沃尔玛一再告诉自己的员工："我们都是为顾客工作的，我们公司最大的老板是顾客。"

有一次，有位顾客到沃尔玛商店寻找一种特殊的油漆，而店里却没有这种商品。他们不但没有推却了事，而是由其部门经理亲自带这位顾客到对面的油漆店里购买，这使顾客和油漆店老板感激不尽。

"让我们以友善、热情来对待顾客，就像在家中招待客人一样招待他们，让他们感觉到我们一直在为满足他们的需要而努力。"山姆·沃尔顿就是这样努力地为顾客着想。为使顾客在购物过程中自始至终地感到愉快，沃尔玛要求员工的服务要超越顾客的期望值：永远要把顾客带到他们寻找的商品前，而不仅仅是指给顾客，或是告诉他们商品在哪里；熟悉各自部门商品的优点、差别和价格高低，每天开始工作前 5 分钟熟悉一下新产品；对常来的顾客，打招呼要特别的热情，让他们有被重视的感觉。沃尔玛一贯重视营造良好的购物环境，经常在商店开展种类丰富且形式多样的促销活动，如社区慈善捐助、季节商品酬宾、竞技比赛、幸运抽奖、店内特色娱乐、特色商品展览和推介等，以吸引广大顾客。为了顾客，山姆·沃尔顿可以以任何方式或是特殊方式，甚至是全美行业都绝无仅有的方式，为公司服务，为股东服务，为员工服务，为社区服务，为顾客服务。

第三节　营销管理

一、产品和企业都有生命周期

（一）产品生命周期

产品生命周期（Product Life Cycle，PLC），是指产品的市场寿命。一种产品进入市场后，它的销售量和利润都会随时间推移而改变，呈现一个由少到多、再由多到少的过程。就如同人的生命一样，由诞生、成长到成熟，最终走向衰亡。这就是产品的生命周期现象。所谓产品生命周期，是指产品从进入市场开始，直到最终退出市场为止所经历的市场生命循环过程。产品只有经过研究开发、试销，然后进入市场，它的市场生命周期才算开始。产品退出市场，则标志着生命周期的结束。

生命周期的实质是"主要矛盾斗争产生的过程"，在产品的生命周期中主要矛盾的主要方面就是顾客的需求，实现需求和期望的能力是主要矛盾的另一个方面。

典型的产品生命周期一般可分为4个阶段，即投入期、成长期、成熟期和衰退期。

1. 介绍（投入）期

新产品投入市场，便进入介绍期。此时，顾客对产品还不了解，只有少数追求新奇的顾客可能购买，销售量很低。为了扩展销路，需要大量的促销费用，对产品进行宣传。在这一阶段，由于技术方面的原因，产品不能大批量生产，因而成本高，销售额增长缓慢，企业不但得不到利润，反而可能亏损。产品也有待进一步完善。

2. 成长期

这时顾客对产品已经熟悉，大量的新顾客开始购买，市场逐步扩大。产品大批量生产，生产成本相对降低，企业的销售额迅速上升，利润也迅速增长。竞争者看到有利可图，将纷纷进入市场参与竞争，使同类产品供给量增加，价格随之下降，企业利润增长速度逐步减慢，最后达到生命周期利润的最高点。

3. 成熟期

市场需求趋向饱和，潜在的顾客已经很少，销售额增长缓慢直至转而下降，标志着产品进入了成熟期。在这一阶段，竞争逐渐加剧，产品售价降低，促销费用增加，企业利润下降。

4.　衰退期

随着科学技术的发展，新产品或新的代用品出现，将使顾客的消费习惯发生改变，转向其他产品，从而使原来产品的销售额和利润额迅速下降。于是，产品进入了衰退期。

典型的产品生命周期的 4 个阶段呈现出不同的市场特征，企业的营销策略也就以各阶段的特征为基点来制定和实施。

> **名人名言**
>
> 最终你相信什么就能成为什么。因为世界上最可怕的两个词，一个叫执着，一个叫认真。认真的人改变自己，执着的人改变命运。
>
> ——江南春

（二）企业生命周期

企业生命周期是企业的发展与成长的动态轨迹，包括发展、成长、成熟、衰退几个阶段。企业生命周期理论的研究目的就在于试图为处于不同生命周期阶段的企业找到能够与其特点相适应、并能不断促其发展延续的特定组织结构形式，使得企业可以从内部管理方面找到一个相对较优的模式来保持企业的发展能力，在每个生命周期阶段内充分发挥特色优势，进而延长企业的生命周期，帮助企业实现自身的可持续发展。

有两种主要的生命周期方法：一种是传统的、相当机械地看待市场发展的观点（产品生命周期/行业生命周期）；另外一种更富有挑战性，观察顾客需求是怎样随着时间演变而由不同的产品和技术来满足的（需求生命周期）。

1.　产品/行业生命周期

产品/行业生命周期是一种非常有用的方法，能够帮助企业根据行业是否处于成长、成熟、衰退或其他状态来制定适当的战略。

2.　需求生命周期

生命周期概念更有建设性的应用是需求生命周期理论。这个理论假定顾客（个人、私有或公有企业）有某种特定的需求（娱乐、教育、运输、社交、交流信息等）希望能够得到满足。在不同的时候会有不同的产品来满足这些需求。

技术在不断发展，人口的统计特征随着时间而演变，政治环境则在不同的权力集团之间摇摆不定，消费者偏好也会改变。与其为了保卫特定的产品而战，倒不如为了确保能够继续满足顾客需求而战。

相应地，企业生命周期的各个阶段呈现出不同的市场特征，企业的营销策略也应以各阶段的特征为基点来制定和实施。

二、创业初期的营销方式

创业初期，创业者面临最重要的任务是如何进入市场的问题，这也是企业营销管理的重要策略。下面简单介绍一些成功企业的策略做法，是否具有普遍意义，还要看不同的市场环境和企业环境。

（一）点、线、面三点进入法

这一策略是德国大众汽车公司有名的市场开拓方法。假设某企业选定某一目标市场，并确定其为最后攻占的目标区域，具体的进入方法是：首先，实行点的占据；其次，在第一个点的营销活动取得相当成功后，再在目标区域附近另选第二个点；再次，线形成后，再选一个第三点，此点应能与第一点、第二点形成对目标区域包围圈，这样营销面积便形成。在面积形成后，还要设立第四点，此点应放在目标区域的中央，这是一个非常重要的点。

（二）寻找市场机会进入法

美国菲利普·考特勒等人合著《新的竞争》一书，对日本在国际营销中的成功经验作了详细研究，从而提出寻找机会进入市场的5种具体方法。

1. 寻找现成的机会

在选择好要打进去的目标市场时，要先找那些"被人遗忘"的细分市场，在这些市场站稳脚跟后，再进一步扩大市场。

2. 创造新机会

这是指不是"依样画葫芦"地模仿别人的产品，而是要通过自己的研制和创新，以创新姿态出现在目标市场上，给消费者新奇的感受，刺激求新的心理需求。

3. 实行创造性的推销

任何产品都有技术性突破，进入一个新市场也不是以全新产品为唯一因素，有时也可以对某些产品加以部分改进，就能提高市场营销能力。

4. 适应和改变顾客的爱好

进入市场不仅要知道这个市场的消费者需要什么，爱好什么；也可以引领顾客的爱好，通过广告宣传来改变顾客的爱好，或树立新的消费观念。

5. 了解竞争者和向竞争者学习

日本一家公司把竞争对手产生的自动洗碟机搬进自己的实验室，对这台洗碟机的性能、零件的数量、成本结构等一一加以评估，并对每一零件进行测定，确定其设计上的优点，了解竞争对手的技术能力、生产设备和销售系统。在了解与掌握对方具体情况的基础上，设计出性能更好的产品，这就为进入市场创造了良好条件。总的来说，要拓展市场就要寻找进入市场的机会，而寻找机会则要求企业家具有观察力、综合分析力和想象力。"坐失良机"固然使人遗憾，但"守株待兔"不去创造机会，也不会有大的成功。

> **名人名言**
>
> 成功的管理艺术有赖于在一个充满偶然性的环境里为自己的活动确定一个理由充分的成功比率。
>
> ——弗里蒙特·卡斯特（美）

（三）一点集中进入法

这是游击战中常用方法，也是适合市场营销进入策略的运用。在有多个目标市场的情况下，先选择其中一个，将所有销售能力集中起来，在短期内提高营销实绩，这有利于提高企业内部的信心和企业的影响力。一点集中进入法的关键在于如何选点，选点错了，造成人力、物力、财力、时间的损失，甚至可能造成"出师未捷身先死"的局面，使产品夭折在刚铺开的市场新点上。

（四）市场领袖进入法

这是一种利用市场领袖的影响力而进入市场的方法。现代市场商品种类繁多，新产品日新月异，广告宣传花样翻新，消费者对产品的质量、效能要求难以判断，只能寻求专业人员、学者或具有权威性的机关、团体的协助，听取他们的意见。这种在消费者心目中具有重要影响力的个人或单位，我们称之为市场领袖。

1. 市场领袖的类型

市场领袖大致包括三种类型：（1）管理与大众传播单位；（2）直接影响人；（3）间接影响人。

2. 市场领袖的作用

企业在拓展和进入市场时，要注意发挥市场领袖如下一些作用：（1）分析与预测产品发展趋势；（2）通过各种形式解释产品的性能、用途，提高消费者对产品的认知度；（3）利用市场领袖本身的威信，发挥其专业影响力；（4）通过市场领袖听取市场信息反馈；（5）虚心听取市场领袖意见，改进营销工作。

（五）广告宣传先行进入法

在打进市场的早期阶段，通过广告宣传争取第一批顾客是十分重要的。如何加强商品推销宣传？首先，要加强与批发商和经销商合作，或是配合他们，从侧面起掩护作用，或是联合广告宣传，实行联合正面进攻；其次，加强对企业与商标的宣传，通过大力宣传自己的商标，树立企业的形象，给消费者以好感。这与认识新朋友一样，先打招呼，给人以良好的第一印象，然后再接触实际问题。

三、"互联网+"企业营销模式介绍

现代营销学之父菲利普·科特勒教授把营销的演进划分为三个阶段：第一个阶段是营销1.0时代，即"以产品为中心的时代"，这个时代的营销被认为是一种纯粹的销售，一种关于说服的艺术；第二个阶段是营销2.0时代，即"以消费者为中心的时代"，企业追求与顾客建立紧密联系，不但需要继续提供产品使用功能，更要为消费者提供情感价值，企业需要让消费者意识到产品的内涵，理解消费者的预期，然后吸引他们购买产品。如今我们即将见证第三个阶段——营销3.0时代，即"价值观为中心的时代"，在这个新的时代中，营销者不再把顾客仅仅视为消费个体，而是把他们看作具有独立思想、心灵和精神的完整的人类个体。"交换"与"交易"被提升成"互动"与"共鸣"，营销的价值主张从"功能与情感的差异化"被深化至"精神与价值观的相应"。从中我们就很容易理解为什么社群营销这么火爆。因为社群营销的起点与基石是相同的价值取向，其顺应了"价值观为中心的时代"。

（一）营销环境的嬗变：移动化、碎片化、场景化

如今的营销环境基本上可以用三个词来总结："移动化""碎片化""场景化"。大家已经不再局限于每周、每月的固定时间里，在固定的购物场所进行消费。而是转变为随心所欲的全天候、多渠道的消费。消费者可以在任何时间、任何地点，通过任何方式购买他们所喜欢的商品。无论是智能手机销量的暴增，还是人们花在智能手机上时间越来越长，都足以证明整个营销环境的移动化。而碎片化的特征就更明显了。如今，人人都是自媒体，个个都是消息源，大家的注意力被分散在各个媒体上。至此加剧了用户的三个碎片化趋势：消费地点的碎片化、消费时间的碎片化、消费需求的碎片化。

很多时候营销要触动消费者，一定要有匹配的场景，因为人是受环境影响的。而新技术的发展，让随时捕获这种场景变得容易，比如可佩戴市场，还有移动互联网和任意的广告屏幕及终端的无缝链接。因此，营销如何"场景化"，即通过可谈论的内容+场景的匹配方式营销，成为所有企业都需要面对的问题。产品要能够制造出让消费者关注的内容话题，并通过不同的媒介制造出短时间内的话题场景，才能引爆品牌。

（二）消费主体的蜕变：个性化、社交化、娱乐化

研究完环境，我们再来看看消费主体又有哪些变化呢？总的来说，同样有三个关键词可以很好地概括现在"80后""90后"和"00后"消费主体："个性化""社交化""娱乐化"。

作为一个正在不断崛起的消费群体，他们的消费观念、消费权力、消费意识、消费话语正在深刻影响着整个商业环境。普遍认为"80后""90后"和"00后"的心理特点就是追求自我张扬、与众不同的个性。他们重视产品消费体验中是否能给自己带来心灵、情感上的最大满足，并获得差异性、个性化、多样化的体验。于是，参与感成为小米手机大获全胜的成功秘诀。

这一群体接受了市场经济、全球化、互联网进程的洗礼，他们的人生观、价值观、世界观和由此衍生出的消费观，呈现出与其父辈迥然不同的特征。腾讯QQ发布的《中国"90后"青年调查报告2014》显示，"90后"是孤独与集体孤独的一代。他们有强烈的社交需求，孤独的他们习惯沉溺于虚拟社交圈。由此可以理解为什么各种社交媒体工具的火热流行中。

调查数据表明："玩"是"80后"生活的主体，"玩"的开支可达他们日常消费的1/3。而娱乐的价值就是教会他们"怎样玩"，以及通过何种载体让他们觉得"好玩"。"90后"

和"00后"宣称"我每天可以吃得有限，穿得有限，花得有限，但是开心必须无限"。这种娱乐可以是对娱乐八卦的热爱、对生活压力的宣泄、对社会现象的吐槽、对自己生活的搞怪，天大的事儿也可以被他们解读得极具娱乐精神。

（三）营销策略：大数据营销、内容营销、社群营销、场景化营销

然而面对"移动化、碎片化、场景化"的营销环境和"个性化、社交化、娱乐化"的消费主体，对于企业来说如何是好，又该怎样应对？首先，我们要搞清楚什么是互联网营销。美国有互联网营销专家认为互联网营销的本质就是用最小的投入，准确链接目标顾客，用完美的创意，实现强大的口碑以影响目标群体。

总之，碎片化的渠道、碎片化的时间、移动化的行为、个性化的价值观、娱乐化的诉求决定了"互联网+"企业背景下的营销向着场景化、数据化、内容化、社群化的趋势发展。至此，"互联网+"企业的营销模式也一目了然，未来企业在营销方面的发力点就是大数据营销、高品质内容、场景化匹配、社群化传播。

案例精选

提起台湾首富王永庆，几乎无人不晓。他把台湾塑胶集团推进世界化工业的前50名。而在创业初期，他做的还只是卖米的小本生意。

王永庆早年因家贫读不起书，只好去做买卖。16岁的王永庆从老家来到嘉义开一家米店。那时，小小的嘉义已有米店近30家，竞争非常激烈。当时仅有200元资金的王永庆，只能在一条偏僻的巷子里承租一个很小的铺面。他的米店开办最晚、规模最小，更谈不上知名度了，没有任何优势。在新开张的那段日子里，生意冷冷清清、门可罗雀。

刚开始，王永庆曾背着米挨家挨户去推销，一天下来，人不仅累得够呛，效果也不太好。谁会去买一个小商贩上门推销的米呢？可怎样才能打开销路呢？王永庆决定从每一粒米上打开突破口。那时候的台湾，农民还处在手工作业状态，由于稻谷收割与加工的技术落后，很多小石子之类的杂物很容易掺杂在米里。人们在做饭之前，都要淘好几次米，很不方便。但大家都已见怪不怪，习以为常。

王永庆却从这司空见惯中找到了切入点。他和两个弟弟一齐动手，一点一点地将夹杂在米里的秕糠、砂石之类的杂物捡出来，然后再卖。一时间，小镇上的主妇们都说，王永庆卖的米质量好，省去了淘米的麻烦。这样，一传十，十传百，米店的生意日渐红火起来。

王永庆并没有就此满足。他还要在米上下大功夫。那时候，顾客都是上门买米，自己运送回家。这对年轻人来说不算什么，但对一些上了年纪的人，就是一个很大的不便了。而年轻人又无暇顾及家务，买米的顾客以老年人居多。王永庆注意到这一细

节，于是主动送米上门。这一方便顾客的服务措施同样大受欢迎。当时还没有"送货上门"一说，增加这一服务项目等于是一项创举。

王永庆送米，并非送到顾客家门口了事，还要将米倒进米缸里。如果米缸里还有陈米，他就将陈米倒出来，把米缸擦干净，再把新米倒进去，然后将陈米放回上层。这样，陈米就不至于因存放过久而变质。王永庆这一精细的服务令顾客深受感动，赢得了很多的顾客。

如果给新顾客送米，王永庆就细心记下这户人家米缸的容量，并且问明家里有多少人吃饭，几个大人、几个小孩，每人饭量如何，据此估计该户人家下次买米的大概时间，记在本子上。到时候，不等顾客上门，他就主动将相应数量的米送到客户家里。

王永庆精细、务实的服务，使嘉义人都知道在米市马路尽头的巷子里，有一个卖好米并送货上门的王永庆。有了知名度后，王永庆的生意更加红火起来。这样，经过一年多的资金积累和客户积累，王永庆便自己办了个碾米厂，在最繁华热闹的临街处租了一处比原来大好几倍的房子，临街做铺面，里间做碾米厂。

就这样，王永庆从小小的米店生意开始了他后来问鼎台湾首富的事业。

第四节 财务管理

面对激烈的竞争，要想求得生存、获得发展必须重视企业管理。因为财务管理水平的高低直接影响到企业管理的水平高低，进而影响到企业经济效益的好坏。因此，优化财务管理，挖掘财务管理各功能，对于促进企业经济效益具有重要意义。

一、财务管理的内涵

财务管理（Financial Management）是指基于一定的法律法规，在一定整体目标的指导下，关于企业资产的购置（投资）、资本的融通（筹资）、经营中现金流量（营运资金）和利润分配的管理。作为企业管理的核心，财务管理对于改善企业经营、提高企业经济效益具有十分重要的作用。实践表明，财务管理水平的高低对企业的经济效益的好坏具有重要影响。

二、财务管理的内容

财务管理的内容极为丰富，从不同的角度来审视，其包含的内容是不同的。从组织企业财务活动的视角看，财务管理的内容包括了资金的筹集、资金的投放与分配等内容；从处理财务关系的视角审视，财务管理的内容包括了诸多对复杂的关系，涉及企业与债权人、债务人、投资人、受资人、政府之间的关系，还包括企业内容各单位之间的财务关系以及企业与职工之间的财务关系等。

三、财务管理的功能

财务管理作为企业管理的重要组成部分，其作用的发挥是以其功能为基础的。具体而言，财务管理具有三大基本功能：资金管理功能、成本控制功能、监督控制功能。

（一）资金管理功能

资金对企业发展至关重要，如果将企业比喻为人体的话，那资金就是身体中的血液。可以这样说，资金是企业经营和发展的必不可少的条件。所有企业的生存与发展必须基于一定的资金。因此，企业财务管理具备了资金管理这一最为基本的功能。财务管理人员与企业管理人员基于对市场和企业发展的分析，综合各方面的信息数据，来支配企业的资金。从而利用有限的资金投入带来最大的产出，促进企业经济效益的提升。这就是财务管理中的资金管理功能。

（二）成本控制功能

影响企业利润的因素有很多，例如，原材料成本的变动、员工工资的变动、市场供需关系的变化等，而成本因素则是影响企业利润的主要因素之一。财务管理人员运用科学的方法，在保障企业正常运转的前提下，严格控制企业中不合理的支出，包括对产品成本的控制、对其间费用的控制、对研发费用的控制，以及对职工薪酬、福利、保险和劳动保护的管理等。从而达到降低企业生产成本，增加企业的利润，提高企业的经济效益。因此，财务管理具有成本控制功能。

（三）监督控制功能

企业的正常运转需要一整套完善的监督和控制体系。财务管理中的监督和控制体系使得企业在生产经营过程中步步为营，确保企业始终朝着正确的方向前行。不仅如此，在完善监督的体系下，企业能有效利用各种资源，最大程度挖掘自身产能，优化企业的经营与管理，从而能够以较小的成本投入获得较大的经济效益。这就是财务管理中的监督控制功能。

四、企业财务管理的重要性

（一）企业财务管理是企业管理的基础，是企业内部管理的中枢

财务管理是组织资金运动，处理同有关方面财务关系的一项经济管理工作。它是一种价值管理，渗透和贯穿于企业一切经济活动之中。企业的资金筹集、使用和分配，一切涉及资金的业务活动都属于财务管理的范围。

企业的生产、经营，以及进、销、调、存每一环节都离不开财务的反应和调控。企业的经济核算、财务监督更是企业经济活动的有效制约和检查。

财务管理是一切管理活动的共同基础，它在企业管理中的中心地位是一种客观要求。

（二）企业的管理从注重生产的管理转到财务管理，是社会的进步

随着社会主义市场经济体制的逐步建立，财会工作在企业管理中越来越占有重要的地位。必须坚持一手抓生产发展，一手抓财务管理，既要向生产要效益，又要向管理要效益。管理也是生产力。财务管理与经济效益有着密切的联系。

企业的中心目标就是围绕着如何以较小的消耗取得尽量大的经济效益。加强财务管理能够促进企业节约挖潜、控制费用、降低消耗；通过资金的筹集调度，合理运用资金，提高资金的使用效果，防止资金的浪费；通过对存货的管理可以优化库存结构，减少存货积压，做到经济库存；通过价格的拉动，可以增加企业的收入；通过对国有资产的管理可以促使企业合理有效地使用国有资产，并且做到国有资产的保值、增值。因此，充分发挥财务管理的龙头作用，就能更加有效地提高经济效益。

（三）财务管理是实现企业和外部交往的桥梁

通过会计核算，对原始数据进行收集、传递、分类、登记、归纳、总结、储存、将其处理成有用的经济管理信息。然后开展财务分析，对企业财务活动的过程和结果进行评价和分析，并对未来财务活动及其结果作出预计和测试。通过这一系列财务管理环节，使企业能够向外界提供准确、真实的信息，从而有助于国家宏观调控，使投资人进行合理投资，银行做出信贷决策和税务机关依法征税。

（四）根本转变观念：企业管理以财务管理为中心，财务管理以资金管理为中心

加强资金管理，提高资金的营运效益是财务管理的首要任务。资金是企业的"血液"，企业资金运动的特点是循环往复地流动，资金的生命在于"活"，资金活，生产经营就活，一"活"带百"活"。如果资金不流动，就会"沉淀"或"流失"，得不到补偿增值。只有提高资金使用效率，才能确保企业的经济效益。正因为如此，资金管理成为企业财务管理的中心是一种客观必然。

（五）强化财务管理可以找出企业问题的根源，拿出解决问题的方法

财务部门通过对财务指标的经常性的计算、预测、整理、分析、肯定成绩、揭露问题、

寻找原因，提出改进措施，促使企业不断提高经济效益。

五、大学生创业初期财务管理存在的问题

大学生创业初期，创业企业财务管理的基础和指导思想是要树立创业企业财务管理理念。创业初期最佳财务管理理念是以市场为中心，科学合理选择筹资渠道，降低企业成本，控制企业经营风险。大学生创业初期财务管理存在着一些问题。具体问题如下：

（一）缺乏监督机制，忽视企业内部控制

创业初期，企业财务管理环节法律意识淡薄。雇佣的财务经理，集中精力以市场为中心，管理经营企业，对财务经理集权严重；企业经营内部控制不规范，职责不清晰；企业财产安全存在致命危机，企业财务报表的精确性和可靠性降低；欺诈、不及时、不准确财务信息存在。这些对于创业初期实力并不雄厚的创业型企业都是灭顶之灾。

（二）缺乏适合的会计体系

由于创业企业经济业务的复杂性和多样化，经济业务有多种会计处理方法，存货计价、固定资产折旧等存在不只一种可供选择的财务管理处理方法。尤其是创业企业在进行某项经济业务时，缺乏适合的会计体系，所使用的会计原则和会计处理方法选择不适合创业企业财务管理的特点，令创业企业的会计报表影响相关决策者的决策。决策者不能随着经济的发展和会计环境的变化，及时发现新的途径，利用财务管理为创业企业自身谋利。

（三）缺乏对创业企业财务管理环境确定，未认识到创业企业的价值

忽视创业企业财务管理环境的分析、判断、确定，创业企业成本核算效果不尽如人意。没有科学预测可控成本和不可控成本，成本执行力弱；资本运行效果较差，常规的生存、销售、利润的积累很快耗尽；企业规模很难在短时间内迅速扩大，无法引进投资，企业价

值较低；企业项目无法兼容，无形资产的投入很难市场化，企业新的利润增长点消失。

（四）财务管理制度缺失

大部分创业型企业在创业初期，只有一本账本，缺乏对财务管理规模分阶段、科学系统的规划，难以达到管理的目的。无法满足企业成长的需求，财务管理制度和流程难以实施。由于没有财务管理制度，创业企业内部财务管理控制出现混乱局面。财务管理损失越来越大。会计计量历史成本、重置成本、可变现净值、现值计量准确性低，创业企业的财务管理工作急需探索与创业企业相匹配的创业企业财务管理模式。

六、大学生创业初期财务管理的对策

创业初期，加强创业企业主营业务和培养核心竞争力，做好企业内部控制，管理好营运资金，充分挖掘创业企业的潜力，必须针对大学生创业初期财务管理存在的问题构建相应对策，优化财务管理的资源。

（一）创新创业初期财务管理理念

创业初期，创业企业以市场为导向，了解市场，充分结合法律知识，制定与创业环境一致的可持续增长相匹配的财务管理制度，使用创业企业有限资源，达到企业价值最大化的目标。适度的增长率是监督机制建立的依据，企业财务管理者明确创业企业的主营业务、成长业务所需财务支持，建立合理的财务资源匹配规划和财务战略。以增强企业价值为目标，培养财务管理负责人、中层管理干部等，构建创业企业财务管理会计准则，融入创业企业流程和风险管理实务，创造有创业企业财务管理准则的良好财务管理内部环境。

（二）健全配套财务管理制度

创业初期，创业企业根据企业的特点、具体经营情况，在符合会计准则体系的要求下，构建会计处理流程、财务信息系统，制定符合创业企业特点、经营特点的具体会计核算方法。通过培训增强财务会计的理解和操作，健全配套财务管理制度的同时，安装适合的会计核算软硬件资源，对创业企业的财务系统及时升级，对财务管理会计资源及时整合，使用统一软件，加强对财务管理中资金的统一管理，提高资金运作的规范化、透明度和管理水平。

（三）甄选综合素质高的财务管理人员

甄选在会计体系中财务报表列表、合并财务报表、资产核算等方面，有职业判断能力的财务管理人员从事财务管理工作。财务管理观念、理念新颖，熟悉掌握创业财务管理的概念和框架，参与企业决策，有较高的应变能力、风险防范意识，能够优化财务管理环境，积极实施财务管理日常业务管理体系。

（四）建立适合创业企业内部控制体系

创业企业需要选择合适的综合素质较高的财务管理人员运用系统分析方法，建立科学、合理、有效的财务管理内部控制制度。通过建立完善的内部会计监督制度，严格贯彻相关法律法规，形成从财务管理初期就遏制造价行为的合理有效的会计核算体系。通过强化资金管理，增强企业内部各职能部门的财产物资管理内部控制，在物资采购、存货管理等方面建立规范的操作程序，维护财务管理安全。

七、大学生创业初期财务管理可行模式

大学生创业初期，经营管理以财务管理为中心，构建以资金管理、资金使用效益为中心的财务管理体系，确保创业初期创业企业的经营管理水平、财产安全、增值，全面实行预算管理。创业者根据年度经营目标制定年度财务预算，遵循统一会计核算、统一融资、统一资产管理、统一财务报表的权责分明的原则。履行财务管理的管理职责，负责财务预算的编制、分析、检查，制定创业企业内部财务管理制度，依法缴纳各项税费，及时报送有关部门财务报告，统筹规划决策财务管理实务。实现创业企业财务管理的目标、最终实现企业经营目标。具体可行财务管理模式如下：

（一）现金管理集权模式

现金管理是财务管理的中心，集中强化：第一，银行账户管理，所有账户必须由财务负责人统一管理。第二，现金预测，对企业现有资金中融资规模有清晰的判断，掌握创业初期每个阶段可运用和必须支付的现金。第三，筹资管理，在现金预测的基础上，选择最佳筹资方式，遵循价值规律使用资金，实现资金的内部控制，且审核、平衡预算，汇编总预算表，为将来的经营活动提供依据。

（二）投资管理、利润分配采取集权-分权模式

创业初期，投资每一个有潜力的项目，必须根据创业企业发展规划，提出财务管理总目标。集中管理资金，限定资金总额，资金总额只能占很小的一部分。投资项目的跟踪管理实行分权跟踪管理，放活投资项目资金管理。

利润分配是创业企业经营的核心内容，工资、资金分配实行总量控制，奖金分配和工资分配分权模式管理，实行自主分配模式。

（三）创新产品部门彻底分权管理

创新部门自主经营、自负盈亏，对自己的产品从研究、开发、生产、销售等环节，从订立合同、资产负债、留存收益等核算上，统一采取分权管理。企业有独立核算、制单、审查、记账的报表系统。创新产品部门属于创新型生产力部门，应按照创业企业统一的会计制度办理有关手续。

大学生创业初期，选择何种财务管理模式取决于创业企业的特点、创业企业的经营类型和创业企业经营的具体情况。创业初期，资金量少，融资渠道狭窄，需要政府构建合理的扶持资金和创业企业管理资金体系。创业资金运作，从国家层面上需要通过会计原则和会计核算原则，规范创业投资业的行为，构建适合本行业的财务管理政策和理论，为创业初期企业和自主创新服务，以财务管理机制促发展。

第五节　诚信管理

　　在我国传统儒家伦理中，诚实守信被视为"立人之本""立政之本"、"进德修业之本"。孔子曾说："人而无信，不知其可也。"他甚至把"信"摆到了关系国家兴亡的重要位置，认为国家的朝政得不到人民的信任是立不住脚的。孟子把"信"视为用以维系儒家"五伦"的伦常（基本伦理规范）之一。

　　管理学大师彼得·德鲁克指出："大量而广泛的实践证明，在企业的不同发展阶段，企业文化再造是推动企业前进的原动力，但是企业诚信作为企业核心价值观是万古长存的。它是企业文化与企业核心竞争力的基石。"企业诚信作为企业文化的重要组成部分，它孕育于企业文化，扎根于企业文化，渗透于企业文化，是企业文化不可或缺的重要组成部分。

一、诚信对于企业的重要性

　　在现代经济社会中，诚信不仅仅是一种道德规范，也是能够为企业带来经济效益的重要资源，在一定程度上甚至比物质资源和人力资源更为重要。通用电气公司在给其股东的一封信中首先讲的就是企业诚信问题，"诚信是我们价值观中最重要的一点。诚信意味着永远遵循法律的精神。但是，诚信也不只是个法律问题，它是我们一切关系的核心。"塑造和坚持企业诚信作为企业文化的核心价值观，对形成支撑企业健康发展的独特文化特征，推动企业从优秀迈向卓越具有巨大的促进作用。

（一）诚信是推动企业生产力提高的精神动力

　　马克思主义认识论认为，人是生产力中最积极、最活跃的因素，也是生产力中唯一具有能动性、创造性的主体因素，再好的管理、再好的制度也需要人来执行和运作。因此，企业的诚信建设，在根本上决定于员工个体的诚信，决定于员工的素质。建设一流的队伍是推动企业诚信体系建设的保证。塑造企业诚信作为核心价值观就是高度重视生产力中人的因素，通过精神层面的感召力，使得企业内部真诚相待，从而充分调动广大员工的积极性、主动性、创造性。高度认同和支持企业的经营政策和方针，使企业生产力得到进一步的释放和发展。

（二）诚信是促进企业内外有效沟通的桥梁

对企业管理来说，管理的主体是人。人的因素是企业成功的关键因素。所有的管理问题归根结底都是沟通的问题。一个企业有了乐于沟通的诚信文化环境，人与人之间相互尊重就多，友情就多，心气就顺，人气就旺，就有利于克服部门之间的本位主义，培养和激发员工的主人翁精神，增强企业的凝聚力和向心力。有诚信才有沟通，有沟通才有活水，有活水才有活力。"鸡犬之声相闻，老死不相往来"，只能是死水一潭，不会有充满活力的和谐局面出现。

（三）诚信是企业生存和发展的基石

企业凝聚力是企业生命力和企业活力的重要标志，而企业诚信则是增强企业凝聚力的源泉。一方面，诚信作为企业文化的核心价值观，能够把企业在长期奋斗中形成的优良品质、顽强作风挖掘和提炼出来，成为大家认同和遵从的价值规范。有助于把各级员工对企业的朴素情感升华为强烈的责任心和自豪感，把敬业爱岗的自发意识转化为员工的自觉行动，使每位个体的积极性凝聚为一个整体，从而增强企业的生命力和活力。另一方面，企业对外诚实守信，就能形成巨大的吸引力，从而不断赢得创业和发展的机遇，其信誉度就会不断提高。只有坚持做到"内诚外信"的企业才能拥有更多的合作客户，并与其建立"共生共赢"的合作关系。而一个失信的企业如同搬起石头砸自己的脚，最终在未来市场竞争中被淘汰出局。

案例精选

一生守信的罗迪

20世纪初，来美国的移民十分节俭，尽量把每一分钱都积存起来。佛兰普斯科·罗迪便成立了一家小小的银行，吸收移民存款。1915年圣诞节前夕的一天，这家银行的出纳员外出午餐，这里只有罗迪。突然，三个蒙面歹徒冲进来，把罗迪关进厕所后，将银行里的22000美元席卷一空。储户听到这个消息后，都蜂拥来提款。虽然罗迪尽了最大的努力兑付，但仍然不支，最后被迫清盘，宣告破产。250个储户共损失了18000美元。从此，罗迪家一贫如洗。他们失去了住宅、积蓄、存款和所有的一切，连家里一块稍好的红地毯也被人当抵债品拿走了。一位银行家对罗迪说："银行遭遇抢劫，这是天灾人祸，既然已经宣告破产，你就没有任何责任了，存款也不用还了。"罗迪说："法律上也许是这样。不过，我个人是要认账的，这是信义上的债务。今后我一定要归还！"

罗迪为了还债努力奋斗，他白天杀猪，晚上为人补鞋，还发动大一点的孩子上街卖报，帮人搬货物。一家人省吃俭用，积了一点钱，有了一定的还债条件了。罗迪听说一位储户患了重病，生活困难，他就把那位储户十几年前存的177元还清了。以后，罗迪一家积了一点钱总是先还给最困难的储户。罗迪听说一位身患重病的寡妇无力抚养孩子。罗迪首先还给她 100 元，另外每月还她 10 元，使她付清房租。罗迪还听说一位储户欠了税，有坐牢的危险。20 年前他在罗迪这里存了一笔钱。罗迪连忙找到他，还了他的存款，使他免受牢狱之灾。

但由于时间太长，许多储户记不清了，罗迪就在保险公司、教堂、开发商甚至是当地报纸上刊登广告，寻找存款人。他从一篇新闻报道上，发现加利福尼亚有久未寻到的当年的三位储户，他便把存款分别寄给了他们。他们异常感动，其中两个人把存款退了回来。请他转寄给别的穷人或他们的孩子。罗迪通过牧师的帮助，找到了 90 里外的一对老年储户。罗迪踏着深深的积雪，来到了他们家。几十年来，他们的存款凭据都丢失了，但记得当年罗迪的储蓄银行的位置，街角的当铺、铁匠铺等。罗迪认为，他们的说法是对的，便按他们提供的数目给他们兑现了存款。1946 年圣诞节前夕，银行被抢 31 年以后，罗迪还清了 250 位储户 18000 元存款。

因第二次世界大战散居各地的罗迪的子女也再行团聚在一起，此时罗迪向过去所有储户或他们的子女寄出了一张贺年卡，贺年卡上附了几句话："我，佛兰普斯科·罗迪曾经经营一家储蓄银行。1915 年该行遭劫后，被迫停业，但当时我曾向各位保证，日后必将存款归还。经过多年的奋斗，我们兑现了诺言，现在还清了所有的存款和利息，诚感欣慰。祝大家圣诞快乐！"当最后一张贺卡寄出以后，罗迪说："我幸福，因为我无愧于我的承诺！"信用是金，守信既是市场经济应该和必须遵守的法则，也是人生最宝贵的财富。

（资料来源：搜狐网）

二、企业如何进行诚信管理

（一）树立全员的诚信意识，构建企业诚信文化

人无信不立，企业无信不长。诚信是企业赖以生存和发展的基本条件。企业要想在竞争中立于不败之地，就必须提高诚信意识，破除只重经济效益而轻视信誉的思想，把诚信与发展、诚信与效益结合起来。

企业要把诚信作为一种资源来看待，培育诚信文化。树立"诚实守信"的企业诚信价值观念，形成"守信光荣，失信可耻"的企业文化氛围，让诚信渗透到企业的每一个组织系统、每一项活动、每一个员工的行为中。企业诚信文化应与企业生产与管理的每一个环节融合起来，以诚信来指导企业的管理和发展，在管理和发展中体现诚信的丰富内涵。

（二）建立健全企业诚信管理机制

企业诚信管理机制的建立，是企业走向诚信管理的标志。企业建立诚信管理机制要从以下几方面入手：

首先，要加大企业股份制改造力度，完善企业的产权制度。企业诚信建立的前提是企

业必须拥有明晰的产权关系。只有产权关系明确,企业的经营者才具备企业财产的控制权和支配权,才会拥有维护企业信誉的积极性,也才有可能放弃短期利益去追求长期的收益。

其次,建立专门的诚信管理部门。诚信管理部门的建立是企业诚信管理体系能够顺利推行的基本保证。使企业的诚信管理工作既有专人负责,又能够有效协调各部门在诚信管理中的工作,并及时地检查和评估企业诚信的实施情况,从而不断地提高诚信管理水平。

再次,要建立健全诚信管理的岗位责任制。企业建立和完善自上而下、自下而上的诚信责任监督管理系统,要把企业诚信全方位地责任分解,层层落实诚信责任,做到环环紧扣、环环相套,分工明确、责任到位,确保形成诚信责任链。

(三)建立客户资信调查和评估机制

建立客户资信调查和评估机制,才能准确把握商机和诚信风险的区别。客户既是企业最大的财富来源,也是风险的最大来源。强化诚信管理,企业必须首先做好客户的资信管理工作,尤其是在交易之前要对客户的诚信情况进行收集调查和风险评估。在和客户谈判、接洽的时候定期调查和评估客户的诚信状况。企业经营过程中会接触许多不同的客户,必须对新老客户的资信状况了解清楚,然后评估是否可以授信。确定客户资信等级,并按资信等级执行相应的诚信政策。

对客户资信管理是一项复杂的系统工程,应该借助现代信息技术进行管理。从企业信息化的发展看,管理的信息化越来越重要,特别是在当前电子商务越来越成为交易双方借助互联网平台交换信息而达成交易增多的时候。充分利用企业内部网、互联网等信息化手段,建立起包括客户关系管理系统、供应商协同系统和企业网络诚信制度和资信数据库体系,显得更为重要。

(四)加强对企业员工诚信管理

未来的组织变革将更注重组织的扁平化、企业经营的灵活性和员工授权。因此,加强对企业员工诚信管理显得尤为重要。

一方面,员工是企业形象的代言人,员工站在市场的最前沿。在某种程度上说,员工的形象就代表着企业的形象。另一方面,员工的诚信与否直接影响到企业的经济利益。如果员工存在怠工和蓄意破坏、盗窃、泄密、吃回扣等行为,会给企业造成重大的经济损失。因此,企业在人力资源管理的招聘、选拔、晋升等职能中,对人的诚实性、可靠性、责任感等诚信特征必须进行考察、测量、培养。

(五)提供精良的产品和超值服务,赢得顾客的忠诚

精良的产品和超值服务是构筑企业良好信誉的基石,是树立企业信誉的"硬件"。顾客对企业的评价往往是在使用企业的产品和接受企业服务的过程中形成的。企业要想留住顾客,与顾客建立长期而稳固的关系,首先要为顾客提供满意的产品和服务。这对提高顾客的满意度和忠诚度至关重要。

（六）实施绿色经营战略，树立良好的社会形象

增强社会责任感、赢得企业信誉，是现代企业持续发展和成功的核心战略。当前，随着生态文明建设持续深入推进，保护环境、可持续发展成为国际社会普遍关注的焦点问题。国际组织、各国政府积极行动起来，纷纷制定更为严格的环保法律。各国民众亦踊跃投入环保事业。如今购买绿色产品、使用绿色产品已成为时尚。

在新的世纪，企业欲赢得未来市场、赢得顾客的信任和政府的支持，就必须实施绿色经营战略。当今绿色产品深受消费者的青睐，在欧美许多国家专门经营绿色产品商店的销售增长率已经超过传统商店。许多具有前瞻性的公司相继实施绿色经营战略，树立了负责任的社会形象，建立了良好的社会影响。

（七）用诚信链打造价值链

波特的"价值链"理论告诉我们，企业与企业的竞争，不只是某个环节的竞争，而是整个价值链的竞争，整个价值链的综合竞争力决定企业的竞争力。用波特自己的话来说："消费者心目中的价值由一连串企业内部物质与技术上的具体活动与利润所构成，当你和其他企业竞争时，其实是内部多项活动在进行竞争，而不是某一项活动的竞争。"

那么，价值链持续之本，究竟是什么？是诚信链。信誉不是一个手段，而是一切的根本。诚信管理，实际上是诚信链的管理。当企业某个经营环节出现信用缺失，那么企业的诚信链就会断裂，价值链也就随之土崩瓦解。因此，要想打造价值链，首先要打造信誉链。

案例精选

齐桓公诚信对仇寇

齐桓公，姓姜名小白，是姜太公的第十二代孙，是齐僖公的第三个儿子。齐僖公

有三个儿子，长子叫诸儿，次子叫纠，三子就是小白了。齐僖公死后，长子诸儿即位，就是齐襄公。在齐襄公和其侄子公孙无知相继死于内乱后，姜小白与公子纠争位，成功做了国君，称齐桓公。齐桓公靠着管仲等人的辅佐，加上自身的雄才大略，以及对敌人都可以信守承诺的品德与胆识，"一匡天下，九合诸侯"，为春秋五霸之首。

齐桓公五年（公元前681年），齐、宋、陈、蔡、邾等五国国君在齐国的北杏召开诸侯大会，史称"北杏会盟"，旨在协力平息宋国内部争夺君位的变乱。齐国首开以诸侯身份主持天下会盟的纪录，齐桓公的威望在诸侯中开始不断提高。会盟前，齐桓公曾邀遂国国君入盟，但遂国却拒绝参加这次会盟。"北杏会盟"结束后，齐桓公吞灭遂国。

灭遂国后，齐桓公率兵杀向鲁国。鲁国人不敢轻易应战，当时鲁国的国君鲁庄公请求免战，就在距离鲁国国都五十里的地方封土为界，请求投降，像齐国国内的封邑大臣一样听命于齐国。齐桓公答应与鲁庄公在柯地受降。

鲁庄公手下重臣曹刿对鲁庄公说："您愿意国家灭亡，自身不保呢，还是愿意用国家的灭亡来保自己一命呢？"鲁庄公说："你这话是什么意思？"曹刿回答："臣有一计，那就是在受降之日拼命与齐桓公作殊死一搏。您若采纳臣的建议，国土必定会扩大，您自己不但会安全，更能雄霸一方；您若不敢，国家必定灭亡，您自己必定身处耻辱之中，性命也很难保。"鲁庄公说："就依你的计划行事吧。"

第二天，鲁庄公和曹刿一起怀揣着剑来到柯地天坛和齐桓公会见。双方登坛尚未入座时，曹刿突然从怀里拔出剑来，威逼齐桓公说："鲁国力量小，齐国就经常欺负我们，与其屈辱地灭亡，不如拼死一搏！"鲁庄公左手也顺势抓住齐桓公，右手抽出剑来对着自己，说："本来鲁国国都距离国境几百里，而现在只剩下五十里了。这五十里土地和一寸土地没有什么两样，鲁国根本没法生存。丧失国土也是死，和你拼命也是死，我就死在你面前算了。"

齐国的大臣管仲和鲍叔想要救驾，曹刿手持利剑挡住他们说："两位谁也不准上前，否则你们的君主性命难保！"管仲和鲍叔只得停下，管仲说道："你们君臣二人，言而无信，为何劫持我家主公？"曹刿回答："齐国大兵压境，我鲁国将亡，与其俯首称臣，不如同归于尽。"鲍叔道："尔等且慢，有话好说，只要放了我家主公，一切都好商量。"鲁庄公说："齐、鲁两国以汶水为界，齐国必须还鲁国四百里土地，齐国若答应，我将放了你家主公。"齐桓公挣扎着说："老匹夫，有种你就下手，我齐国决不退兵，齐国铁骑定要踏平鲁国！"

僵持不下，气氛十分紧张，双方的卫士也都围了上来，刀戟相向，剑拔弩张。曹刿的剑把齐桓公的颈部划出了血，鲁庄公持剑的手也在颤抖，大汗淋漓。还是管仲冷静，他高声说："二位休要动手，待我与主公商量，答应你们的要求。"说罢对齐桓公说："大王应该牺牲土地保护自己，而不是牺牲自己保住土地。大王就答应他吧！"于是，齐桓公就答应了鲁庄公归还国土的要求，并与鲁庄公签订条约，将距离鲁国国都四百里内的土地归还给鲁国。

但齐桓公对鲁庄公竟敢胁持自己非常恼怒。因此齐桓公回国后就变卦了，又不想把土地还给鲁国了。

管仲却劝他说："您现在反悔怎么行呢？别人要劫持您而不想和您订立盟约，您事先却没想到，这说明您不聪明；您面临危险，却不得不听从别人的威胁，这说明您不勇敢；您答应别人却又不想实现诺言，这说明您不讲信用。作为一个国君，既不勇敢，又不聪明，现在又想不讲信用，有了这三点，谁还会服您呢？您若还给鲁国一些土地，换得了诚信的美名，这比四百里土地价值更大。"

齐桓公听了，不但没有生气，反而觉得管仲说得很有道理。他想了想说："鲁庄公和曹刿都是齐国的仇人，如果我对仇人都讲信用，这说明我会对不是仇人的人更讲信用。如果天下人都知道我是诚信的君子，就都会信任我的。"于是，齐桓公决定遵守诺言，按照约定还给了鲁国四百里土地。

这件事情传出去后，诸侯们都很敬重齐桓公的人品，许多人都自愿归顺他。后来，齐桓公成了"春秋五霸"之首。

（资料来源：爱读网）

能力训练

一、简答题

1. 什么是员工关系管理？其重要性体现在哪些方面？
2. 初创企业员工关系管理应注意哪些问题？
3. 如何理解"顾客至上"？
4. 企业初创时期的营销管理方式有哪些？
5. 财务管理的内涵及内容是什么？
6. 企业进行财务管理的重要性有哪些？
7. 诚信对于企业的重要性有哪些？
8. 企业如何进行诚信管理？

二、案例分析题

牙齿锋利的梭鱼有天突发奇想，要学会猫的一套手艺，于是它请猫带它到仓库里捉老鼠去。

"什么？亲爱的朋友，"猫对梭鱼说，"你可懂得这门行业？"

"捉老鼠有什么稀奇，我们在海里连小鲈鱼也常常捉哩。"

"那好吧！不过你可别说我没有警告过你。"

于是它们到仓库里埋伏起来。

猫一会儿就捉到一只老鼠，等猫把老鼠玩够了，吃得饱饱的，才想起梭鱼朋友。可怜的梭鱼张着嘴巴躺在那里，尾巴已经被老鼠咬掉，只差一口气。于是，猫就把它像木头似的拖回池子里。

问题：梭鱼为什么学不到猫的本领？请结合故事谈谈你对企业管理的认识。

拓展阅读

在"三星帝国"发展历程上，第二代"掌门人"李健熙是一个非常关键的人物。李健熙接手时，三星还是一家韩国本土二流企业，以大量仿制日本电子产品为主要业务。在1988年三星建立50年庆典上，李健熙宣布集团开始"二次创业"，将三星的发展方向定为21世纪世界级超一流企业。

而在李健熙带领的26年时间，三星的销售规模增长了40倍（1993-2011年的19年期间，收入复合增长率16%），成为拥有超过42万名员工，涉足电子、机械、化工、纺织等各个领域的庞大财阀。同时，在李健熙的布局下，成功开启全球化，三星从一个名不见经传的韩国企业，打造成为全球闻名的电子消费品产业巨头。

在李健熙刚接手时，整个三星集团年销售额不足10万亿韩元（约合人民币600亿元），而现在，仅集团内部企业"三星电子"一家年销售额就超过220万亿韩元（约合人民币13万亿元）。三星一举一动都深刻影响着韩国的经济走向，以至于有"三星共和国"的说法。

而他李健熙也为三星构建了独特的企业文化和核心竞争力。

一、持续的危机感+铁腕造就狼性文化

缺乏危机感，缺乏持续的进取心，不会拥抱变化，往往成为很多企业坠落的重要原因，满足于现状、不思进取，以及面对变化的保守思想也成为很多企业的通病。

我们看到，很多卓越的企业，往往是具备很强危机感和"狼性"精神的企业。如我们国内的华为，就是一家危机感和"狼性"文化很强的公司，造就了企业的辉煌，成为国际通信行业的佼佼者，三星也是这样一家企业。

三星会长李健熙时刻强调注重变化，甚至表示"除了老婆孩子不变，一切都要变"，强调"这是个永恒的危机，我们正身处险境。"

最有代表性的例子是，在苹果掀起的手机颠覆革命中，三星是功能机时代几大巨头中唯一成功幸免的。为什么？就是它时刻具有一种与时俱进的危机感！

在2007年苹果手机问世后，三星立刻感知到未来的变化，将原来的产品设计理念推翻，重新开始。而当时的几大手机巨头却在唱衰苹果，然后被苹果给颠覆了。三星却不仅没有被颠覆，而成了全球销量最大的手机品牌。

二、与时俱进的学习、创新精神

与危机意识相伴的是学习精神，因危机意识而时刻清醒意识到自己的不足，与时俱进地提升自己，让自己在竞争中保持优势，毕竟商业竞争是残酷的，不进则退。

行业领军的企业往往也是时刻保持学习精神的企业，如国内的科技领军企业华为，即使企业已经行业领先，任正非仍会时刻敲打华为人：华为处在危机中，还有很多不足，要学习和创新！

而三星也是这样的一家企业，在 1988 年李健熙宣布三星集团"二次创业"后，制订了全球化战略规划。而在 1993 年带领公司高管去美国考察，发现三星处于不利情况时，李健熙给每位经理发了 1000 美元，让他们购买并使用当时最受欢迎的对手们的产品，并和自己的产品进行对比，进行学习和改进。

这也成了三星的文化，时刻保持市场的敏锐感，使三星手机能从功能机向智能机的"换机潮"中成为唯一幸免的企业，不仅没坠落，反而越做越大。

一个具有强烈危机感意识的企业，一个善于前瞻性布局、注重人才储备的企业，一个在产品技术、营销、品牌运作上具备较强实力时的企业，成功是必然的事情。再加上"狼性"进取精神和与时俱进的能力，就能长期屹立潮头。这也成就了三星帝国的传奇！

第十章

企业的创新与成长

知识导航

创新是一种精神，一种能力，更是可持续发展的一种动力。企业要想实现可持续健康发展，就必须将管理创新、产品创新、技术创新和文化创新等环节，统筹兼顾，协调发展，形成合力，才能全面提升企业的竞争实力和发展潜力。

学习目标

1. 了解创新在企业成长中的重要意义。
2. 了解创新与企业成长的关系。
3. 熟悉企业管理创新、企业产品创新、企业技术创新、企业文化创新的相关基本知识。

案例导入

管理创新在柯桥企业中"蔚然成风"

走进位于柯岩街道的浙江雷贝斯散热器有限公司车间，只见地面整洁、物品摆放有序，员工规范操作着每一个工序。而此前该公司曾因车间管理不到位，被汽配件采购商列为重点"监管"企业。

"雷贝斯"生产车间的明显改观，得益于2015年3月实施的精细化管理。

雷贝斯公司的精细化管理是柯桥企业创新管理的一个"缩影"。在当前严峻的宏观经济形势下，重管理、提效益，开展管理创新，已在我区企业兴起，并涌现出一批向管理创新要效益的"典范"，如"雷贝斯"、"点金照明"、"欣昕纺织"等3家企业被列入"省级创新管理试点企业"，同时，还有5家企业被列入市级创新管理试点企业。

位于柯桥经济开发区的点金照明有限公司采用"互联网+"手段，使用ERP系统，将公司内部所有资源整合在一起，从而对采购、生产、成本、库存、销售、运输、财务、人力资源等进行规范和优化，达到最佳资源组合。利用大数据渠道，对准客户信息进行精准营销，有效地实现产品线上线下销售的无缝对接。点金照明公司使用 ERP 系统，实现管理创新，预计可助推销售增长 20%到 30%，库存率下降 3%。

近年来，柯桥区积极鼓励企业开展管理创新，助推企业升级，如制定了工业企业精细化管理"26条"实施标准，引导企业以"专精特新"提升核心竞争力；邀请专业机构和知名专家赴企业驻厂指导，以"一对一"模式为企业现有制度"把脉"，促进家族式企业向现代企业转型，实现创新增效目标。

（资料来源：《柯桥日报》）

分析：美国著名经济学家熊彼特认为，资本主义经济的最本质特征就是创新，资本主义不断突破自身的各种局限性和经常发生的经济危机，其最主要原因就是资本主义经济的自发创新的机制。纵观当代企业，只有不断创新，才能在竞争中处于主动，立于不败之地。许多企业之所以失败，就是因为它们做不到这一点。

第一节　企业管理创新

一、什么是企业管理创新

经济学家约瑟夫·熊彼特于 1912 年首次提出了"创新"的概念。

通常而言，创造是指以独特的方式综合各种思想或在各种思想之间建立起独特的联系这样一种能力。能激发创造力的组织，可以不断地开发出做事的新方式和解决问题的新办法。

管理创新则是指组织形成一创造性思想并将其转换为有用的产品、服务或作业方法的过程。也就是说，富有创造力的组织能够不断地将创造性思想转变为某种有用的结果。当管理者提到要将组织变革成更富有创造性的时候，他们通常指的就是要激发创新。

管理创新就是指企业把新的管理要素（如新的管理方法、新的管理手段、新的管理模式等）或要素组合引入企业管理系统中，以便更有效地实现组织目标的创新活动。

名人名言　异想天开给生活增加了一分不平凡的色彩，这是每一个青年和善感的人所必需的。

——康斯坦丁·格奥尔吉耶维奇·巴乌斯托夫斯基

有三类因素将有利于组织的管理创新，它们是组织的结构、文化和人力资源实践。

（一）从组织结构因素看：有机式结构对创新有正面影响；拥有富足的资源能为创新提供重要保证；单位间密切的沟通有利于克服创新的潜在障碍。

（二）从文化因素看，充满创新精神的组织文化通常有如下特征：接受模棱两可，容忍不切实际；外部控制少，接受风险，容忍冲突；注重结果胜于手段，强调开放系统。

（三）在人力资源这一类因素看：有创造力的组织积极地对其员工开展培训和发展，以使其保持知识的更新；同时，它们还给员工提供高工作保障，以减少他们担心因犯错误而遭解雇的顾虑；组织也鼓励员工成为革新能手；一旦产生新思想，革新能手们会主动而热情地将思想予以深化，提供支持并克服阻力。

二、管理创新的基本理论依据

要有效地进行管理创新，必须依照企业创新的特点和基本规律。因此，管理创新要依据以下基本理论：

（一）企业本性论

追求利润最大化——企业是现代社会的经济主体，是社会政治、经济和文化生活的基本单元。现代社会是以企业为主宰的团体社会。企业没有利润，怎样体现自己的生命意义，又怎样追求自己的价值，这是企业进行管理创新首要的和基本的理论依据。

（二）管理本性论

"企业本性论"指明了企业生存的目标。怎样实现这一目标必须靠科学的管理。通过加强基础管理和专业管理，保证产品质量的提高、产量的增加，成本的下降和利润的增长。这是企业管理创新的又一依据。

（三）员工本性论

"员工本性论"明确了创造利润是企业本性，认识到实现企业本性要靠科学的管理，要根据市场和社会变化，有效地整合企业内部资源，创造更高的生产率，不断满足市场需求，是管理创新的常新内容。但这还不够，还必须明确管理的主体。在构成企业的诸多要素中，人是最积极、最活跃的主体性要素。企业的一切营运活动必须靠人来实现。人是生产力的基本要素，又是管理的主体。这是企业活力的源泉所在，也是管理能否成功的关键。

（四）国企特性论

国有企业是国有资产的运营载体，当前在国民经济中占有主导地位，是一种"特殊"的企业。政府要依靠和发挥国有经济的作用，通过国有企业实现宏观调控，与外资企业抗衡，稳定市场秩序，维护公开、公平的市场竞争，保证经济社会发展目标的实现。改革只会改变国企承担社会目标的形式和某些内容，但决不会改变其承担社会目标的职能，也不会改变经营者所面对的较之私人企业更多的管理难题。

三、管理创新分类

（一）根据创新内容的不同分类

根据创新内容的不同，管理创新可分为观念创新、手段创新和技巧创新。其中，手段创新又可细分为组织创新、制度创新和方法创新。管理创新贯穿全过程。根据一个完整的管理创新过程中创新重点的不同，可将管理创新划分为管理观念创新、管理手段创新和管理技巧创新。

管理观念创新，是指形成能够比以前更好地适应环境的变化，并更有效地利用资源的新概念或新构想的活动。

管理手段创新，是指创建能够比以前更好地利用资源的各种组织形式和工具的活动，可进一步细分为组织创新、制度创新和管理方法创新。其中，组织创新是指创建适应环境变化与生产力发展的新组织形式的活动，制度创新是指形成能够更好地适应环境变化和生产力发展的新规则的活动，管理方法创新是指创造更有效的资源配置工具或方式的各种活动。

> **名人名言**
>
> 非经自己努力所得的创新，就不是真正的创新。
>
> ——松下幸之助

管理技巧创新，是指在管理过程中为了更好地实施调整观念、修改制度、重组机构，或更好地进行制度培训和贯彻落实、员工思想教育等活动所进行的创新。

（二）根据创新的程度分类

根据创新的程度，管理创新可分为渐变性创新和创造性创新。从创新的一般定义看，创新既指对原有事物的改变，也指对新事物的引入。要对原有的事物加以改变，必然需要在原有的事物中加入新的事物。因此，创新也可简单归结为是新事物的引入。对原有事物的改进和新事物的形成这两类创新，只不过是创新过程中侧重面不同而已：是基于原有事物的成分多还是以新事物的成分居多，根据创新程度的不同，前一类创新被称为是"渐变"性的，后一类创新被称为是"创造"性的。也就是说，渐变性创新主要基于对原有事物的改进，创造性创新更多的是基于新事物的引入。例如，根据实践情况对现有的管理思想的实现方法加以改进或对运用范围加以拓展，应属于"渐变"性管理创新；根据环境的新变化提出新的管理思想，并在此基础上形成新的管理模式或管理方法，应属于"创造"性管理创新。更进一步来说，根据管理创新程度的不同，在实践中，管理创新还可归结为以下三种类型的管理创新。

重大创新：始于管理观念创新，从根本上改变原有管理思想或管理手段的创新。如企业再造理论，它的提出就是源自对传统的分工理论前提条件的否定。

一般创新：管理基本思想改变不大，创新发生在管理手段和技巧上，而且与原方法相比变化不大，即主要是根据实际情况对现有管理思想的实现手段或运用领域、范围进行改进，管理技巧创新一般属于此类。

综合创新：既有管理思想的改变，又有管理手段或管理技巧的改变，但变化程度不大的这类管理创新，如股份合作制、员工持股制度等。

案例精选

在"第八届中国机械行业企业管理现代化创新成果奖"大会上，"春兰创新型矩阵管理"夺得新中国成立以来我国企业管理领域评选的唯一特等奖。

春兰的创新型矩阵管理有一个"16字方针"，即"横向立法、纵向运行、资源共享、合成作战"。前8个字重点解决集团和产业公司集权与分权的矛盾，力求放而不乱，提高运行效率。所谓"纵向运行"，指保留"扁平化"按产业公司运行的特点，以产业为纵向；"横向立法"，是指针对原来管理有所失控的问题，将集团的法律、人力、投资、财务、信息等部门划为横向部门，负责制定运行的规则，并依据规则对纵向运行部门实施监管。这样一来，横向部门"立法"并监管，纵向部门依然大权在握，能充分发挥主观能动性和积极性，不过是在"法"定的圈子里，要依"法"运行。"16字方针"中的后8个字，重点解决原来资源不能共享的问题。把横向职能部门划分为A系列和B系列。制定运行规则，"立法"的是横向中的A系列；B系列则负责实现对春兰内部资源的共享，为产业公司提供专家支持和优质服务。比如，春兰的整个法律事务，在公司总部设一名法律副总裁，分管法律事务工作，对首席执行官负责。集团下设法务处，在法律副总裁的领导下，具体实施对集团所属各子公司法务工作的指导和管理。集团所属子公司根据工作需要设立法务部门，在子公司负责人领导下开展本单位的法务工作，业务上接受集团公司法务处的指导和管理。按照原先的运行制度，48个部门都需要律师。而根据矩阵管理模式现在只设立一个法律顾问组，为集团所有部门使用，大大节约了管理成本，而且更容易规范化。

四、管理创新的特点

管理创新是不同于一般的"创新"，其特点来自于创新和管理两个方面。管理创新具有创造性、长期性、风险性、效益性和艰巨性。

（一）创造性

以原有的管理思想、方法和理论为基础，充分结合实际工作环境与特点，积极地吸取外界的各种思想、知识和观念。在汲取合理内涵的同时，创造出新的管理思想、方法和理论。其重点在于突破原有的思维定式和框架，创造具有新属性的、增值的东西。

（二）长期性

管理创新是一项长期的、持续的、动态的工作过程。

（三）风险性

风险是无形的，对管理进行创新具有挑战性。管理创新并不总能获得成功。创新作为一种具有创造性的过程，包含着许多可变因素、不可知因素和不可控因素，这种不确定性使得创新必然存在着许多风险。这也就是创新的代价之所在。但是，存在风险并不意味着要一味地冒险，去做无谓的牺牲。而要理性地看待风险，要充分认识不确定因素，尽可能地规避风险，使成本付出最小化，成功概率最大化。

（四）效益性

创新并不是为了创新而创新，而是为了更好地实现组织的目标，要取得效益和效率。通过技术创新提高产品技术含量，使其具有技术竞争优势，获取更高利润。通过管理创新，建立新的管理制度，形成新的组织模式，实现新的资源整合，从而建立起企业效益增长的长效机制。

（五）艰巨性

管理创新因其综合性、前瞻性和深层性而颇为艰巨。人们的观念、知识、经验等方面也涉及组织目标、组织结构、组织制度，关系到人的意识、权力、地位、管理方式和资源的重新配置，这必然会牵涉到各个层面的利益，使得管理创新在设计与实施中遇到诸多"麻烦"。

能正确地提出问题就是迈出了创新的第一步。

——李政道

五、管理创新的方法

（一）头脑风暴法

头脑风暴法是美国创造工程学家 A·F·奥斯本在 1939 年发明的一种创新方法。这种创新方法是通过一种别开生面的小组畅谈会，在较短的时间内充分发挥群体的创造力，从而获得较多的创新设想。当一个与会者提出一个新的设想时，这种设想就会激发小组内其他成员的联想。当人们卷入"头脑风暴"的洪流之后，各种各样的构想就像燃放鞭炮一样，点燃一个，引爆一串。这种方法的规则有以下几个方面：

1. 不允许对别人的意见进行批评和反驳，任何人不作判断性结论；

2. 鼓励每个人独立思考，广开思路，提出的改进设想越多越好，越新越好，允许相互之间的矛盾；

3. 集中注意力，针对目标，不私下交谈，不干扰别人的思维活动；

4. 可以补充和发表相同的意见，使某种意见更具说服力；

5. 参加会议的人员不分上下级，平等相待；

6. 不允许以集体意见来阻碍个人的创造性意见；

7. 参加会议的人数不超过 10 人，时间限制在 20 分钟到 1 个小时。

这种方法的目的在于创造一种自由奔放的思考环境，诱发创造性思维的共振和连锁反应，产生更多的创造性思维。讨论一小时能产生数十个乃至几百个创造性设想，适用于问题比较单纯、目标较明确的决策。这种方法在应用中又发展出"反头脑风暴法"，做法与头脑风暴法一样，对一种方案不提肯定意见，而是专门挑毛病、找矛盾。它与头脑风暴法一反一正，正好可以相互补充。

（二）综摄法

综摄法，又称类比思考法、类比创新法。是由美国麻省理工学院教授威兼·戈登在 1952 年发明的一种利用外部事物启发思考、开发潜在创造力的方法。它是以已知的东西为媒介，把毫不相关、互不相同的知识要素结合起来创造出新的设想，也就是吸取各种产品和知识精华，综合在一起创造出新产品或知识，叫综摄法。这样可以帮助人们发挥潜在的创造力，打开未知世界的窗口。综摄法有两个基本原则：

1. 异质同化，简单说来是指把看不习惯的事物当成早已习惯的熟悉事物，即"变陌生为熟悉"。这实际上是综摄法的准备阶段，是指对待不熟悉的事物要用熟悉的事物、方法、原理和已有的知识去分析对待它，从而提出新设想。

2. 同质异化，就是把熟悉的事物当成陌生的事物看待，即"变熟悉为陌生"。这是综摄法的核心，是对熟悉的事物、方法、原理和知识去观察分析，从而启发出新的创造性设想。

（三）逆向思维法

逆向思维是顺向思维的对立面。逆向思维是一种反常规、反传统的思维。顺向思维的常规性、传统性，往往导致人们形成思维定式，是一种从众心理的反映，因而往往使人形成一种思维"框框"，阻碍着人们创造力的发挥。这时如果转换一下思路，用逆向法来考虑，就可能突破这些"框框"，取得出乎意料的成功。逆向思维法由于是反常规、反传统的，因而它具有与一般思维不同的特点：

1. 突破性。这种方法的成果往往冲破传统观念和常规，常带有质变或部分质变的性质，因而往往能取得突破性的成就。

2. 新奇性。由于思维的逆向性，改革的幅度较大，因而必然是新奇、新颖的。

3. 普遍性。逆向思维法适用的范围很广，几乎适用于一切领域。

（四）检核表法

检核表法，是指在考虑某一个问题时，先制成一览表对每个项目逐一进行检查，以避免遗漏要点、获得观念的方法。检核表法几乎适用于任何类型与场合的创造活动，因此又被称为"创造方法之母"。它是用一张一览表对需要解决的问题逐项进行核对，从各个角度诱发多种创造性设想，以促进创造发明、革新或解决工作中的问题。实践证明，这是一种能够大量开发创造性设想的方法。

检核表法是一种多渠道的思考方法，包括以下一些创造技法：迁移法、引入法、改变法、添加法、替代法、缩减法、扩大法、组合法和颠倒法。它启发人们缜密地、多渠道地思考和解决问题，并广泛运用于创造、发明、革新和企业管理上。它的要害是一个"变"字，而不把视线凝聚在某一点或某一方向上。

> **名人名言**
>
> 创新是科学房屋的生命力。
>
> ——艾萨克·阿西莫夫

（五）信息交合法

信息交合法是通过若干类信息在一定方向上的扩展和交合，来激发创造性思维，提出创新性设想。信息是思维的原材料，大脑是信息的加工厂。通过不同信息的撞击、重组、叠加、综合、扩散、转换，可以诱发创新性设想。要正确运用信息交合法，必须注意抓好以下几个环节：

1. 收集信息。不少企业已设立专门机构来收集信息。网络化已成为当今企业收集信息的发展趋势。

2. 拣选信息。包含着核对信息、整理信息、积累信息等内容。

3. 运用信息。收集、整理信息的目的都是为了运用信息。运用信息，一要快，快才能抓住时机；二要交汇，即这个信息与那个信息进行交汇，这个领域的信息与那个领域的信息进行交汇，把信息和所要实现目标联系起来进行思考，以创造性地实现目标。信息交汇可以通过本体交汇、功能拓展、杂交、立体动态4种方式进行。

总之，信息交汇法就像一个"魔方"，通过各种信息的引入和各个层次的交换会引出许多系列的新信息组合，为创新对象提供了千万种的可能性。

（六）模仿创新法

人类的发明创造大多是由模仿开始的，然后再进入独创。勤于思考就能通过模仿搞出发明创造。当今有许多物品模仿了生物的一些特征，以致形成了仿生学。模仿不仅被用于工程技术、艺术，也被应用于管理方面。

创新求变

六、管理者如何才能提高公司的管理创新能力

有意识地进行管理创新。很多公司建立了研发实验室，或是为某些个人指定了明确的创新职责。但有多少公司建立了专门的组织架构来培育管理创新？要成为一个管理创新者，第一步须向整个组织推销其观念。

创造一个怀疑的、解决问题的文化。当面临挑战时，公司员工会如何反应？他们会开始怀疑吗？他们是会借助竞争者采用的标准解决方案，还是会更深入地了解问题，努力发现新的解决之道？只有最后一条路才能将公司引向成功的管理创新。管理者应当鼓励员工寻解决问题而非选择逃避。

寻求不同环境中的类比和例证。公司应该向一些高度弹性的社会体系学习，如议会民主制度、城市等。如果公司希望提高员工的动力，就应该去观察、学习各种志愿者组织。鼓励员工去不同的国家工作也非常有价值，这可以开阔员工的视野并激发思维活力。

培养低风险试验的能力。有一家公司的管理人员不断鼓励员工及团队提出管理创新办法。但他们很快意识到，要想使能动性转化为有效性，就不能放任所有的新主意在整个组织内蔓延。他们规定，每种创新只能在有限的人员范围和有限的时间内进行。这既保证了新创意有机会实施，同时也不会危害到整个组织。

利用外部的变革来源来探究你的新想法。当公司有能力自己推进管理创新时，有选择地利用外部的学者、咨询顾问、媒体机构和管理大师们，会很有用。他们有三个基本作用：一是新观念的来源；二是作为一种宣传媒介让这项管理创新更有意义；三是使公司已经完成的工作得到更多的认可。

持续地进行管理创新。真正的成功者决非仅进行一两次的管理创新。相反，他们是持续的管理创新者。通用电器就是一个例子。它不仅成名于其"群策群力"原则和无边界组织，还拥有很多更为古老的创新，例如战略计划、管理人员发展计划、研发的商业化等。

案例精选

霍英东是香港传奇性实业界人士。他1942年开始帮助母亲经营杂货店；1945年转营驳运业务；1958年创办霍兴业堂公司、有荣置业公司，经营建筑、酒楼、百货、驳运、石油等；1992-1996年任香港总商会会长。第二次世界大战后，他卖掉杂货店的股权，做起煤炭生意。后来，他又同人家去东沙岛采集海草（药）。20世纪50年代初期，香港房地产业刚刚兴起，霍英东看准时机，开了家立信置业公司，他出手不凡，一改以往出售"整幢楼宇"的老章法，试行房地产工业化新办法。当大家全力投入"地产战"时，霍英东想到建造大厦缺不了沙，于是他出重金向外国订购挖沙船，每20分钟可挖沙2000吨，再卖给建筑商，利润可观。霍英东一举取得香港海沙供应的专利权。而后，他又生一计：港岛面积太小，随着香港城市的繁荣发展，肯定需要填海造地。他即下快手，一举购进美国、荷兰的工具设备，承包了香港当时最大规模的海底水库淡水湖的第一期工程，打破了外资垄断香港工程产业的旧局面。

霍英东身上体现出他具有出色的判断力、商业智慧与过人的创业胆识，在看似漫无边际的发散思维后，能将其中有价值的东西集中收敛，最终达到自己的创造目标。

第二节　企业产品创新

一、企业产品创新的意义

一个企业能否持续不断地进行产品创新，开发出适合市场需求的新产品，成为决定该企业能否实现持续稳定发展的重要问题。尤其是在科学技术发展日新月异、产品生命周期大大缩短的新经济时代，企业产品面临的挑战更加严峻。不及时更新产品，就可能导致企业的灭亡。

市场上没有永远畅销的产品，任何一种产品在市场上的存在都有时间长短之分，这是由产品生命周期理论决定的。产品是为了满足市场上消费者的需求而产生的，不同时期的消费者存在不同的消费倾向。所以，市场对产品也就提出了不同的要求。能够适应消费者需求的产品会在市场上存在；过时的，不能满足消费者需求的产品，会失去在市场上存在的理由而被市场所淘汰。一个企业能自觉地迎合市场的变化，开发相应的产品，企业就能够不断发展；否则，企业的生存就面临威胁。不断变化的消费者需求，决定了企业必须不断创新产品。企业的生命是以其产品为载体的，企业产品的消亡，意味着企业以这种产品作为其使命载体的可能性消失。如果此时企业没有开发出新产品，企业就会随之消亡。市场竞争是残酷的，消费者是挑剔的，产品不会因为以前得到过消费者的宠爱，就永远得到消费者的青睐。因此，企业不断开发研制适应消费者需求变化的新产品，能使一个企业永葆生命活力。

企业产品创新的意义具体体现在以下几个方面：

（一）产品创新可以增加获利的机会，降低市场风险，形成新的增长点，有利于产品结构调整。

（二）产品创新可积累核心技术和管理经验，增添公司快速反应能力，快速处理能力，以适应多变的市场。

（三）不断推出新产品，在细分的市场上，既有大众化的产品，同时又有高档产品。在产品宽度和深度上满足不同层次的客户需求，这样可加深顾客和公司的亲和力，有利于抢占市场。从而克服了以前靠促销，靠狂轰滥炸的广告战术来形成品牌，转而用战略来赢得品牌。

（四）产品创新有利于公司形成一种积极向上的企业文化，蓬勃向上的创新氛围，从而增强了员工的凝聚力、向心力和归属感。

（五）开发新产品，形成合理的产业结构和核心竞争力，这样在满足人民日益增长的美好生活需要的同时，公司也可用核心竞争力去创造更多的顾客和市场，实现公司的盈利，从而使企业持续发展，做百年老店。

二、企业产品创新的分类

根据创新对原消费模式的影响，产品创新可分为如下几种。

（一）连续创新

此种模式下的创新产品同原有产品相比，只有细微差异，对消费模式的影响也十分有限。消费者购买新产品后，可以按原来的方式使用并满足同样的需求。

（二）非连续创新

非连续创新是指引进和使用新技术、新原理的创新。它是创新的另一个极端，要求消费者必须重新学习和认识创新产品，彻底改进原有的消费模式。比如，汽车、电子计算机、电视机等都是 20 世纪典型的非连续创新。

（三）动态连续创新

动态连续创新是指介于连续创新和非连续创新之间的创新。它要求对原有的消费模式加以改变，但不是彻底打破。比如，洗衣机、微波炉、VCD 等产品的产生就属于动态连续创新。

企业开发新产品要消耗大量的资源，如果没有取得企业所希望的成果，不仅不会促进企业的发展，反而还可能给企业带来难以弥补的损失，这也就构成了一定的风险。因此，企业的创新活动既需要合理组织，又需要明确方向。换句话说，企业产品创新活动需要专门的战略来指导。要有效地制定指导战略，就要先从分析产品创新的特征这一基础性工作入手。

三、产品创新的策略

（一）抢先策略

抢先策略是指在其他企业尚未开发，或尚未开发成功，或者开发后尚未投入市场之前，抢先开发、投入市场，从而使企业的新产品处于领先地位。敢于采用抢先策略的企业，一般要有较强的研究与开发能力，还要有足够的资金、物力和人力，并要勇于承担较大的风险。

（二）紧跟策略

当企业发现市场上出现了很有竞争力的新产品，或发现刚投放市场的畅销产品时，不失时机地进行仿制，并迅速将仿制的产品投入市场。采用这种策略的企业，一是要能够对市场信息收集迅速、处理快、反应快，并具有较强的应变能力和一定的研究开发能力；二是要有一个高效率的研究与开发新产品的机构。紧跟策略的采用，还受到专利技术及知识产权保护的制约，其适用的对象和时间有限。

> **名人名言**
> 既然像螃蟹这样的东西，人们都很爱吃，那么蜘蛛也一定有人吃过，只不过后来知道不好吃才不吃了，但是第一个吃螃蟹的人一定是个勇士。
> ——鲁迅

（三）最低成本策略

最低成本策略是指采用减少产品成本的手段，以降低销售价格，来争取用户，扩大产品市场占有率。减少产品成本的主要途径是在制造方法、原材料利用及生产组织等方面挖掘潜力。

（四）扩展产品功能策略

这种策略是在原有产品的基础上，赋予其新的功能、新的用途，使老产品能继续获得消费者的欢迎。

（五）周全服务策略

实施更全面、周到的销售服务，取得用户的信任，以达到提高市场竞争的目的。周全的服务包括几个环节：一是售前工作，包括广告宣传、技术培训、允许试用等；二是销售中的工作，包括检查产品质量、配齐备品配件、装箱发货和必要时分期付款等；三是售后工作，包括安装调试、指导操作或使用、登门检修、提供配件、通过电话征询意见等。

（六）挖掘用户需求策略

用户的需求可分为当前的需求和潜在的需求两类。一般来说，产品创新是开发那些能满足用户当前需求的产品。但有远见的企业家，也应注意捕捉、挖掘市场潜在的需求，开发出新产品，引导新的消费需求。

（七）降低风险策略

依据降低风险所采用的措施或手段不同，降低风险策略可分为如下几种：

1. 转移风险策略

为转移新产品开发的部分风险，常可采用两种具体的措施：一是在新产品投产前，与用户签订供货合同，以减少企业因市场销售不畅所承担的风险；二是在企业开发和生产新产品所需成本基础上，再加一定比例作为销售价格，使企业用于产品创新的费用由用户承担。

2. 降低投资风险策略

降低投资风险策略，即尽量利用企业现有设备和技术力量，以减少设备投资，降低产品创新投资风险。

3. 减少资源投入策略

减少资源投入策略是指产品创新的一些实验和试制等工作，通过外单位进行或委托其他单位进行，以使产品创新投入的资源降为最小。

4. 试探风险策略

试探风险策略是指从别的国家、地区或企业，引进本企业准备开发的新产品，但使用本企业的厂名、商标和销售渠道，试探市场需求情况。必要时再投入力量批量生产，以减少盲目性。

5. 联合策略

生产企业与科研、设计单位联合，或者同行业企业或不同行业企业联合、协作，共同进行产品创新，可以充分发挥各自的优势，加快新产品开发的进程，提高创新水平。

知识点滴

一家行业领军企业创新观：创新并不神秘，人人处处可为

党的十八届五中全会提出了创新、协调、绿色、开放、共享的发展理念，创新理念居于首位。但一些人对创新还存在认识误区，例如，把创新的门槛看得太高，望而

却步；还有人认为，创新是专业研发人员的事情，事不关己。但在豪迈公司，创新并不神秘，人人处处可为。

豪迈公司是山东高密市一家民营企业，依靠不断创新，从一间濒临破产的乡镇企业，成为世界轮胎模具行业的领军企业，产品占国际市场份额的20%。

这家企业对创新的理解有其独到之处，概括起来就是三句话：改善就是创新；全员创新；既要鼓励创新，更要宽容失败。

生产轮胎模具，一个重要环节是将半成品放置在恒温车间，待达到21摄氏度恒温时再进行精细加工。正常情况下，这个放置时间至少是12小时。豪迈公司一线员工小张之前建了一个恒温水池，把半成品放在水池里，半小时就达到21摄氏度恒温，把空气导热变为液体导热。这个简单的改变，既大幅缩短了工期，也节约了能源。

在这家公司，这样的改善比比皆是：有的员工在车间大门上安装了感应器，只要是运输车辆通过，大门自动开启。这样驾驶员就不必下车开门，通过后再下车关门了。

公司董事长张恭运说，这些改善没有什么了不起的技术突破，但在豪迈公司，这都是创新，都要进行奖励。当微小的创新积累到一定程度，就会变成重大的创新成果。

豪迈公司生产轮胎模具的主要装备，60%都是集团自主研发的。这些装备已经引起国际同行的关注，有企业要花大价钱来买，而它们都是豪迈公司通过一点一点改善、一代一代更新，由创新量变发展到质变得来的。

创新不仅仅是专业研发人员的事情，而是全体员工的事情，这是豪迈集团的另一个创新观。在豪迈公司的生产车间里，有很多放置轮胎模具的铁架子。最初，模具是水平放在架子上的。有一位员工觉得这样放太占空间，而且不方便取用。他受厨房沥水架的启发，设计了垂直放置、可多层叠加的架子，大幅节约了占地空间。

张恭运认为，中国制造行业最知道哪些地方需要创新的人才都是在生产一线，让一线劳动者参与创新，才能推动制造业创新大步迈进。仅2014年一年，公司就收到员工改善建议7万多条，为公司带来的直接经济效益6000多万元。

"既要鼓励创新，更要宽容失败，因为与鼓励创新相比，宽容失败更难。"张恭运认为，对创新失败的不宽容，甚至是冷嘲热讽，是对创新者的最大打击，它会让人失去创新的勇气。没有了勇气，创新就再也不可能了。

在豪迈公司，即便创新失败，也比毫无作为光荣。集团的"发明大王"王某曾是一名初中学历的农民工，因为对电火花技术着迷，有一段时间其他什么事情也不做，只是沉浸在电火花的世界里，结果却是一次又一次的失败。有员工就给张恭运提意见：你真觉得一个初中生能捣鼓出什么像样的东西吗？

张恭运严肃批评了持有这种看法的人，鼓励王某继续钻研。他说，即使不成功，但可以从中吸取教训，学到经验。王某后来试验成功了电火花防弧电路，成为我国电火花行业的一大革新。

豪迈公司多位员工反映，目前在豪迈比得最多的不是收入多少，而是公司颁发的创新证书这个"小本本"有多少。在这种氛围下，一些员工创新"成瘾"，整天琢磨着弄点新东西出来。

　　张恭运说，创新并不神秘，没有很多人想象中的那么"高大上"，只要肯动脑子，人人处处可为。

（资料来源：新华网）

第三节　企业技术创新

一、技术创新的含义

　　技术创新，指生产技术的创新，包括开发新技术，或者将已有的技术进行应用创新。科学是技术之源，技术是产业之源。技术创新建立在科学道理的发现基础之上，而产业创新主要建立在技术创新基础之上。

　　技术创新和产品创新有密切关系，又有所区别。技术的创新可能带来、但未必带来产品的创新，产品的创新可能需要、但未必需要技术的创新。一般来说，运用同样的技术可以生产不同的产品，生产同样的产品可以采用不同的技术。产品创新侧重于商业和设计行为，具有成果的特征，因而具有更外在的表现；技术创新具有过程的特征，往往表现得更加内在。产品创新可能包含技术创新的成分，还可能包含商业创新和设计创新的成分。技术创新可能并不带来产品的改变，而仅仅带来成本的降低、效率的提高，例如改善生产工艺、优化作业过程从而减少资源消费、能源消耗、人工耗费或者提高作业速度。另一方面，新技术的诞生往往可以带来全新的产品。技术研发往往对应于产品或者着眼于产品创新。而新的产品构想往往需要新的技术才能实现。

二、技术创新的决定因素

　　根据技术创新理论的代表人物莫尔顿·卡曼和南赛·施瓦茨的研究，决定技术创新的因素有三个：

（一）竞争程度

　　竞争引起技术创新的必要性。竞争是一种优胜劣汰的机制，技术创新可以给企业带来降低成本、提高产品质量和经济效益的好处，帮助企业在竞争中占据优势。因此，每个企业只有不断进行技术创新，才能在竞争中击败对手，得以生存和发展，从而获得更大的超额利润。

（二）企业规模

　　企业规模的大小从两方面影响技术创新的能力：一方面，因为技术创新需要一定的人力、物力和财力，并承担一定的风险，一个企业规模越大，这种承受能力越强；另一方面，企业规模的大小影响技术创新所开辟的市场前景的大小，一个企业规模越大，它在技术上的创新所开辟的市场也就越大。

（三）垄断力量

垄断力量影响技术创新的持久性。垄断程度越高，垄断企业对市场的控制力就越强，别的企业难以进入该行业，也就无法模仿垄断企业的技术创新，垄断厂商技术创新得到的超额利润就越能持久。有人认为，"中等程度的竞争"即垄断竞争下的市场结构最有利于技术创新。在这种市场结构中，技术创新又可分为两类：一是垄断前景推动的技术创新，指企业由于预计能获得垄断利润而采取的技术创新；二是竞争前景推动的技术创新，指企业由于担心自己目前的产品可能在竞争对手模仿或创新的条件下丧失利润而采取的技术创新。

三、企业技术创新战略

（一）技术创新战略的意义

技术创新战略，是指企业进行技术创新经济活动的谋划。技术创新战略主要解决企业技术创新的基本原则、根本目标和主要规划等企业技术创新经济活动中一些带有全局性、长远性和方向性的问题。具体来讲，企业技术创新战略主要是从宏观上解决三类问题：一是技术创新面向市场竞争采取何种态势，是进攻型，还是防卫型；二是研究开发何种技术；三是采用何种方式进行技术的研究和开发。

（二）中小企业技术创新战略的选择

1. 率先创新战略

率先创新战略，是指中小企业依靠自身的努力率先实现核心技术的突破，实现技术的商品化和市场化，并以此领先于竞争对手，掌握市场领导权的新战略。

率先创新有利于创新主体在一定时期内掌握和控制某项产品或工艺的核心技术，在一定程度上左右行业的发展，从而赢得竞争优势，获得垄断利润。但它一般需要有雄厚的技术品牌和研发资金，而且风险也大。因此，比较适用于少数实力超群的大型公司。一些有实力的高科技型的中小企业也可采用。

采用率先创新战略，首先要瞄准市场空隙。根据企业自身状况，确定创新的方向，并要迅速制定切实可行的技术方案，集中优势，重点突破，以领先于对手开发出可以投放市场的新产品。其次，在新产品投放市场后，还必须具有较强的市场开拓能力，尽快使新产品得到市场接受和认可，将技术优势转为市场优势，占据尽可能大的市场占有率，实现企业利润最大化。最后，应采取有效的技术保护措施，防止竞争对手利用不正当竞争的手段进行模仿，分享和争夺市场。

2. 技术引进再创新

技术引进再创新，是指中小企业通过引进先进的技术或设备，破译领先者的核心技术和技术秘密，并在此基础上进行改进、创新，以便创造出一种比原有技术更完善的方法。

技术引进再创新比较适合我国技术力量薄弱、技术设施和手段相对落后的中小企业。它可以使落后的企业在较短的时间内提高技术水平和创新能力。但技术引进再创新并非简单抄袭，它同样要投入研发力量，以对率先者的技术进行进一步的开发，因而是一种渐进性的创新行为。它不仅使吸收开发的针对性大大增强，还回避了研究开发所带来的风险。

中小企业在采用此战略时，应以面向国内引进为主：可引进专利、专有技术、技术情报等软件，也可引进关键设备、成套设备，但应以软硬件一起引进为主；在引进方式上，可通过合资合作、专利、许可证贸易、技术转让等，企业应相机行事为宜。

> **名人名言**
> 科学也需要创造，需要幻想，有幻想才能打破传统的束缚，才能发展科学。
> ——郭沫若

3. 合作创新战略

合作创新战略，是企业间或企业与科研机构、高等院校之间联合开展创新的方法。它是以创新为目标，以合作为基本手段，以资源互补为内容的技术创新方式。

从中小企业来看，企业技术创新投入占销售收入的比重比较低，而且在短期内难以有很大的提高，创新的基础条件和企业的技术能力也比较差，完全依赖企业自身技术能力的积累来开展创新活动，在短期内很难提高技术档次和效率。从创新资源分布来看，我国的创新资源分布不均，比较集中于科研机构和高等院校。这种情况一方面造成研究与开发活动严重脱离市场需求，创新的无效投入和无效劳动现象十分明严重；另一方面，市场需求却得不到创新的支持，形成科技与经济"两张皮"这种不合理的现状。合作创新战略可以改变这种不合理现状。它是优化创新资源配置、提高创新有效性和效率的手段。它能充分利用创新资源，直接实现科技与经济的有效结合，克服中小企业技术创新中的劣势，以市场机制为基础，通过集中各种创新资源进行创新活动，降低创新成本，缩短创新周期，提高创新档次，促进企业发展。

第四节　企业文化创新

一、什么是企业文化创新

　　企业文化创新，是指为了使企业的发展与环境相匹配，根据本身的性质和特点形成体现企业共同价值观的企业文化，并不断创新和发展的活动过程。企业文化创新的实质在于企业文化建设中突破与企业经营管理实际脱节的僵化的文化理念和观点的束缚，实现向贯穿于全部创新过程的新型经营管理方式的转变。

　　面对日益深化、日益激烈的国内外市场竞争环境，越来越多的企业不仅从思想上认识到创新是企业文化建设的灵魂，是不断提高企业竞争力的关键，而且逐步深入地把创新贯彻到企业文化建设的各个层面，落实到企业经营管理的实践中。

二、企业文化的重要性

　　企业文化的重要性，主要表现在以下几个要点上：

（一）企业文化是企业的灵魂

　　任何企业都会倡导自己所信奉的价值理念，而且要求自己所倡导的价值理念成为员工的价值理念，从而使自己所信奉的价值理念成为指导企业及其员工的灵魂。因此，企业文化实际上是指导企业及其员工的一种价值理念。这种价值理念体现在每个员工的意识上，当然最终就成为指导员工行为的一种思想，因而企业文化最终作为企业的灵魂而存在。

　　从现实状况来看，任何一个企业所倡导的企业文化，恰恰就是这个企业在制度安排和经营战略选择上对人的价值理念的一种要求。也就是要求人们在价值理念上能够认同企业制度安排及企业战略选择，并以符合企业制度安排和战略选择的价值理念指导自己的行为。因此，企业文化实际上是作为企业的灵魂而存在。

> **名人名言**
>
> 若无某种大胆放肆的猜想，一般是不可能有知识的进展的。
>
> ——爱因斯坦

（二）企业制度与企业经营战略实现的重要思想保障

　　企业实际上是人的组合体，而人又是有思想的。任何人的行为都会受到自身思想的指导和约束。因此，企业文化作为每个企业员工的一种价值理念存在，当然就会对企业员工的行为发生应有的作用。企业文化是企业员工的行为准则，从而会对企业发生重要的作用。这种作用既包括激发企业活力的作用，也包括约束企业行为的作用。正是因为企业文化作为员工的价值理念存在，而员工又会受到自身理念的作用，所以企业文化能够使员工自觉主动地执行企业制度，贯彻企业经营战略。因此，企业文化是实现企业制度与企业经营战略的思想保证。

（三）企业制度创新与经营战略创新的理念基础

企业文化是企业制度和企业经营战略的要求在员工价值理念上的反映，反过来，企业文化也会对企业制度的安排和企业经营战略的选择有一种反作用。因为人的价值理念支配人的选择及行为。正是因为如此，企业文化的创新必然会带来员工价值理念的创新，而这种价值理念的创新会推动企业制度和经营战略的创新。由此可见，企业文化在企业制度和经营战略的创新上具有非常重要的意义。

（四）企业文化是企业活力的内在源泉

企业活力最终来自于人的积极性，只有人的积极性被调动起来了，才能使企业最终充满活力。而人的积极性的调动，则往往又要受到人的价值理念的支配。只有人在价值理念上愿意去干某件事的时候，那么人才有内在的积极性。如果人对某件事在理念上不认同，即使强迫他去干，也未必能干好。因为他虽然会被动地被迫执行命令去干这件事，但他并没有内在的积极性，因而不一定会干好。所以，要让企业中的每一个人能够积极地去从事某项活动，首先要让他在理念上认同这件事。所以，企业文化作为员工所信奉的价值理念，必然就会直接涉及企业的活力，作为企业活力的内在源泉而存在。

（五）企业文化是企业行为规范的内在约束

在企业运营过程中，所有员工的行为都应该规范。而规范的准则就是要求员工能够很好地遵守和贯彻企业制度的安排，以及企业经营战略的内在要求。因此，所有员工的行为规范都来自于企业制度的安排和企业经营战略的选择。但是如前所述，人是有思想的，人的行为受思想的支配，思想是人的内在约束。因而对于人在企业运行过程中的规范，应该要有一种内在的约束才行。这种内在约束，就是指当一个人在思想上觉得自己应该如何去干的时候，他才能形成内在约束。也就是说，当员工在价值理念上对企业制度安排和企业经营战略的选择是认可的时候，那么企业制度安排和企业战略选择就作为一种价值理念而存在，员工才能内在地约束自己的行为，也就是自己约束自己，使得约束有自我性，称之为自我约束。只有在这种内在约束起作用的情况下，企业才能最终保证企业制度和企业经营战略的有效实行。总之，企业文化为企业制度和企业经营战略在人的价值理念上的反映，必然会从内在性上约束企业员工的行为，从而成为规范企业行为的内在约束力。

综上所述，从上述五点我们可以清楚地看出，企业文化实际上是企业的一个极其关键的问题，我们绝不能忽视企业文化的问题。企业文化同企业制度、企业经营战略一样重要，也是企业问题的一个极其重要的组成部分。

三、企业文化创新的新趋势

企业文化创新，现已成为提高企业竞争力的、具有决定性作用的新型经营管理方式。当前，国内企业文化创新出现了一些新趋势：

（一）确立双赢价值观的趋势

企业价值观是企业文化的核心，它渗透于企业经营管理的各个环节，支配着从企业家到员工的思想和行为。因此，企业文化创新首要的是价值观创新。在传统市场经济条件下，企业奉行"非赢即输""你死我活"的单赢价值观。这种价值观既有迫使企业实现技术和产品更新的驱动力，也有滋生为打垮对方而不择手段以至恶性竞争的弊端。以高科技为基础的知识经济崛起，在使这种狭隘价值观受到致命冲击的同时，也催生出与新的经济发展要求相适应的双赢价值观。

一个企业只有奉行双赢价值观，才能不断地从合作中获得新知识、新信息等创新资源，提高自身的竞争实力，从而在激烈的竞争中左右逢源，立于不败之地。我国海尔集团不参加与同行间的价格战，坚持靠产品创新和服务来扩大国内外市场份额的成功经验，便是奉行双赢价值观的一个范例。

（二）选择自主管理模式的趋势

传统的企业管理模式，将人视作企业运营过程中按既定规则配置的机器零件，忽视人的自主精神、创造潜质和责任感等主体能动性作用；在管理过程中，较多地依赖权力、命令和规则等外在的硬约束，缺乏凝聚力。随着市场竞争的深化，人的主体价值在企业运营中的作用日益重要，旧的管理模式越来越难以适应新的竞争形势，而体现人的主体性要求的自主管理模式逐渐成为企业的自觉选择。

新模式以先进的文化理念为核心，充分尊重人的价值，注重发挥每一个员工的自主精神、创造潜质和主人翁责任感。在企业内部形成一种强烈的价值认同感和巨大凝聚力。激发员工的积极性，并通过制度安排，实现员工在企业统一目标下的自主经营和自我管理，进而形成企业创新的动力和创新管理方式。邯郸钢铁集团公司建立在"人人是主人"的企业理念基础上的管理模式，就是这一创新趋势的具体体现。

> **名人名言**
>
> 我们要记着，作了茧的蚕，是不会看到茧壳以外的世界的。
>
> ——李四光

（三）既重视高科技又"以人为本"的趋势

科技革命和人本身的进步总是相伴而行的，二者如车之两轮、鸟之双翼，相辅相成。企业创新过程离开了二者其一方面都难以达到目的，企业的竞争力也难以得到真正提高。有学者指出：高科技可以在一个阶段成为企业制胜的法宝。但更深层次的竞争最终应该是理念方面，"科技以人为本"这句话就包括了这层意思。这一见解反映了随着高科技的发展，现代人对生产和消费日趋强烈的人性化要求。在这一背景下，企业创新只有把高科技与"以人为本"密切结合起来，才能提供既有高科技含量又充满人性关怀的新产品、新服务，才能开拓新的市场空间。否则，企业即使兴盛一时，终究会因受到消费者的冷落而退出竞争舞台。很多成功企业的一个共同经验，就是在新产品的设计和开发中，紧紧抓住了"给予各层次的顾客送去真诚的关怀和温暖"这个关键。

（四）提高企业家综合素质的趋势

现代企业中，员工的素质是企业文化创新的来源和动力，而由于企业家在企业活动中的领导地位，企业家的素质又是企业文化创新的关键。改革开放以来，我国出现的一些企业家快速崛起又快速倒下的"企业家短命现象"，其原因是多方面的。除了体制和市场环境等因素外，企业家不能适应形势的变化而实现自身素质的不断创新，是最根本的原因之一。

企业家只有具备了融通古今中外科技知识与人文知识、管理经验与民风习俗，善于应对各种市场变化的智慧，才能具备不断创新的实力，获得市场竞争的主动权。经济全球化的发展，知识经济的到来，又对企业家的素质提出了新的挑战：需要科技知识与人文知识的综合，需要古今中外多种科技文化知识的综合。要打开国际市场，还需要有对各国民众生活习惯和民风习俗的综合性了解与把握，单靠哪一门专业知识和管理知识都难以胜任综合创新的任务。

实践已经证明并将继续证明，但凡成功的企业家都具有企业家精神。具体说来，企业家精神包括具备爱国敬业、遵纪守法、艰苦奋斗的民族精神；具备创新发展、专注品质、追求卓越的创造精神；具备履行责任、敢于担当、服务社会的担当精神。

能力训练

一、简答题

1. 什么是企业管理创新？企业管理创新主要包含哪几块内容？
2. 企业管理创新的特点是什么？
3. 企业管理创新的理论依据是什么？
4. 企业管理创新的方法有哪些？
5. 企业产品创新的意义是什么？
6. 企业产品创新的策略有哪些？
7. 什么是企业技术创新战略？
8. 企业文化创新的重要性体现在哪些方面？

二、案例分析题

董事长年事已高，想找人接班，可又拿不定是让位给大儿子还是二儿子。董事长突然有了主意，他告诉两个儿子：前边有两匹马，黑的是大儿子的，白的是二儿子的，谁的马最后到达终点，就由谁来接班。大儿子听后在考虑如何比慢，而二儿子却飞身跨上黑马，迅速赶往终点。结果是二儿子最终接了董事长的班。

问题：为什么董事长选了二儿子接班？

恒信钻石：通过管理创新破解"'90后'留不住"难题

"'90后'，留不住"，随着越来越多"90后"进入职场，如何留住并用好这些新生代员工，是当下企业均需面对与思考的一项重要课题。

一项针对"90后"职场新人的调查显示，仅有不到三成的受访者表示对自己现在的工作感到满意；有七成人认为自己发展空间小，缺乏方向感；另有三成人则认为自己的能力没得到应有的尊重。可见，"职业发展迷茫"和"工作满意度低"，是造成"90后"职场新人频繁跳槽的重要原因。

恒信钻石机构自2015年来吸纳了大批"90后"生力军，最初也曾遇到过类似问题。但在企业领导层的高度重视下，通过一系列管理思维与举措的创新，为破解"'90后'留不住"的问题开辟了一条"关爱年轻员工，夯实企业未来"的新路。

一、管理思维突破

恒信钻石机构创始人、董事长李厚霖认为，在企业变革的过程中，首先要有管理思维的突破，管理创新是支持其他创新的基础。在李厚霖看来，互联网时代，需用互联网思维来管理年轻员工，改造企业内部流程；要以对待用户的态度对待员工，满足其个性化需求；还要放下传统的"权威式"管理，让"热情"激发年轻员工的"自管理"。

二、营造聚才文化

"人才者，求之则愈出，置之则愈匮。"你越推崇人才，越为吸引人才创造好的氛围，那么你积聚的人才就会越多，反之则越来越少。恒信深谙此道，一方面，恒信独创的"学长制"，以老带新的方式帮助新员工快速了解企业、融入文化。另一方面，恒信也愈发重视年轻员工的成长与培养。

为此，恒信成立了专职机构——恒信成长学院，重金邀请相关业务领域的专家做有针对性的技能培训，以提升新员工的整体业务素质，开阔视野。此外，恒信内部还设有"典范人物分享"机制，企业高管会定期与新员工进行面对面的分享互动，畅聊人生与职场经验，并帮助每个人制定其个人发展目标。

这些"接地气"的举措与活动，使新员工在快速融入企业的同时，也减轻了他们初入职场的迷茫。

三、管理方式多样化

不可否认，工业时代的管理方式在相当长的时期内保障了组织的运行效率。但是在互联网时代，光靠制度创造不了更高的业绩，唯有开放心态，接纳、包容个性多样性，需求多样性，才能更好激励员工的创造力。在这方面，恒信钻石也有新招。

首先，不拘一格用人才。在传统的观念里，专人专用是比较有效的用人方式，但恒信并不拘泥于此。李厚霖认为，跨界、复合型、发散性思维的人才更具创新和创意。恒信一面把每一个人才放在其最合适的岗位上，发挥人才的专业价值；一面通过项目小组的形式，激发人才潜能，发挥人才跨界价值。"人尽其才"的好处在于，员工的专业优势得到发挥的同时还能感到被重用的尊重。对个人才能的尊重，亦是吸引和留住人才的关键。

其次，去复杂层级，扁平化管理。"去传统的层级式管理，以任务小组模式，给员工更多自主经营权，更多支持"，是恒信钻石打算陆续试点推广的管理模式。针对特殊事件特殊处理走"绿色通道"，平时需要 3 个小时甚至 10 小时才能得到反馈的信息，现在只需要 10 分钟。这种流程环节压缩、扁平化处理，对需要快速反应的特殊事件有极好的作用。比如，在信息同质化严重的微信朋友圈，微博圈，恒信钻石旗下"I Do"品牌、"ooh Dear"品牌的自媒体传播就因此赢得了先机而获得更多曝光机会。

再就是，全员参与制度制定，发扬民主精神。"90 后"年轻人，个性强，常常还会把"民主平等"挂在嘴边。恒信钻石设有职代会，每年召开两次会议，员工代表可以针对公司各类事项发表建议、进言献策。在恒信，公司规章制度的制定，除了需要职工代表投票通过，还要在所有员工中展开广泛调研，包括董事、总经理在内的公司高层管理人员，都会召开员工座谈会，亲自聆听反馈意见。仅在 2015 年下半年，恒信就多次召集"90 后"员工座谈会，听取年轻人的心声，梳理制定新的管理制度。例如，会根据员工的不同工作性质，允许灵活考勤管理。正如李厚霖所说，"有的人可能在咖啡馆、在晚上工作效率更高；有人的工作需要走出去才能更好激发创造灵感……既然有诸如此类的需求存在，你的管理就应该是多元的、开放的。"

"年轻员工就是企业的未来，关心关爱年轻员工就是在夯实企业的根基。"李厚霖认为，对于"90 后"新生代员工的管理，需要更多人性化，需要以共创、以价值感来激发他们的工作热情。要留住并用好这些年轻人，就要进入他们的世界，为他们创造更多的空间与机会。

（资料来源：环球网）

参 考 文 献

[1] 陈永奎. 大学生创新创业基础教程 [M]. 北京：经济管理出版社，2015.
[2] 李伟，张世辉. 创新创业教程 [M]. 北京：清华大学出版社，2015.
[3] 冯丽霞，王若洪. 创新与创业能力培养 [M]. 北京：清华大学出版社，2013.
[4] 丁欢，汤程桑. 创新与创业教育指导 [M]. 南京：南京大学出版社，2015.
[5] 陈尊厚，王宪明. 创新与创业 [M]. 北京：经济科学出版社，2014.
[6] 王延荣. 创新与创业管理 [M]. 北京：机械工业出版社，2015.